土木工程力学

下册

习题册

（第2版）

主　编　梁丽杰
　　　　郎英彤
副主编　闻玉辉
参　编　全春花
　　　　赵传华
　　　　奚元嶂
主　审　常伏德

 哈尔滨工业大学出版社
HARBIN INSTITUTE OF TECHNOLOGY PRESS

内 容 简 介

本书与《土木工程力学》(下册)教材相配套,编写顺序与教材相同,下册分13章,主要内容为轴向拉伸与压缩,剪切与扭转,弯曲应力,应力状态与强度理论,组合变形,梁的位移,能量法求静定结构位移,压杆稳定,力法解超静定结构,位移法解超静定结构,多高层结构内力分析的手算实用法,结构塑性极限荷载简介,动荷、冲击与疲劳。每章内容分为内容提要、习题、习题参考答案,习题包括是非题、选择题、填空题、作图题、计算分析题等。

本书可作为建筑工程、交通土建、交通工程、水利专业学生的学习参考书,也可供结构工程师考试以及工程技术人员参考。

图书在版编目(CIP)数据

土木工程力学习题册.下/梁丽杰,朗英彤主编. —2版. —哈尔滨:哈尔滨工业大学出版社,2015.2(2021.1重印)
ISBN 978-7-5603-5117-9

Ⅰ.①土… Ⅱ.①梁…②郎… Ⅲ.①土木工程-工程力学-高等学校-习题集 Ⅳ.①TU311-44

中国版本图书馆 CIP 数据核字(2014)第 303316 号

策划编辑　赵文斌　杜　燕
责任编辑　张　瑞
出版发行　哈尔滨工业大学出版社
社　　址　哈尔滨市南岗区复华四道街10号　邮编150006
传　　真　0451-86414749
网　　址　http://hitpress.hit.edu.cn
印　　刷　哈尔滨市颉升高印刷有限公司
开　　本　787mm×1092mm　1/16　印张17.25　字数410千字
版　　次　2012年2月第1版　2015年2月第2版
　　　　　2021年1月第3次印刷
书　　号　ISBN 978-7-5603-5117-9
定　　价　31.80元

(如因印装质量问题影响阅读,我社负责调换)

《"十三五"应用型本科院校系列教材》编委会

主　任　　修朋月　　竺培国

副主任　　王玉文　　吕其诚　　线恒录　　李敬来

委　员　　（按姓氏笔画排序）

丁福庆　　于长福　　马志民　　王庄严　　王建华

王德章　　刘金祺　　刘宝华　　刘通学　　刘福荣

关晓冬　　李云波　　杨玉顺　　吴知丰　　张幸刚

陈江波　　林　艳　　林文华　　周方圆　　姜思政

庹　莉　　韩毓洁　　蔡柏岩　　臧玉英　　霍　琳

杜　燕

序

哈尔滨工业大学出版社策划的《"十三五"应用型本科院校系列教材》即将付梓,诚可贺也。

该系列教材卷帙浩繁,凡百余种,涉及众多学科门类,定位准确,内容新颖,体系完整,实用性强,突出实践能力培养。不仅便于教师教学和学生学习,而且满足就业市场对应用型人才的迫切需求。

应用型本科院校的人才培养目标是面对现代社会生产、建设、管理、服务等一线岗位,培养能直接从事实际工作、解决具体问题、维持工作有效运行的高等应用型人才。应用型本科与研究型本科和高职高专院校在人才培养上有着明显的区别,其培养的人才特征是:①就业导向与社会需求高度吻合;②扎实的理论基础和过硬的实践能力紧密结合;③具备良好的人文素质和科学技术素质;④富于面对职业应用的创新精神。因此,应用型本科院校只有着力培养"进入角色快、业务水平高、动手能力强、综合素质好"的人才,才能在激烈的就业市场竞争中站稳脚跟。

目前国内应用型本科院校所采用的教材往往只是对理论性较强的本科院校教材的简单删减,针对性、应用性不够突出,因材施教的目的难以达到。因此亟须既有一定的理论深度又注重实践能力培养的系列教材,以满足应用型本科院校教学目标、培养方向和办学特色的需要。

哈尔滨工业大学出版社出版的《"十三五"应用型本科院校系列教材》,在选题设计思路上认真贯彻教育部关于培养适应地方、区域经济和社会发展需要的"本科应用型高级专门人才"精神,根据前黑龙江省委书记吉炳轩同志提出的关于加强应用型本科院校建设的意见,在应用型本科试点院校成功经验总结的基础上,特邀请黑龙江省 9 所知名的应用型本科院校的专家、学者联合编写。

本系列教材突出与办学定位、教学目标的一致性和适应性,既严格遵照学科体系的知识构成和教材编写的一般规律,又针对应用型本科人才培养目标及与之相适应的教学特点,精心设计写作体例,科学安排知识内容,围绕应用讲授理论,做到"基础知识够用、实践技能实用、专业理论管用"。同时注意适当融入新理论、新技术、新工艺、新成果,并且制作了与本书配套的PPT多媒体教学课件,形成立体化教材,供教师参考使用。

《"十三五"应用型本科院校系列教材》的编辑出版,是适应"科教兴国"战略对复合型、应用型人才的需求,是推动相对滞后的应用型本科院校教材建设的一种有益尝试,在应用型创新人才培养方面是一件具有开创意义的工作,为应用型人才的培养提供了及时、可靠、坚实的保证。

希望本系列教材在使用过程中,通过编者、作者和读者的共同努力,厚积薄发、推陈出新、细上加细、精益求精,不断丰富、不断完善、不断创新,力争成为同类教材中的精品。

第 2 版前言

本书(第 2 版)是在第 1 版的基础上根据 3 年来教材在使用过程中教师和学生的反馈意见以及课程改革发展需要修订而成的。修订时保持了原书取材精练、简明流畅的风格,注意扩大专业适应面。

本次修订的内容主要有以下几个方面:

(1)修改了原书的符号,其中最主要的是集中荷载(主动力)用 F 作为主符号,重力用 G 作为主符号,外力偶矩用 M_e 作为主符号。

(2)对少数较难的习题作了不同程度的改写和替换。

(3)对书中有些习题的答案在重新审核后做了重新修改、完善。

(4)对书中一些论述不太清晰的地方进行了重新改写和完善。

第 2 版修订工作由主编梁丽杰主持进行,新增参加编写修订的还有郎英彤(15、16、18 章),赵传华(19、23 章),奚元嶂(14、20 章)。

书稿承常伏德教授审阅,提出了很多精辟中肯的意见,使本次修订工作和最后定稿获益匪浅,深致谢意!

限于编者水平有限,书中不足之处,望广大师生批评指正。

编 者
2015 年 1 月

前　言

本书与《土木工程力学》(下册)教材相配套,编写顺序与教材相同。下册分13章,主要内容为轴向拉伸与压缩,剪切与扭转,弯曲应力,应力状态与强度理论,组合变形,梁的位移,能量法求静定结构位移,压杆稳定,力法解超静定结构,位移法解超静定结构,多高层结构内力分析的手算实用法,结构塑性极限荷载简介,动荷、冲击与疲劳。每章内容包括内容提要、习题、习题参考答案。习题有是非题、选择题、填空题、作图题、计算分析题等。

我们结合多年的教学实践,将土木工程力学的基本概念、基本原理、基本方法、解题思路和计算技巧、能力培养以及学生在学习中普遍存在的具有代表性、易混淆、易出差错的问题,以客观题和主观题的形式编写了本习题册。

本书的特点有三:

第一,知识点全,题型丰富,由简到难,符合学生的认知过程。

第二,学生直接在习题册上完成作业,省去了抄题和其他重复性的工作,从而使精力集中在分析和解决问题上,同时将"教与学"更紧密地结合在一起,使习题册成为一个比较完善并能长期保存的学习、练习笔记,具有便于查阅的参考资料功能。

第三,本书实用性强,收集了很多结构工程师考试题,可以为学生今后参加结构工程师考试奠定基础。

本书的编写分工具体如下:第13章由赵海燕编写,第14、16、24章由张玉华编写,第15章由全春花编写,第17、18、19章由闻玉辉编写,第20、21、22、23章由梁丽杰编写,第25章由唐晓春编写。

本书可作为建筑工程、交通土建、交通工程、水利以及近土木专业学生的学习参考书,也可供结构工程师考试以及工程技术人员参考。

由于编者水平有限,难免存在疏漏和不足之处,请读者批评指正。

编者

2011年12月

目 录

第 13 章　轴向拉伸与压缩	1
内容提要	1
习题	4
习题参考答案	12
第 14 章　剪切与扭转	14
内容提要	14
习题	18
习题参考答案	40
第 15 章　弯曲应力	42
内容提要	42
习题	46
习题参考答案	58
第 16 章　应力状态与强度理论	61
内容提要	61
习题	66
习题参考答案	81
第 17 章　组合变形	84
内容提要	84
习题	87
习题参考答案	109
第 18 章　梁的位移	112
内容提要	112
习题	113
习题参考答案	120
第 19 章　能量法求静定结构位移	123
内容提要	123
习题	126
习题参考答案	140
第 20 章　压杆稳定	144
内容提要	144
习题	147
习题参考答案	165

第21章 力法解超静定结构
内容提要 …… 167
习题 …… 168
习题参考答案 …… 193

第22章 位移法解超静定结构
内容提要 …… 197
习题 …… 200
习题参考答案 …… 215

第23章 多高层结构内力分析的手算实用法
内容提要 …… 218
习题 …… 222
习题参考答案 …… 232

第24章 结构塑性极限荷载简介
内容提要 …… 234
习题 …… 238
习题参考答案 …… 245

第25章 动荷、冲击与疲劳
内容提要 …… 247
习题 …… 250
习题参考答案 …… 263

参考文献 …… 265

第13章 轴向拉伸与压缩

内容提要

一、基本概念

1. 受力特点

作用于杆件上的外力或外力合力的作用线与杆件的轴线重合。

2. 变形特点

杆件在轴向荷载作用下,以轴向伸长或缩短为主要变形。

二、轴向拉伸与压缩时横截面上的内力与应力

1. 截面法求内力的步骤

(1) 截开

用假想的平面将杆件在需求内力处截分成两部分。

(2) 代替

弃去部分对留下部分的作用代之以内力。

(3) 平衡

对留下部分利用平衡条件列出平衡方程,求内力。

2. 轴力与轴力图

轴力是在轴向荷载 F 作用下,轴向拉伸或压缩时杆件横截面上的内力,用 F_N 表示。轴力正负号规定:拉力为正,压力为负。

轴力图是表示轴力 F_N 沿轴线变化的图线。根据轴力图,可以了解轴力的变化情况,并可以确定最大轴力 F_{Nmax} 的大小及其所在的位置。轴力图是杆件强度计算的依据。

3. 正应力

一般情况下,杆件截面上的应力分布规律是未知的。根据平面假定,对于均质杆,横截面上各点处的正应力是均匀分布的,则正应力公式为

$$\sigma = \frac{F_N}{A}$$

式中,A 为杆件的横截面面积;F_N 为轴力。

该公式适用于横截面为任意形状的等截面杆。

三、轴向拉伸与压缩时斜截面上的应力

斜截面上各点的应力为

$$p_\alpha = \frac{F_N}{A}\cos\alpha = \sigma\cos\alpha$$

各点的正应力

$$\sigma_\alpha = p_\alpha\cos\alpha = \sigma\cos^2\alpha$$

各点的切应力

$$\tau_\alpha = p_\alpha\sin\alpha = \frac{\sigma}{2}\sin 2\alpha$$

式中,α 为斜截面外法线方向与杆件轴线的夹角。

当 $\alpha = 0°$ 时,正应力最大,$\sigma_{\max} = \sigma$;$\alpha = 90°$ 时,正应力最小,$\sigma_{\min} = 0$。

当 $\alpha = \pm 45°$ 时,切应力最大,$\tau_{\max} = \sigma/2$;当 $\alpha = 0°$ 或 $\alpha = 90°$ 时,切应力最小,$\tau_{\min} = 0$。

四、轴向拉伸或压缩时的变形与胡克定律

1. 轴向拉伸或压缩时的变形

若杆件原长为 l,横向尺寸为 d,横截面面积为 A,在轴向拉力 F_N 作用下,长度变为 l_1,横向尺寸变为 d_1,则该杆件在轴向方向的线应变为

$$\varepsilon = \frac{\Delta l}{l} = \frac{l_1 - l}{l}$$

横向线应变

$$\varepsilon' = \frac{\Delta d}{d} = \frac{d_1 - d}{d}$$

当应力不超过材料的比例极限时,有如下关系式

$$\sigma = E\varepsilon$$

$$\left|\frac{\varepsilon'}{\varepsilon}\right| = \mu \quad \text{或} \quad \varepsilon' = -\mu\varepsilon$$

式中,E 为材料的弹性模量;μ 为泊松比,两者都是材料的弹性常数。

2. 胡克定律

在线弹性范围内,杆的变形量与杆横截面上的轴力 F_N、杆的长度 l 成正比,与横截面面积 A 成反比。或描述为线弹性范围内,应力与应变成正比,即

$$\Delta l = \frac{F_N l}{EA}, \quad \sigma = E\varepsilon$$

式中,EA 称为抗拉(压)刚度。

五、材料在轴向拉伸、压缩时的力学性能

1. 低碳钢拉伸时的力学性能

低碳钢拉伸试验应力-应变曲线分为四个阶段。

第Ⅰ阶段(线弹性阶段):应力与应变成正比,即 $\sigma = E\varepsilon$,满足胡克定律。E 为材料的弹性模量,常用单位为 GPa。

第Ⅱ阶段(屈服阶段):这一阶段,将出现荷载不增加、变形急剧增加的现象,称为屈

服或流动。使材料发生屈服的应力,称为屈服应力或屈服极限,并用 σ_s 表示。屈服时在光滑试件的表面将出现与轴线成 45° 的滑移线。

第 Ⅲ 阶段(强化阶段):屈服现象结束后欲使材料继续变形就必须继续增加荷载,材料反映出重新抵抗变形的能力,这一阶段中最大的应力 σ_b 称为强度极限或抗拉极限。

第 Ⅳ 阶段(局部变形阶段):荷载增到最大值时,试件并未断裂,而是发生局部收缩,称为"颈缩",此时变形主要发生在"颈缩"的局部,称为局部变形阶段。此阶段,拉力减小,试件迅速增长,直至在颈缩处断裂。

低碳钢两个重要的强度指标是屈服极限 σ_s 和强度极限 σ_b。

2.材料的塑性指标

(1)延伸率

$$\delta = \frac{l_1 - l}{l} \times 100\%$$

式中,l_1 为试件拉断后的总长;l 为试件原长。

(2)断面收缩率

$$\psi = \frac{A - A_1}{A} \times 100\%$$

式中,A 为原试件横截面面积;A_1 为断裂后断口的横截面面积。

3.条件屈服极限

对于无明显屈服点的材料,规范中规定残余应变为 0.2% 时的应力值 $\sigma_{0.2}$ 称为条件屈服极限。

4.其他材料拉伸时的力学性能

各类碳素钢中,随着含碳量的增加,强度会提高,但是塑性会降低。

对于脆性材料拉伸时,没有明显屈服点的材料,一般只能测到强度极限 σ_b。

5.塑性材料压缩时的力学性能

塑性材料(如低碳钢)压缩时屈服极限和拉伸时屈服极限近似相等,压缩屈服后可以产生很大塑性变形却不发生断裂,所以无强度极限。

6.脆性材料压缩时的力学性能

铸铁压缩强度极限远高于拉伸强度极限(约为 3～4 倍),破坏时断口的方位角为 55°～60°,即断裂发生在最大切应力作用面。

六、轴向拉伸、压缩时的强度条件

1.失效

构件在外力作用下丧失正常功能的现象称为失效。从强度方面考虑,构件失效主要有两种形式:一种是断裂,另一种是屈服或发生显著塑性变形。

2.许用应力

对于塑性材料

$$[\sigma] = \frac{\sigma_s}{n_s}$$

对于脆性材料

$$[\sigma] = \frac{\sigma_b}{n_b}$$

式中,n_s 或 n_b 称为安全因数,都是大于 1 的数。

3. 拉压杆的强度条件

$$\sigma_{\max} = \left(\frac{F_N}{A}\right)_{\max} \leqslant [\sigma]$$

对等截面拉压杆,上式则变为

$$\sigma_{\max} = \frac{F_{N\max}}{A} \leqslant [\sigma]$$

4. 利用强度条件,解决以下三类问题
(1) 强度校核

$$\sigma_{\max} \leqslant [\sigma]$$

(2) 选择截面尺寸

$$A \geqslant \frac{F_{N\max}}{[\sigma]}$$

(3) 确定许可荷载

$$F_{N\max} \leqslant [\sigma] A$$

习 题

一、是非题

13—1 (　　) 轴力的大小跟杆件的横截面面积有关,而与杆件的截面形状无关。

13—2 (　　) 轴力图可显示出杆件各段内横截面上轴力的大小但并不能反映杆件各段变形是伸长还是缩短。

13—3 (　　) 轴力越大,杆件越容易拉断,因此轴力的大小可以判断杆件的强度。

13—4 (　　) 轴向拉伸或压缩杆的轴向线应变和横向线应变符号一定是相反的。

13—5 (　　) 因 $E = \sigma/\varepsilon$,因而当 ε 一定时,E 随着 σ 增大而提高。

13—6 (　　) 一钢杆和一铝杆若在相同条件下产生相同的应变,则两杆横截面上的正应力是相等的。

13—7 (　　) 轴向拉伸杆,正应力最大的截面和切应力最大的截面都是 45° 斜截面。

13—8 (　　) 材料不同的两轴向拉杆,横截面面积和轴力都相同,其工作应力也一样,但强度却是不同的。

13—9 (　　) 一拉伸杆件,弹性模量 $E = 200$ GPa,比例极限 $\sigma_p = 200$ MPa。现测得其轴向线应变 $\varepsilon = 0.0015$,则其横截面上的正应力为 $\sigma = E\varepsilon = 300$ MPa。

13—10 (　　) 任何轴向受力构件中,横截面上的最大正应力都发生在轴力最大的截面上。

13—11 (　　) 杆件的拉、压强度不够时,只能增大杆件的截面面积。

13—12 (　　) 碳素钢的含碳量越多,其强度、硬度越高,塑性和韧性也提高。

13—13 (　　) 在强度计算时,如果构件的工作应力值稍大于许用应力值,而且没有超过 5%,则仍可以认为构件的强度是足够的。

13—14 (　　) 在工程中,根据断裂时塑性变形的大小,通常把 $\delta \geqslant 5\%$ 的材料称为塑性材料;$\delta < 5\%$ 的材料称为脆性材料。

二、选择题

13-15 轴向拉压杆,在与其轴线平行的纵向截面上_____。
A. 正应力为零,切应力不为零
B. 正应力不为零,切应力为零
C. 正应力和切应力均不为零
D. 正应力和切应力均为零

13-16 胡克定律在下述哪个范围内成立_____。
A. 屈服极限   B. 比例极限   C. 强度极限   D. 条件屈服极限

13-17 低碳钢试件横截面上应力 $\sigma = \sigma_s$ 时,试件_____。
A. 断裂   B. 完全丧失承载力   C. 局部出现颈缩   D. 屈服

13-18 材料的塑性指标有_____。
A. σ_s 和 σ_b B. σ_b 和 δ C. δ 和 ψ D. 以上都不是

13-19 设一阶梯形杆的轴力沿杆轴是变化的,则发生破坏的截面上_____。
A. 外力一定最大,且面积一定最小
B. 轴力一定最大,且面积一定最小
C. 轴力不一定最大,但面积一定最小
D. 轴力与面积之比一定最大

13-20 一等直拉杆在两端承受拉力作用,若其一半为钢,另一半为铝,则两段的_____。
A. 应力相同,变形相同
B. 应力相同,变形不同
C. 应力不同,变形相同
D. 应力不同,变形不同

13-21 若轴向拉伸等直杆选用同种材料,三种不同的截面形状:圆形、正方形、空心圆。比较三种情况的材料用量,则_____。
A. 圆形截面最省料
B. 正方形截面最省料
C. 空心圆截面最省料
D. 三者用料都一样

13-22 如图所示杆件受到大小相等的4个轴向力 F 的作用,其中_____的变形为零。
A. AB 段   B. AC 段   C. BC 段   D. CD 段

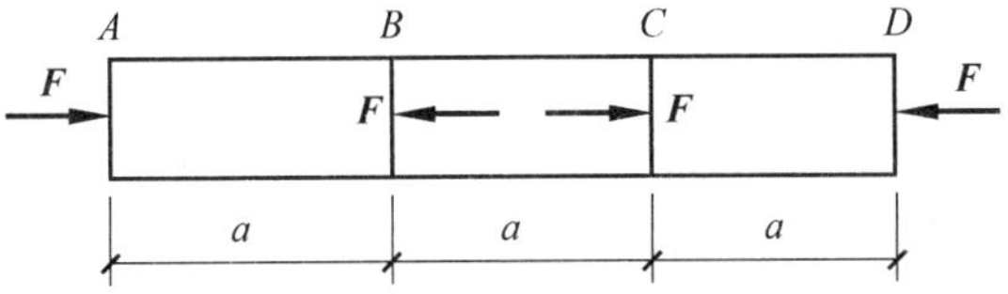

题 13-22 图

13-23 一轴向拉伸或压缩的杆件,设与轴线成45°的斜截面上的切应力为 τ,则该截面上的正应力等于_____。
A. 0   B. 1.14τ C. τ D. 0.707τ

13-24 如图所示由两杆铰结而成的三角架,杆的横截面面积为 A,弹性模量为 E,当在结点 B 处受到铅垂荷载 F 作用时,铅垂杆 AB 和斜杆 BC 的变形应分别为_____。
A. $\dfrac{Fl}{EA}, \dfrac{4Fl}{EA}$ B. $0, \dfrac{Fl}{EA}$ C. $\dfrac{Fl}{2EA}, \dfrac{Fl}{\sqrt{3}EA}$ D. $\dfrac{Fl}{EA}, 0$

13-25 如图所示两圆杆材料相同,杆1为阶梯杆,杆2为等直杆,受到拉力 F 的作用,分析两杆的变形情况,杆1的伸长是杆2的_____。

A. 2.5倍　　　　B. 0.5倍　　　　C. 1.5倍　　　　D. 2倍

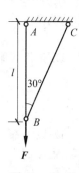

题 13-24 图

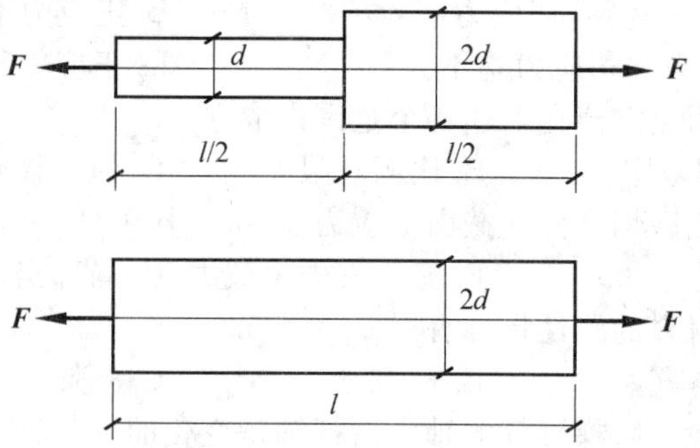

题 13-25 图

13-26 低碳钢应力-应变曲线的纵、横坐标分别为 $\sigma = \dfrac{F_N}{A}, \varepsilon = \dfrac{\Delta L}{L}$,其中_____。

A. A 和 L 均为初始值　　　　　　　　B. A 和 L 均为瞬时值

C. A 为初始值,L 为瞬时值　　　　　　D. A 为瞬时值,L 为初始值

13-27 如图所示,杆1的材料为钢,杆2的材料为铝,两杆的横截面面积相等。在力作用下,结点 A _____。

A. 向左下方位移　　　　B. 向铅垂方向位移

C. 向右下方位移　　　　D. 不动

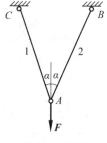

题 13-27 图

13-28 一个结构中有3个拉压杆,设由这3根杆的强度条件确定的结构许用荷载分别为 F_1、F_2、F_3,且 $F_1 < F_2 < F_3$,则该结构的实际许用荷载 $[F]$ 为_____。

A. F_1　　　　　　　　　B. F_2

C. F_3　　　　　　　　　D. $\dfrac{F_1 + F_2}{2}$

三、填空题

13-29 如图所示杆 1-1 截面的轴力为_____,杆 2-2 截面的轴力为_____,杆 3-3 截面的轴力为_____。

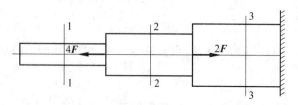

题 13-29 图

13-30 在题 13-29 中,若 1-1,2-2,3-3 三个横截面的直径分别为:$d_1 = 15$ mm,$d_2 = 20$ mm,$d_3 = 25$ mm,$F = 8$ kN。杆 1-1 截面的应力为_____,杆 2-2 截面的应力为_____,杆 3-3 截面的应力为_____。

13-31 直径为 10 mm 的圆杆,在拉力 $F=10$ kN 的作用下,最大切应力为_____,则与横截面的夹角为 $\alpha=30°$ 的斜截面上的正应力和切应力分别为_____、_____。

13-32 低碳钢的应力－应变曲线分为_____、_____、_____、_____四个阶段。

13-33 通过低碳钢拉伸试验可知,低碳钢的两个强度指标是_____和_____,两个塑性指标是_____和_____。

13-34 对于_____的材料,通常以产生 0.2% 的_____时所对应的_____作为屈服极限,称为材料的条件屈服强度,并用记号_____表示。

13-35 变截面直杆如图所示,$A_1=8$ cm^2,$A_2=4$ cm^2,$E=200$ GPa,杆的总伸长量 Δl 是_____mm。

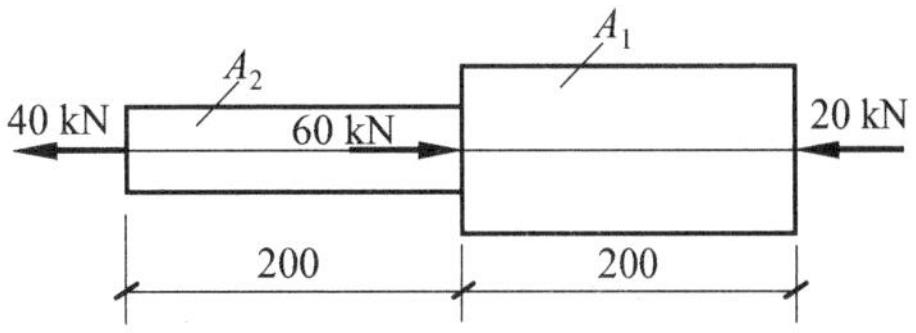

13-36 正方形截面的低碳钢直拉杆,其轴向拉力为 3 600 N,若许用应力为 100 MPa,则此拉杆横截面边长至少应为_____mm。

13-37 图示木杆,承受轴向荷载 $F=10$ kN 作用,杆的横截面积 $A=1\,000$ mm^2,粘接面的方位角 $\theta=45°$,试计算该截面上的正应力为_____,切应力为_____。

13-38 用三种不同材料制成尺寸相同的试件,在相同的试验条件下进行拉伸试验,得到的应力－应变曲线如图所示。比较三条曲线,其中拉伸强度最高的是_____曲线,弹性模量最大的是_____曲线,塑性最好的是_____曲线。

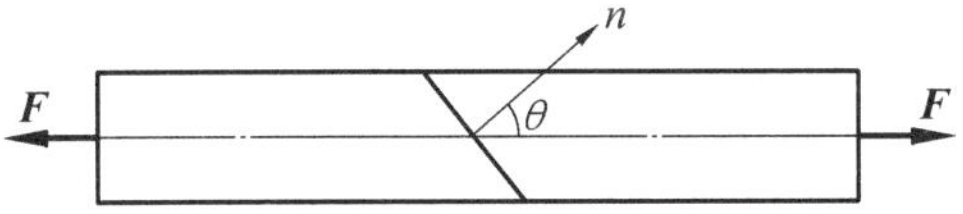

题 13-35 图

题 13-37 图 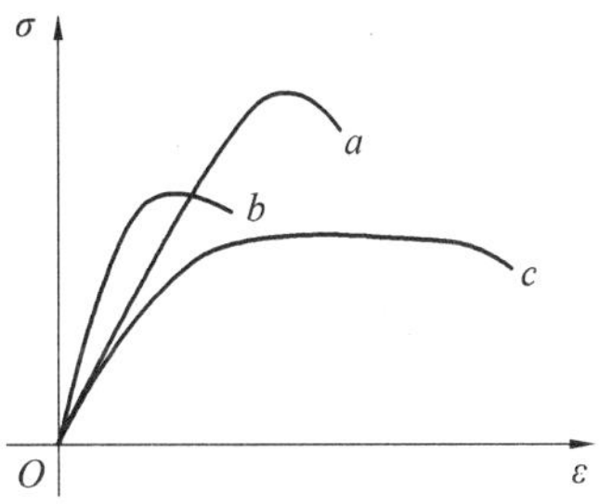　　题 13-38 图

四、计算分析题

13-39 已知图示杆横截面面积 $A=200$ mm^2,试求杆 1-1、2-2、3-3 截面上的应力。

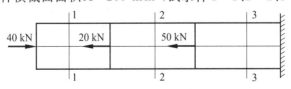

题 13-39 图

13-40 如图所示支架承受荷载 $F=30$ kN。1、2 两杆由同一种材料制成,其横截面面积分别为 $A_1=200$ mm^2,$A_2=300$ mm^2。试求各杆的应力。

13-41 图示等截面直杆由钢杆 ABC 与铜杆 CD 在 C 点处粘接而成。直杆各部分的直径均为 $d=36$ mm,受力如图所示。已知铜的弹性模量 $E_c=100$ GPa,钢的弹性模量 $E_s=100$ GPa。若不考虑杆的自重,试求 AC 段和 AD 段杆的轴向变形量 Δl_{AC} 和 Δl_{AD}。

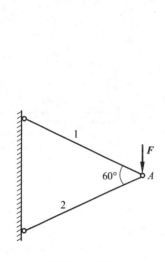

题 13-40 图   题 13-41 图

13-42 图示简易吊车,BC 为圆截面钢杆,直径 $d=30$ mm,许用应力 $[\sigma_{BC}]=100$ MPa,AB 为正方形截面钢杆,许用应力 $[\sigma_{AB}]=160$ MPa。(1) 试按 BC 杆确定许可荷载 $[F]$;(2) 按 $[F]$ 设计 AB 杆截面边长 a。

13-43 在图示结构中,所有各杆都是钢制的,横截面面积均等于 3×10^{-3} m^2,$F=100$ kN。试求各杆的应力。

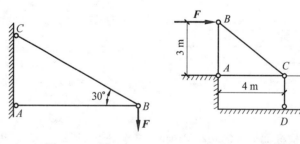

题 13-42 图   题 13-43 图

13-44 简单桁架的三根杆均为钢制的,弹性模量 $E=200$ GPa,横截面面积均为 $A=300$ mm^2。若力 $F=15$ kN,求 C 点的垂直位移。

13-45 一根直径 $d=16$ mm、长 $L=3$ m 的圆截面杆,承受轴向拉力 $F=30$ kN,其伸长是为 $\Delta L=2.2$ mm。试求杆横截面上的应力与材料的弹性模量 E。

13-46 图示支架中,已知杆件 DE 长为 2 m,横截面为圆形,直径为 15 mm,$E=210$ GPa。若 ADB 和 AEC 两杆可以看作刚性杆,当力 $F=20$ kN 时,试求 C 点的水平位移。

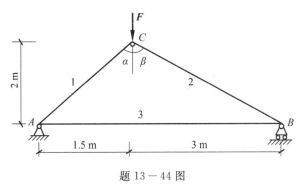

题 13-44 图

13-47 如图所示,AB 为水平放置的刚性杆,杆 1、2、3 材料相同,其弹性模量 $E=210$ GPa。已知 $l=1$ m,$A_1=A_2=100$ mm^2,$A_3=150$ mm^2,$F=20$ kN。试求 C 点的水平位移和铅垂位移。

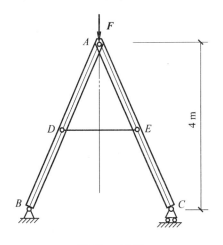

题 13-46 图

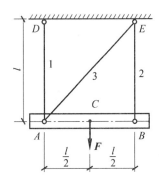

题 13-47 图

13-48 桁架如图所示,受铅垂荷载 $F=50$ kN 作用,杆 1、2 的横截面均为圆形,其直径分别为 15 mm、20 mm,材料的许用应力均为 $[\sigma]=150$ MPa。试校核桁架的强度。

13-49 如图所示一钢筋混凝土平面闸门,其最大启力为 $F=140$ kN。如提升闸门的钢质丝杠内径 $d=40$ mm,钢的许用应力 $[\sigma]=170$ MPa,试校核丝杠的强度。

13-50 简易起重设备的计算简图如图所示。已知斜杆 AB 用两根 63 mm×40 mm×4 mm 不等边角钢组成,钢的许用应力 $[\sigma]=170$ MPa。提起的重量 $G=15$ kN,试校核斜杆 AB 的强度条件。

13-51 一块厚 10 mm、宽 200 mm 的钢板,其截面被直径 $d=20$ mm 的圆孔所削弱,圆孔的排列对称于杆的轴线,如图所示。钢板承受轴向拉力 $F=200$ kN。材料的许用应力 $[\sigma]=170$ MPa,试校核钢板的强度。

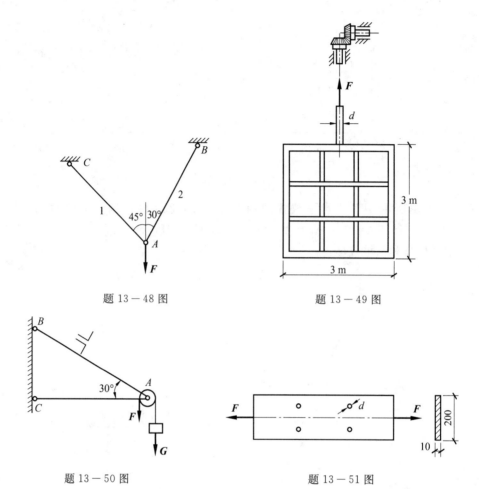

题 13-48 图 题 13-49 图

题 13-50 图 题 13-51 图

13-52 某铣床工作台进给油缸如图所示,缸内工作油压 $p=2$ MPa,缸内内径 $D=75$ mm,活塞杆直径 $d=18$ mm。已知活塞杆材料的许用应力 $[\sigma]=50$ MPa,试校核活塞杆的强度。

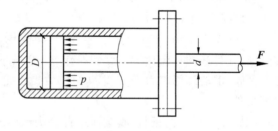

题 13-52 图

13-53 已知混凝土的密度 $\rho=2.25\times10^3$ kg/m³,许用压应力 $[\sigma]=2$ MPa,试按强度条件确定图示混凝土柱所需的横截面面积 A_1 和 A_2,若混凝土的弹性模量 $E=20$ GPa,试求柱顶 A 的位移。

13-54 如图所示结构中,AB 和 AC 均为 Q235 钢制成的圆截面杆,直径相同,均为 $d=20$ mm,许用应力 $[\sigma]=170$ MPa。试确定该结构的许可荷载。

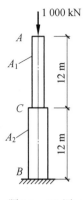
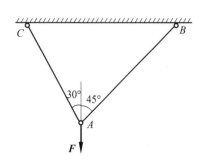

题 13－53 图　　　　　题 13－54 图

13－55　圆锥形杆受轴向拉力作用,试求杆的伸长。

13－56　一结构受力如图所示,杆件 AB、AD 均由两根等边角钢组成。已知材料的许用应力 $[\sigma]=170$ MPa,试选择杆 AB、AD 的角钢型号。

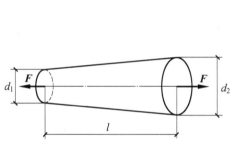
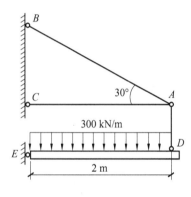

题 13－55 图　　　　　题 13－56 图

13－57　一桁架受力如图所示,各杆都由两个等边角钢组成。已知材料的许用应力 $[\sigma]=170$ MPa,试选择杆 AC 和 CD 的角钢型号。

13－58　如图所示,AC 杆是直径为 25 mm 的圆钢,材料的许用应力 $[\sigma]=141$ MPa,AC、AB 杆夹角 $\alpha=30°$,A 处作用力 $F=20$ kN。

(1) 校核 AC 杆的强度,并选择最经济的直径 d；

(2) 若用等边角钢,选角钢型号。

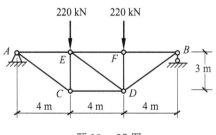

题 13－57 图　　　　　题 13－58 图

13－59　桁架及其受力如图所示,水平杆 BC 的长度 l 保持不变,斜杆 AB 的长度可随夹角 θ 的变化而改变。两杆由同一材料制造,且材料的许用拉应力与许用压应力相

等。要求杆内的应力同时达到许用应力,且结构的总重量为最小时,试求:

(1) 两杆的夹角 θ 值;

(2) 两杆横截面面积的比值。

13-60 如图所示一薄壁圆环的内半径为 r,厚度为 $\delta(\delta \leqslant r/10)$,宽度为 b。在圆环的内表面承受均匀分布的压力 p,试求:

(1) 由内压力引起的圆环截面上的应力;

(2) 由内压力引起的圆环半径的伸长量。

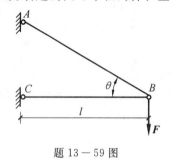

题 13-59 图

题 13-60 图

习题参考答案

一、是非题

13-1 × 13-2 × 13-3 × 13-4 √ 13-5 × 13-6 ×
13-7 × 13-8 √ 13-9 × 13-10 × 13-11 × 13-12 ×
13-13 √ 13-14 √

二、选择题

13-15 D 13-16 B 13-17 D 13-18 C 13-19 D 13-20 B
13-21 D 13-22 C 13-23 C 13-24 D 13-25 A 13-26 A
13-27 A 13-28 A

三、填空题

13-29 $F_{N11}=0, F_{N22}=4F, F_{N33}=2F$

13-30 $\sigma_1=0, \sigma_2=102$ MPa, $\sigma_3=32.6$ MPa

13-31 $\tau_{max}=63.7$ MPa, $\sigma_{30°}=95.5$ MPa, $\tau_{30°}=55.1$ MPa

13-32 弹性阶段,屈服阶段,强化阶段,局部变形阶段

13-33 屈服极限,强度极限,伸长率,断面收缩率

13-34 无明显屈服点,残余应变,应力值,$\sigma_{0.2}$

13-35 0.075

13-36 6

13—37 $\sigma_{45°}=5$ MPa, $\tau_{45°}=5$ MPa

13—38 a,b,c

四、计算分析题

13—39 $\sigma_{11}=-200$ MPa, $\sigma_{22}=-100$ MPa, $\sigma_{33}=150$ MPa

13—40 $\sigma_1=150$ MPa, $\sigma_2=100$ MPa

13—41 $\Delta l_{AC}=2.95$ mm, $\Delta l_{AD}=5.29$ mm

13—42 (1)$[F]=35.4$ kN;(2)$a\geqslant 19.5$ mm

13—43 $\sigma_{AB}=25$ MPa, $\sigma_{BC}=-41.7$ MPa, $\sigma_{AC}=33.3$ MPa, $\sigma_{CD}=-25$ MPa

13—44 $\Delta_{Cy}=1.04$ mm

13—45 $\sigma=149$ MPa, $E=203$ GPa

13—46 $\Delta_{Cx}=0.613$ mm

13—47 $\Delta_{Cx}=0.476$ mm, $\Delta_{Cy}=0.476$ mm

13—48 $\sigma_1=146.5$ MPa$<[\sigma]$, $\sigma_2=116$ MPa$<[\sigma]$

13—49 $\sigma=111.4$ MPa$<[\sigma]$

13—50 $\sigma=73.9$ MPa$<[\sigma]$

13—51 $\sigma=125$ MPa$<[\sigma]$

13—52 $\sigma=32.7$ MPa$<[\sigma]$

13—53 $A_1=0.576$ m², $A_2=0.665$ m², $\Delta_A=2.24$ mm

13—54 $[F]=72.9$ kN

13—55 $\Delta l=4Fl/(\pi E d_1 d_2)$

13—56 杆 AB:2∟100×10,杆 AD:2∟80×6

13—57 杆 AC:2∟80×7,杆 CD:2∟75×6

13—58 (1)$\sigma_{AC}=81.5$MPa$<[\sigma]$,强度满足,$d=20$mm;

(2)$A=284$ mm²,查表可得 $50×3$ 等边角钢

13—59 $\theta=54.74°$, $A_{AB}:A_{BC}=\sqrt{3}$

13—60 (1)$\sigma=pr/\delta$;(2)$\Delta=pr^2/E\delta$

第 14 章

剪切与扭转

内容提要

工程结构与机械是由许多构件或零件连接所构成的。虽说连接件与被连接件可以是不同的构件或零件,但它们的强度破坏形式通常是剪切破坏、挤压破坏和拉断破坏,其中主要的破坏形式是剪切破坏。由于连接件与被连接件之间是局部受力,这使得其变形与受力比较复杂,构件工作应力的计算往往比较困难,所以工程中,是在某些"假设"的基础上,采用实用计算方法。

一、剪切的实用计算

剪切的特点:受力特点是作用于构件两个侧面上的外力可以简化为大小相等、方向相反、作用线垂直于杆轴线且相距很近的横向力;其变形特点是构件中相邻两部分沿剪切面有相对错动的趋势。

剪切实用计算的强度条件,是在切应力沿剪切面均匀分布假设的基础上得到的,即

$$\tau = \frac{F_S}{A_S} \leqslant [\tau]$$

式中,F_S 为剪力;A_S 为剪切面的面积;τ 为名义切应力;$[\tau]$ 为剪切许用切应力,它是由剪切破坏荷载时的名义剪切极限应力 τ_u 再除以安全系数得到的,即 $[\tau] = \frac{\tau_u}{n}$,与扭转、弯曲变形中的许用切应力 $[\tau]$ 不同。

对于多个连接件,首先要确定各连接件上的受力情况。在拉(压)连接头处,连接件所受外力按受剪面积分配,只有当各连接件的受剪面积相等时,各连接件的受力数值才相等;当连接件的受剪面积不等时,其第 i 个连接件的受力数值为

$$F_i = \frac{FA_i}{\sum A_i}$$

式中,A_i 为第 i 个连接件的受剪面面积;$\sum A_i$ 为全部连接件的总截面面积;F 为合力;F_i 为第 i 个连接件所承受的力。

二、挤压的实用计算

挤压应力也是一种压应力,但与轴向压缩时的压应力不同,挤压应力 σ_{bs} 只限于接触

面附近区域内的局部压应力,一般情况下,挤压应力呈非均匀分布。挤压破坏的本质是连接件或被连接件产生显著的局部塑性变形。

挤压实用计算的强度条件是

$$\sigma_{bs} = \frac{F_{bs}}{A_{bs}} \leqslant [\sigma_{bs}]$$

式中,F_{bs} 为挤压面上的作用力;A_{bs} 为挤压面的面积,当挤压面为平面时,A_{bs} 是指实际的挤压面积。但是,当实际的挤压面是半圆柱曲面时,A_{bs} 是指名义挤压面积,则以圆孔或圆销的直径平面面积来代替半圆柱的实际接触面积;σ_{bs} 为名义挤压应力;$[\sigma_{bs}]$ 为挤压许用应力(或称承压许用应力),$[\sigma_{bs}]$ 不同于拉伸(或压缩)时的许用应力 $[\sigma]$,其值约为 $[\sigma]$ 的两倍,当连接件与被连接件的材料强度不同时,应对强度较低者进行强度计算。

三、拉伸(或压缩)强度计算

轴向拉伸(或压缩)时的强度条件是

$$\sigma = \frac{F_N}{A_{净}} \leqslant [\sigma]$$

式中,$A_{净}$ 为削弱截面的净面积,其计算方法与拉伸(或压缩)时的强度计算相同。当被连接件用多个连接件连接时,为了确定被连接件危险截面上内力大小及其所在位置,必须画出其轴力图。

四、切应力互等定理

工程中的一般连接件的剪切面上,不但有切应力还有正应力,因此,其受力和变形都比较复杂。截面上只有切应力而无正应力的受力情况称为纯剪切。构件上某点处在纯剪切情况下,可以通过平衡条件得到所谓的切应力互等定理,即

$$\tau' = \tau$$

该定理表明:在相互垂直的平面上,切应力必然成对存在,且数值相等;两者都垂直于两个平面的交线,方向则共同指向或者共同背离这一交线。由此可见,切应力互等定理的适用条件只限于相互垂直平面上的切应力情况,因此,对非纯剪切情况下的相互垂直平面上的切应力分析仍然适用。所以,在扭转、弯曲变形切应力分析中,常常应用该定理确定某些特定截面上的切应力(大小、方向)。

五、剪切胡克定律

与切应力相对应的应变是直角改变量 γ,称为切应变(或角应变)。

对一般材料,当切应力不超过材料的剪切比例极限 τ_p 时,切应力与切应变成正比,这就是材料的剪切胡克定律,即

$$\tau = G\gamma$$

式中,G 为比例常数,是一个材料常数,称为材料的剪切弹性模量,单位为 Pa,常用单位为 GPa;γ 用弧度来度量。

对于线弹性(即在比例极限范围内)各向同性材料,E、G 和 μ 三个弹性常数之间的关系,可以证明是

$$G = \frac{E}{2(1+\mu)}$$

所以,三个弹性常数中只有两个是独立的。

六、圆轴扭转时的应力及其强度条件

圆轴横截面上距圆心为 ρ 的任意点(图 14.1)处的切应力为

$$\tau_\rho = \frac{T\rho}{I_p}$$

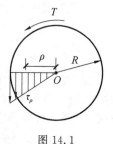

图 14.1

式中，I_p 为横截面对圆心 O 点的极惯性矩；ρ 为该点到圆心的距离。

在圆轴截面的边缘处产生最大切应力 τ_{max}，因此，扭转切应力强度条件为

$$\tau_{max} = \frac{T_{max}}{W_P} \leqslant [\tau]$$

式中，W_P 称为抗扭截面模量，$W_P = \frac{I_p}{R}$；R 为圆截面的半径 ($R = D/2$)。

对于实心圆截面

$$I_p = \frac{\pi D^4}{32}, \quad W_P = \frac{\pi D^3}{16}$$

对于空心圆截面

$$I_p = \frac{\pi D^4}{32}(1-\alpha^4), \quad W_P = \frac{\pi D^3}{16}(1-\alpha^4), \quad \alpha = \frac{d}{D}$$

式中，d、D 分别为空心圆截面的内径和外径。

七、圆轴扭转时的变形和刚度条件

衡量扭转变形的量是相对扭转角，其值为

$$\varphi = \frac{Tl}{GI_p}$$

式中，GI_p 为抗扭刚度；l 为两截面之间的距离；φ 为相对扭转角，单位为弧度(rad)，其符号与扭矩 T 一致。

对于阶梯轴，扭转角为

$$\varphi = \sum \frac{Tl}{GI_p}$$

为了消除杆件长度 l 的影响，工程中，常采用单位长度相对扭转角 θ，其单位为 $(°)/m$。于是，刚度条件为

$$\theta_{max} = \frac{T_{max}}{GI_p} \cdot \frac{180}{\pi} \leqslant [\theta]$$

八、矩形截面杆扭转

由于矩形截面杆在扭转时横截面发生翘曲而变为曲面，须用弹性力学的方法来研究。下面仅将矩形截面杆在自由扭转时由弹性力学研究的主要结果简述如下：

(1) 矩形截面杆在自由扭转时横截面上只有切应力而无正应力。

(2) 周边上各点的切应力的方向与周边平行。在对称轴上各点的切应力垂直于对称轴，在其他各点上切应力的方向是程度不同的斜方向，如图 14.2 所示。

(3) 在截面的中心和四个角点处，切应力等于零。

(4) 最大切应力 τ_{max} 发生在截面长边的中点。此外，短边中点的切应力亦较大，它们分别为

$$\tau_A = \tau_{max} = \frac{T}{W_t} = \frac{T}{\beta b^3}$$

$$\tau_B = \gamma \tau_{max}$$

式中，$W_t = \beta b^3$，也可称为抗扭截面模量；β 为与 h/b 有关的系数；γ 也随 h/b 而变，切应力的其他分布如图 14.2 所示。

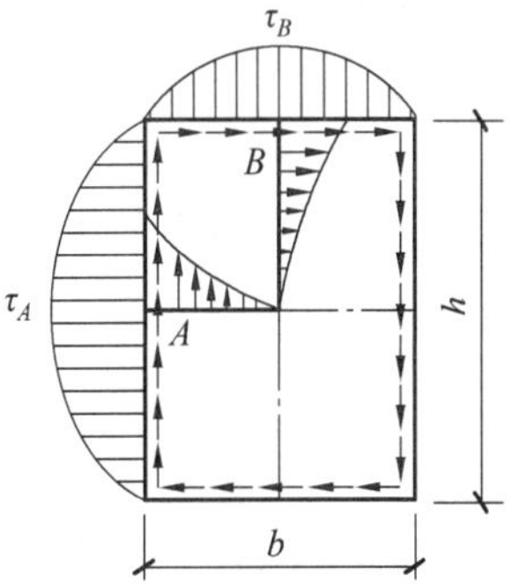

(5) 扭转角的计算公式为

$$\varphi = \frac{Tl}{G\alpha b^4} = \frac{Tl}{GI_t}$$

式中，$I_t = \alpha b^4$，称为相当极惯性矩；α 系数与 h/b 有关。

当 $h/b > 10$ 时

$$\left. \begin{array}{l} I_t = \dfrac{1}{3} h b^3 \\ W_t = \dfrac{1}{3} h b^2 \end{array} \right\}$$

图 14.2

(6) 对于工程中常遇到的一些开口薄壁截面杆(图14.3)，在自由扭转时，最大切应力 τ_{max} 和扭转角 φ 的计算公式如下：

$$\tau_{max} = \frac{T}{I_t} b_{max}$$

$$\varphi = \frac{Tl}{GI_t}$$

$$I_t = \frac{1}{3}(h_1 b_1^3 + h_2 b_2^3 + \cdots + h_n b_n^3) = \frac{1}{3} \sum h_i b_i^3$$

式中，h_i 和 b_i 分别为组成截面的每个矩形部分的长边和短边的长度；b_{max} 为各短边中的最大者。

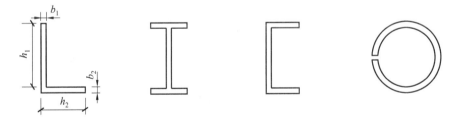

图 14.3

九、圆柱形密圈螺旋弹簧的计算

(1) 应力计算

因为簧丝的横截面上存在有两种内力，所以相应地也有两种应力。与剪力 F_S 相应的是切应力，以 τ' 表示(图 14.4(a))；与扭矩相应的也是切应力，以 τ'' 表示，沿半径成线性分布，方向垂直于半径，最大值 τ''_{max} 在周边上(图 14.4(b))。

故簧丝横截面上最大切应力发生在截面内侧边缘处(图 14.4(c))，其值为

$$\tau_{max} = \tau''_{max} + \tau' = \frac{8FD}{\pi d^3} + \frac{4F}{\pi d^2} = \frac{8FD}{\pi d^3}\left(1 + \frac{d}{2D}\right)$$

式中,d 为簧丝直径;D 为弹簧平均直径。

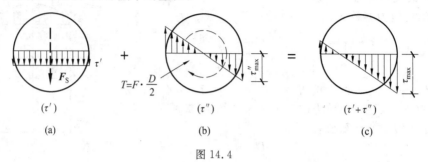

图 14.4

当 $d \ll D$ 时

$$\tau_{max} = \frac{8FD}{\pi d^3}$$

求得 τ_{max} 后,即可建立强度条件:

$$\tau_{max} \leqslant [\tau]$$

(2) 变形

弹簧变形是指整个弹簧在拉力(或压力)作用下,沿轴向的伸长(或缩短)。

$$\lambda = \frac{F}{B}$$

$$B = \frac{Gd^4}{8nD^3}$$

式中,B 为使弹簧产生单位位移所需的力,称为弹簧刚度,其单位为 N/m 或 kN/m。

习　　题

一、是非题

14—1　(　　)剪切面上的切应力在剪切面上均匀分布。

14—2　(　　)剪断钢板时,所用外力使钢板产生的应力稍大于材料的屈服极限。

14—3　(　　)材料相同的圆杆,它们的剪切强度条件和扭转强度条件中,许用切应力的意义相同,数值相等。

14—4　(　　)非圆截面杆不能应用圆杆扭转切应力公式,是因为非圆截面杆扭转时"平面假设"不能成立。

14—5　(　　)圆杆扭转变形实质上是剪切变形。

14—6　(　　)薄壁圆管和空心圆管的扭转切应力公式完全一样。

14—7　(　　)杆件受扭时,横截面上的最大切应力发生在距截面形心最远处。

14—8　(　　)矩形截面杆自由扭转时,横截面上的切应力呈线性分布。

14—9　(　　)任何情况下切应力与切应变都成正比。

14—10　(　　)弹性模量 E、剪切弹性模量 G、泊松比 μ 都是材料常数,三者存在定量关系。

二、选择题

14—11　受拉伸(或压缩)杆件的连接头,在设计时,其最佳方案是_____。

A. 满足剪切实用计算强度条件
B. 满足挤压实用计算强度条件
C. 尽可能提高剪切、挤压强度储备
D. 力求剪切、挤压和拉伸(压缩)三方面具有同等的强度

14-12 在连接件的挤压实用计算强度条件中,挤压面积 A_{bs} 是指连接件的_____。
A. 横截面的面积   B. 名义挤压面面积
C. 实际挤压部分面积   D. 最大挤压力所在的截面面积

14-13 关于挤压许用应力 $[\sigma_{bs}]$ 与许用应力 $[\sigma_c]$,有如下解释,正确的是_____。
A. $[\sigma_{bs}]$ 与 $[\sigma_c]$ 都是指材料的许用压应力,故两者一样
B. 由于 $[\sigma_{bs}]$ 是涉及连接件与被连接件两构件间的挤压,其危害性大,故 $[\sigma_{bs}]$ 应比 $[\sigma_c]$ 要小
C. 由于挤压安全系数小,故 $[\sigma_{bs}] > [\sigma_c]$
D. 因为挤压只发生在局部区域,该区域中的材料进入屈服后将会强化,难以引起构件破坏,所以 $[\sigma_{bs}]$ 要大于 $[\sigma_c]$

14-14 当切应力超过材料的剪切比例极限时,则_____。
A. 剪切胡克定律不成立   B. 切应力互等定理不成立
C. 剪切胡克定律和切应力互等定理均成立 D. 材料发生剪切破坏

14-15 切应力互等定理只适用于_____。
A. 两个相互垂直平面上的切应力分析   B. 纯切应力状态下
C. 线弹性范围内   D. 扭转变形

14-16 一圆轴用碳钢制成,校核其扭转刚度时,发现单位长度扭转角超过了许用值。为保证此轴的扭转刚度,采用_____措施最有效。
A. 改用合金钢材料   B. 增加表面光洁度
C. 增加轴的直径   D. 减小轴的长度

14-17 一内外径之比 $d/D=0.8$ 的空心圆轴,若外径 D 固定不变,壁厚增加1倍,则该轴的抗扭强度和抗扭刚度分别提高_____。
A. 不到1倍,1倍以上   B. 1倍以上,1倍以上
C. 1倍以上,1倍以上   D. 不到1倍,不到1倍

14-18 当实心圆轴的直径增加1倍时,其抗扭强度、抗扭刚度分别增加到原来的_____倍。
A. 8和16   B. 16和8   C. 8和8   D. 16和16

14-19 半径为 R 的圆轴,抗扭截面刚度为_____。
A. $\dfrac{\pi GR^3}{2}$ B. $\dfrac{\pi GR^3}{4}$ C. $\dfrac{\pi GR^4}{2}$ D. $\dfrac{\pi GR^4}{4}$

14-20 如图所示,具有外棱角(凸角)和内棱角(凹角)的棱柱杆,其表面无切向力作用,则杆件受扭时,任意横截面上外棱角顶点处的应力状态是_____。
A. 正应力最大   B. 切应力为零
C. 切应力不为零 D. 切应力最大

14-21 图示为一测定材料剪切强度的剪切器示意图。设圆试件直径 $d=15$ mm,当压力 $P=31.5$ kN,试件被剪断,若该试件的安全系数为1.1,则材料的剪切许用应力为_____。

A. $[\tau]=81$ MPa B. $[\tau]=162$ MPa
C. $[\tau]=196$ MPa D. $[\tau]=98$ MPa

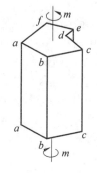

题 14—20 图   题 14—21 图

14—22 板厚 1.3 cm、宽度 16 cm 的两块钢板,用直径 2.5 cm 的铆钉搭接起来。钢板和铆钉材料相同,$[\sigma]=120$ MPa,$[\tau]=90$ MPa,$[\sigma_{bs}]=240$ MPa。若使板中应力达到 $\sigma=85$ MPa,则连接头的强度情况是_____。
A. 抗剪强度不足   B. 挤压强度不足
C. 拉伸强度不足   D. 剪切、挤压和拉伸强度均满足

14—23 用夹剪剪断直径为 3 mm 的铅丝。若铅丝的剪切极限应力 $\tau_u=100$ MPa,剪子销钉 B 的直径为 8 mm,则剪断铅丝时,销钉 B 内的名义切应力为_____。
A. $\tau_B=3.5$ MPa   B. $\tau_B=14.1$ MPa
C. $\tau_B=17.6$ MPa   D. $\tau_B=180$ MPa

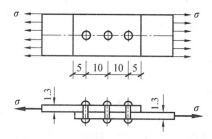
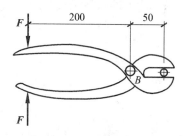

题 14—22 图   题 14—23 图

14—24 图示螺钉在拉力作用下,已知材料的剪切许用应力 $[\tau]$ 和拉伸许用应力 $[\sigma]$ 之间的关系约为:$[\tau]=0.6[\sigma]$,则螺钉内径 d 与钉头高度 h 的合力比值应为_____。
A. $\dfrac{d}{h}=0.42$ B. $\dfrac{d}{h}=0.60$ C. $\dfrac{d}{h}=1$ D. $\dfrac{d}{h}=2.4$

14—25 图示一齿轮用普通平键与轴连接,设轴的直径 $d=70$ mm,键的宽度 $b=20$ mm,高度 $h=12$ mm,长度 $l=100$ mm,键的材料 $[\tau]=60$ MPa,$[\sigma_{bs}]=120$ MPa。若该键传递力矩 $M_e=4.2$ kN·m,则此键强度校核结果是_____。
A. 抗剪强度不足   B. 抗挤压强度不足
C. 剪切、挤压强度都不够   D. 强度满足

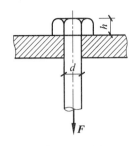
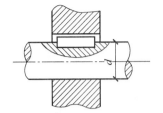
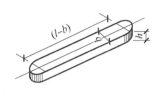

题 14－24 图 　　　　　　　　　　题 14－25 图

14－26　宽度 $b=25$ cm 的方形截面木榫接头，如图所示。已知木材顺纹剪切许用应力 $[\tau]=1$ MPa，顺纹挤压许用应力 $[\sigma_{bs}]=10$ MPa，当木榫接头在拉力 $F=50$ kN 作用下，这时木榫尺寸 c、h 应为_____。

A. $c=20$ cm, $h=12$ cm　　　　B. $c\geqslant 2$ cm, $h\geqslant 20$ cm
C. $c\leqslant 1$ cm, $h\leqslant 10$ cm　　　　D. $c=10$ cm, $h=1$ cm

14－27　钢板对接图的各部分尺寸如图所示。已知钢板的许用应力 $[\sigma]=100$ MPa，铆钉的许用应力 $[\tau]=140$ MPa，$[\sigma_{bs}]=320$ MPa，则铆接头的许可荷载为_____。

A. $[F]=201.9$ kN　　　　B. $[F]=153.2$ kN
C. $[F]=213.7$ kN　　　　D. $[F]=277.8$ kN

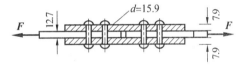

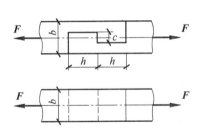
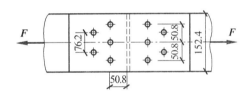

题 14－26 图 　　　　　　　　　　题 14－27 图

14－28　某实心轴，由 a、b 两种材料组合而成，轴心部分为材料 a，轴套部分为材料 b。实心轴受外力偶矩作用后，像整体轴一样产生扭转变形，横截面上的扭矩为 T。实心轴两部分的直径分别为 d_a 和 d_b，且 $d_b=2d_a$。剪切弹性模量分别为 G_a 和 G_b，且 $G_a=3G_b$，则横截面上切应力分布图应为_____。

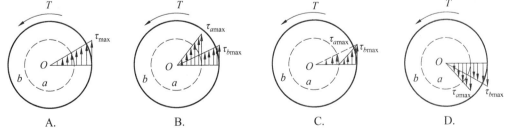

题 14－28 图

14—29 设有截面为矩形的闭口和开口两种薄壁杆件,它们的几何尺寸 a、b、t 均相同,且截面面积 A 和厚度 t 保持不变,而比值 $\beta=\dfrac{a}{b}$ 可变。若给这两种截面施加相同的扭矩,则它们的最大切应力 $\tau_{\max}$ 与比值 β 的关系是_____。

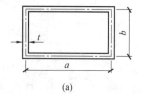 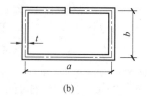

(a)　　　　　　　　　(b)

题 14—29 图

A. 闭口、开口薄壁截面杆的 $\tau_{\max}$ 都与 β 无关
B. 闭口、开口薄壁截面杆的 $\tau_{\max}$ 都与 β 有关
C. 闭口薄壁截面杆的 $\tau_{\max}$ 与 β 有关,而开口薄壁截面杆无关
D. 开口薄壁截面杆的 $\tau_{\max}$ 与 β 有关,而闭口薄壁截面杆无关

14—30 在减速箱中,低转速的轴径粗,高转速的轴径细,这是因为_____。
A. 低转速轴的材料性能差,高转速轴的材料性能好
B. 低转速轴的扭矩大,高转速轴的扭矩小
C. 低转速轴的刚度大,高转速轴的刚度小
D. 低转速轴运行时间长,高转速轴运行时间短

14—31 已知轴上作用外力偶 M_e,该轴中间横截面上切应力的正确分布图是_____。

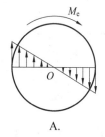 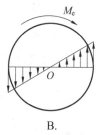 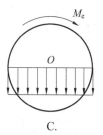 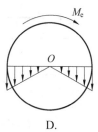

A.　　　　　　　　B.　　　　　　　　C.　　　　　　　　D.

题 14—31 图

14—32 空心圆轴受扭,横截面上扭矩为 T,则该截面上切应力分布规律为_____。

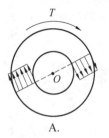 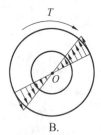 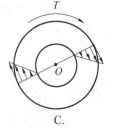 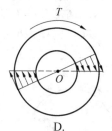

A.　　　　　　　　B.　　　　　　　　C.　　　　　　　　D.

题 14—32 图

14—33 外径为 D、内径为 d 的空心圆截面,其抗扭截面模量等于_____。

A. $W_P=\dfrac{\pi D^3}{16}$　　　　　　　　B. $W_P=\dfrac{\pi D^3}{16}-\dfrac{\pi d^3}{16}$

C. $W_P=\dfrac{\pi}{16D}(D^4-d^4)$　　　　D. $W_P=\dfrac{\pi}{16}\left(\dfrac{D+d}{2}\right)^3$

14-34 圆木受扭,沿纵向发生裂缝,其破坏的主要原因是_____。
A. 木材顺纹抗剪强度低   B. 木材抗拉强度低
C. 木材抗压强度低   D. 木材横纹抗压强度低

14-35 同一种材料,在实用计算中有剪切许用应力,在扭转变形中亦有许用应力$[\tau]$,对这两种许用切应力,有如下解释,正确的是_____。
A. 两种都是许用切应力,是等价的
B. 前者是剪切变形,后者是扭转变形,不一样
C. 两种变形都是纯剪切,所以许用切应力一样
D. 前者是名义极限切应力τ_u除以安全系数;后者是纯剪切极限切应力$\tau_u=\tau_s$除以安全系数,并考虑到轴的弯曲变形、动荷载等因素影响,轴在扭转时的许用切应力一般比静载下的许用切应力要低,所以,这两种许用切应力不一样

14-36 设计某一主轴,发现原方案刚度不足,将进行修改设计,你认为最有效的措施是_____。
A. 轴材料改用优质高强钢
B. 设计成合理的空心圆截面,采用合理的结构形式,减小内力
C. 加大轴径
D. 把轴挖空

14-37 一外径为内径两倍($D=2d$)的空心圆轴,受扭时最大切应力与直径d_0的实心圆轴最大切应力相同,则空心圆截面的面积必为实心圆截面积的_____。
A. 78.2%   B. 21.8%   C. 121.8%   D. 50%

14-38 上题中,当$d=0.8D$,欲使空心圆轴与直径d_0实心圆轴具有等强度,则它们的刚度比(空/实)为_____。
A. 0.84   B. 0.79   C. 1.19   D. 1.23

14-39 一阶梯圆轴,直径分别为$d_1=4$ cm,$d_2=7$ cm,轴上装有三个皮带轮,如图所示。已知轮3输入功率为$P_3=60$ kW,轮1输出功率为$P_1=13$ kW,轴做匀速转动,转速为$n=200$ r/min,材料的剪切许用应力$[\tau]=40$ MPa,该轴的强度校核结果是_____。
A. $\tau_{max}=21.3$ MPa$<[\tau]$,强度足够
B. $\tau_{max}=24.7$ MPa$<[\tau]$,强度足够
C. $\tau_{max}=42.6$ MPa$>[\tau]$,误差$=6.5\%>5\%$,强度不够
D. $\tau_{max}=49.4$ MPa$>[\tau]$,强度不够

14-40 一阶梯轴,各段材料不同。AB段为铜,$[\tau]=35$ MPa,$d_1=80$ mm;BC段为铝,$[\tau]=30$ MPa,$d_2=60$ mm;CD段为钢,$[\tau]=60$ MPa,$d_3=40$ mm。外力偶方向如图所示,当M_{e1}、M_{e2}和M_{e3}都达到许可值时,M_{e3}等于_____。
A. 3 519 N·m   B. 4 791 N·m   C. 1 272 N·m   D. 2 026 N·m

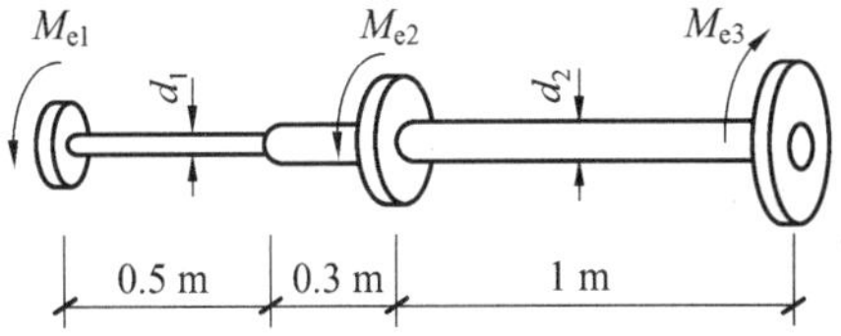

题 14-39 图 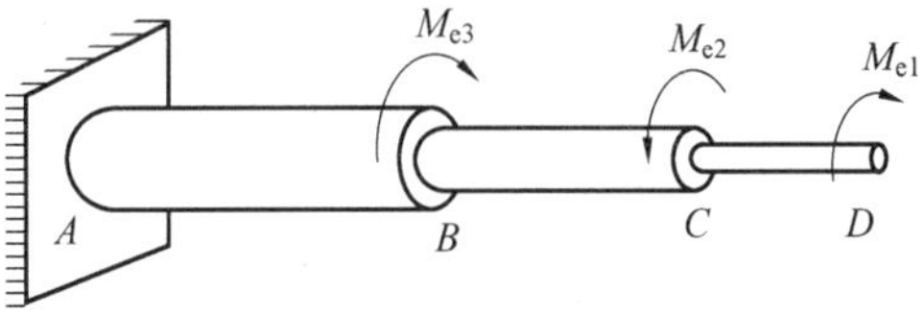   题 14-40 图

14—41 冲床如图所示,若要在厚度为 t 的钢板上冲出直径为 d 的圆孔,则冲头的冲压力 F 必须不小于_____。已知钢板的剪切强度极限 τ_b 和屈服极限 τ_s。

A. $\pi dt\tau_s$ B. $\frac{1}{4}\pi d^2 \tau_s$ C. $\frac{1}{4}\pi d^2 \tau_b$ D. $\pi dt\tau_b$

14—42 一传动轴,长 $l=510$ mm,直径 $D=50$ mm,此轴的一段被钻成内径 $d_1=25$ mm 的空心轴,余下一段则钻成内径 $d_2=38$ mm 的空腔。欲使两段长度内的扭转角相等,余下一段的长度应是_____。

A. $l_2=21$ mm   B. $l_2=212$ mm   C. $l_2=255$ mm   D. $l_2=298$ mm

题 14—41 图   题 14—42 图

14—43 图示一圆截面传动轴,其上作用的外力偶 $M_{e1}=1\,000$ N·m,$M_{e2}=600$ N·m,$M_{e3}=200$ N·m,$M_{e4}=200$ N·m。若将外力偶 M_{e1} 和 M_{e2} 作用位置进行互换,则轴的直径与原直径之比为_____。

A. 1.19   B. 1.00   C. 0.94   D. 0.84

14—44 图示圆轴直径 $d=10$ mm,$l=50$ cm,$M_{e1}=7$ kN·m,$M_{e2}=5$ kN·m,材料的剪切弹性模量 $G=82$ GPa,此轴 A、C 截面的相对扭转角是_____。

A. $\varphi_{CA}=0.018\,6°$ B. $\varphi_{CA}=-0.107°$ C. $\varphi_{CA}=0.249°$ D. $\varphi_{CA}=-0.142°$

题 14—43 图   题 14—44 图

14—45 桥式起重机的传动轴,传递力矩 $M_e=1.08$ kN·m,材料许用应力 $[\tau]=40$ MPa,规定单位长度扭转角 $[\theta]=0.5(°)/$m,材料 $G=80$ GPa,此轴直径应为_____。

A. $d=116$ mm   B. $d=63$ mm
C. $d=52$ mm   D. $d=20$ mm

14—46 已知轴的许用切应力 $[\tau]=21$ MPa,许用单位长度扭转角 $[\theta]=0.3(°)/$m,剪切弹性模量 $G=80$ GPa。若按强度条件设计,并使轴刚度条件总可满足,则该轴直径应为_____。

A. $d=16$ cm   B. $d=5$ cm
C. $d<10$ cm   D. $d\geqslant 10$ cm

14—47 直径 $d=25$ mm 的圆截面钢杆,在轴向拉力 $F=60$ kN 作用下,在标距 $s=20$ cm 的长度内伸长了 0.113 mm,此钢杆在力偶矩 $M_e=200$ N·m 作用下,测得相距 15 cm 的两横截面的相对扭转角为 0.55°,则这种材料的泊松比为_____。
A. $\mu=0.33$ B. $\mu=0.30$ C. $\mu=0.25$ D. $\mu=0.35$

14—48 电动机传动轴横截面上扭矩与传动轴的_____成正比。
A. 传递功率 P B. 转速 n
C. 直径 D D. 剪切弹性模量 G

14—49 图示等直圆轴,若截面 B、A 的相对扭转角 $\varphi_{AB}=0$,则外力偶 M_1 和 M_2 的关系为_____。
A. $M_{e1}=M_{e2}$ B. $M_{e1}=2M_{e2}$
C. $M_{e2}=2M_{e1}$ D. $M_{e1}=3M_{e2}$

14—50 下列四根圆轴,横截面面积相同,单位长度扭转角最小的轴是_____。

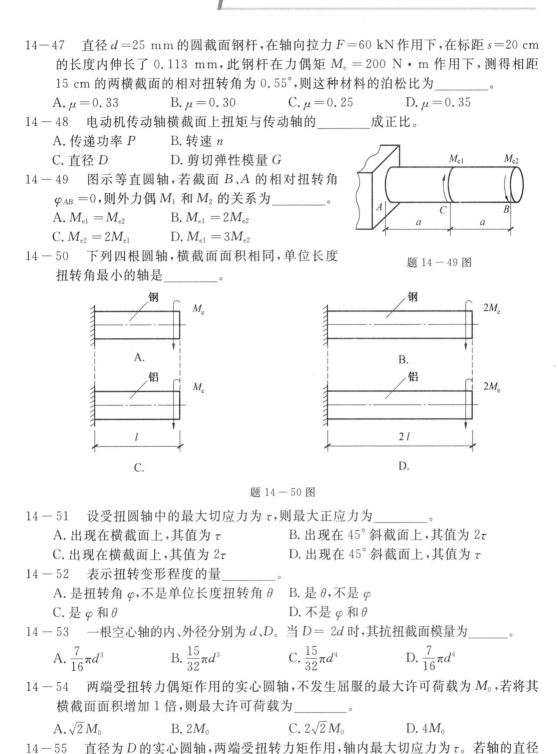

题 14—49 图

题 14—50 图

14—51 设受扭圆轴中的最大切应力为 τ,则最大正应力为_____。
A. 出现在横截面上,其值为 τ B. 出现在 45°斜截面上,其值为 2τ
C. 出现在横截面上,其值为 2τ D. 出现在 45°斜截面上,其值为 τ

14—52 表示扭转变形程度的量_____。
A. 是扭转角 φ,不是单位长度扭转角 θ B. 是 θ,不是 φ
C. 是 φ 和 θ D. 不是 φ 和 θ

14—53 一根空心轴的内、外径分别为 d、D。当 $D=2d$ 时,其抗扭截面模量为_____。
A. $\frac{7}{16}\pi d^3$ B. $\frac{15}{32}\pi d^3$ C. $\frac{15}{32}\pi d^4$ D. $\frac{7}{16}\pi d^4$

14—54 两端受扭转力偶矩作用的实心圆轴,不发生屈服的最大许可荷载为 M_0,若将其横截面面积增加 1 倍,则最大许可荷载为_____。
A. $\sqrt{2}M_0$ B. $2M_0$ C. $2\sqrt{2}M_0$ D. $4M_0$

14—55 直径为 D 的实心圆轴,两端受扭转力矩作用,轴内最大切应力为 τ。若轴的直径改为 $\frac{D}{2}$,则轴内的最大切应力变为_____。
A. 2τ B. 4τ C. 8τ D. 16τ

14-56 扭转应力公式 $\tau_\rho = T\rho/I_p$ 适用于_____杆件。
  A. 任意截面形状   B. 任意实心截面形状
  C. 任意材料的圆截面   D. 线弹性材料的圆截面

14-57 圆轴横截面上某点切应力 τ_ρ 的大小与该点到圆心的距离 ρ 成正比，方向垂直于过该点的半径。这一结论是根据_____推知的。
  A. 变形几何关系、物理关系和平衡关系
  B. 变形几何关系和物理关系
  C. 物理关系
  D. 平衡关系

14-58 根据圆轴扭转的平面假设，可以认为圆轴扭转时其横截面_____。
  A. 形状尺寸不变，直径仍为直线   B. 形状尺寸改变，直径仍为直线
  C. 形状尺寸不变，直径不保持直线   D. 形状尺寸改变，直径不保持直线

14-59 低碳钢试件扭转破坏是_____。
  A. 沿横截面拉断   B. 沿 45° 螺旋面拉断
  C. 沿横截面剪断   D. 沿 45° 螺旋面剪断

14-60 在横截面面积相等的条件下，_____截面杆的抗扭强度最高。
  A. 正方形   B. 矩形   C. 实心圆形   D. 空心圆形

14-61 根据_____可得出结论：矩形截面杆受扭时，横截面上边缘各点的切应力必平行于截面周边，且角点处切应力为零。
  A. 平面假设   B. 切应力互等定理
  C. 各向同性假设   D. 剪切胡克定律

14-62 矩形截面杆受扭时，横截面上的最大切应力 τ_{max} 发生在_____。
  A. 长边中点   B. 短边中点   C. 角点   D. 形心

14-63 铸铁试件扭转破坏是_____。
  A. 沿横截面拉断   B. 沿横截面剪断
  C. 沿 45° 螺旋面拉断   D. 沿 45° 螺旋面剪断

14-64 低碳钢的两种破坏方式如图(a)、(b)所示。其中_____。
  A. (a) 为拉伸破坏，(b) 为扭转破坏   B. (a)、(b) 均为拉伸破坏
  C. (a) 为扭转破坏，(b) 为拉伸破坏   D. (a)、(b) 均为扭转破坏

题 14-64 图

14-65 铸铁圆棒在外力作用下，发生图示的破坏形式。其破坏前的受力状态如图_____所示。

14-66 图示圆轴由铝和钢芯牢固地结合在一起。在扭转变形时，其横截面上切应力的大小分布如图_____所示。

14-67 图示木榫接头，左右两部分形状完全一样，当 **F** 力作用时，接头的剪切面积等于_____。
  A. ab B. cb C. lb D. lc

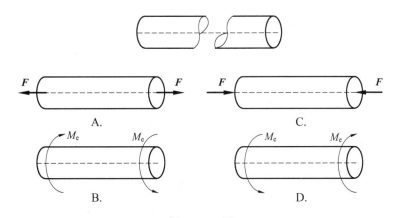

题 14-65 图

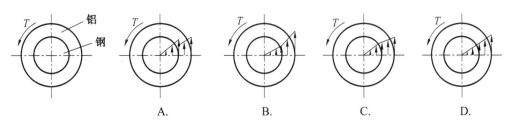

题 14-66 图

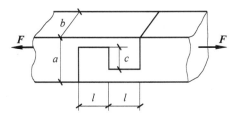

题 14-67 图

14-68 连接件切应力的实用计算是以假设_____为基础的。
A. 切应力在剪切面上均匀分布
B. 切应力不超过材料的剪切比例极限
C. 剪切面为圆形或方形
D. 剪切面面积大于挤压面面积

14-69 在连接件上,剪切面和挤压面分别_____于外力方向。
A. 垂直、平行　B. 平行、垂直
C. 平行　　　　D. 垂直

14-70 图示连接件,插销剪切面上的切应力为_____。
A. $\tau = \dfrac{4F}{\pi d^2}$　　B. $\tau = \dfrac{2F}{\pi d^2}$
C. $\tau = \dfrac{F}{2dt}$　　　D. $\tau = \dfrac{F}{dt}$

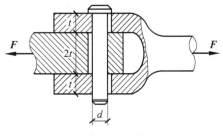

题 14-70 图

14-71 各向同性材料的三个弹性常数 E、G、μ 满足关系_____。

A. $G=\dfrac{E}{2(1+\mu)}$ B. $G=\dfrac{E}{2(1-\mu)}$ C. $G=\dfrac{2E}{1+\mu}$ D. $G=\dfrac{2E}{1-\mu}$

14-72 剪切胡克定律的表达式是_____。

A. $\tau=E\gamma$ B. $\tau=G\epsilon$ C. $\tau=G\gamma$ D. $\tau=\dfrac{F_s}{A}$

14-73 要选择缓冲性能良好的弹簧,最有效的办法应该是_____。

A. 簧杆直径 d 尽可能小些为好   B. 弹簧圈平均直径 D 尽可能大些

C. 增加弹簧圈数 n D. 采用高强度钢弹簧

14-74 微体的受力状态如图所示,已知上下两面的切应力为 τ,则左右侧面上的切应力为_____。

A. $\dfrac{\tau}{2}$ B. τ C. 2τ D. 0

14-75 切应力互等定理是由单元体的_____导出的。

A. 静力平衡关系   B. 几何关系   C. 物理关系   D. 强度条件

14-76 插销穿过水平放置的平板上的圆孔,在其下端受有一拉力 F,该插销的剪切面面积和挤压面积分别等于_____。

A. $\pi dh,\dfrac{1}{4}\pi D^2$ B. $\pi dh,\dfrac{1}{4}\pi(D^2-d^2)$

C. $\pi Dh,\dfrac{1}{4}\pi D^2$ D. $\pi Dh,\dfrac{1}{4}\pi(D^2-d^2)$

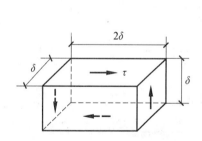

题 14-74 图   题 14-76 图

14-77 一块等厚板通过三个铆钉与另一块板连接。从拉伸强度和减轻自重两方面考虑,该板做成图_____所示形状较合理。

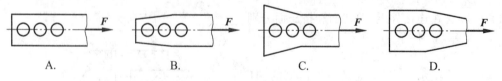

A.   B.   C.   D.

题 14-77 图

14-78 图示连接件,方形销将两块厚度相等的板连接在一起。设板中的最大拉伸应力、挤压应力、剪切应力分别为 σ_{max}、σ_{bs}、τ,则比较三者的大小可知_____。

A. σ_{max} 最大   B. σ_{bs} 最大

C. τ 最大   D. 三种应力一样大

14－79　在连接件剪切强度的实用计算中,剪切许用应力$[\tau]$是由_____得到的。
　　A. 精确计算　　　　　　　　　B. 拉伸试验
　　C. 剪切试验　　　　　　　　　D. 扭转试验

14－80　如图所示,在平板和受拉螺栓之间垫上一个垫圈,可以提高_____强度。
　　A. 螺栓的拉伸　　B. 螺栓的剪切　　C. 螺栓的挤压　　D. 平板的挤压

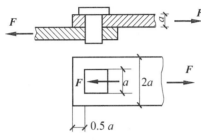

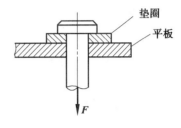

题 14－78 图　　　　　　　　　　　　　　题 14－80 图

14－81　在一传动机构中,轮子通过平键与轴相连,如图所示。设键埋入轮子和轴内的深度相同,若轮子、键、轴三种材料的许用挤压应力分别为$[\sigma_{bs1}]$、$[\sigma_{bs2}]$、$[\sigma_{bs3}]$,则三者之间的合理关系应当是_____。
　　A. $[\sigma_{bs1}]>[\sigma_{bs2}]>[\sigma_{bs3}]$　　　　　B. $[\sigma_{bs2}]>[\sigma_{bs1}]>[\sigma_{bs3}]$
　　C. $[\sigma_{bs3}]>[\sigma_{bs2}]>[\sigma_{bs1}]$　　　　　D. $[\sigma_{bs1}]=[\sigma_{bs2}]=[\sigma_{bs3}]$

14－82　置于刚性平面上的短粗圆柱体 AB,在上端面中心处受到一刚性圆柱压头的作用,如图所示,若已知压头和圆柱 AB 的横截面面积分别为 150 mm²、250 mm²,圆柱 AB 将_____。
　　A. 发生挤压破坏　　　　　　　B. 发生压缩破坏
　　C. 同时发生压缩和挤压破坏　　D. 不会破坏

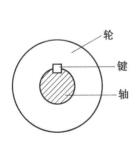

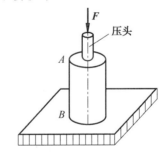

题 14－81 图　　　　　　　　　　　　　　题 14－82 图

14－83　两块相同的板由 4 个相同的铆钉铆接。若采用图示两种铆钉排列方式,则两种情况下板的_____。
　　A. 最大拉应力相等,挤压应力不等
　　B. 最大拉应力不等,挤压应力相等
　　C. 最大拉应力和挤压应力都相等
　　D. 最大拉应力和挤压应力都不等

14－84　如图所示连接件的最大挤压应力为_____。
　　A. $\sigma_{bs}=\dfrac{F}{2dt}$　　B. $\sigma_{bs}=\dfrac{F}{dt}$　　C. $\sigma_{bs}=\dfrac{F}{2\pi dt}$　　D. $\sigma_{bs}=\dfrac{F}{\pi dt}$

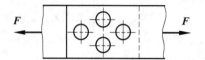

题 14-83 图

14-85 在图示 a、b 两个单元体的受力状态中_____。

A. a 是正确的 B. b 是正确的 C. a、b 都正确 D. a、b 都不正确

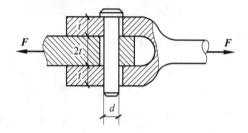

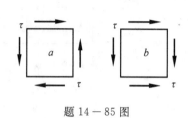

题 14-84 图

题 14-85 图

14-86 变截面圆轴如图所示。已知 $M_{e1}=2$ kN·m，$M_{e2}=1$ kN·m，$G=80$ GPa，此轴的最大扭转角 $\varphi_{\max}$ 为_____。

A. 1.85° B. 1.27° C. 1.43° D. 1.69°

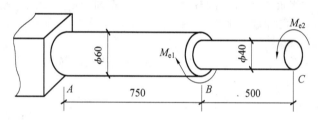

题 14-86 图

14-87 实心圆轴受扭，若将轴的直径减小一半时，则圆轴的扭转角是原来的_____。

A. 2 倍 B. 4 倍 C. 8 倍 D. 16 倍

14-88 公式 $d\varphi/dx = T/GI_p$ 的正确使用条件是_____。

A. 圆截面杆扭转，变形在线弹性范围内
B. 圆截面杆扭转，任意变形范围
C. 任意截面杆扭转，线弹性变形
D. 矩形截面杆扭转

14-89 单位长度扭转角与下列哪个因素无关？_____。

A. 材料性质 B. 扭矩 C. 杆的长度 D. 截面几何性质

14-90 钢制实心轴和铝制空心圆轴（内外径之比 $\alpha=d/D=0.6$）的长度及横截面积均相等，钢的许可切应力 $[\tau_1]=80$ MPa，铝的许可切应力 $[\tau_2]=50$ MPa。仅从强度条件考虑，能承受较大扭矩的是_____。

A. 铝制空心轴 B. 钢制实心轴 C. 承载能力相同 D. 无法判断

14-91 直径为 d 的圆柱与其圆形基座为同一整体，已知圆形基座直径 $D=3d$，厚度为 t，

若假设地基对基座的支座反力均匀分布,圆柱承受轴向压力 F,则基座剪切面的剪力为_____。

A. F B. 大于 F C. 小于 F D. 0

14-92 铆钉的许可切应力为 $[\tau]$,许可挤压应力为 $[\sigma_{bs}]$,则图示铆接件的铆钉合理长细比 l/d 为_____。

A. $\dfrac{\pi[\tau]}{8[\sigma_{bs}]}$ B. $\dfrac{8[\sigma_{bs}]}{\pi[\tau]}$ C. $\dfrac{2[\sigma_{bs}]}{\pi[\tau]}$ D. $\dfrac{\pi[\tau]}{2[\sigma_{bs}]}$

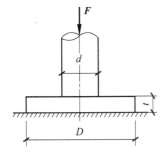

题 14-91 图

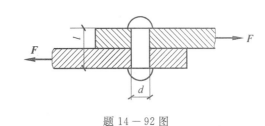

题 14-92 图

14-93 图示螺钉受拉力 F 作用,螺钉头直径 $D=40$ mm,$h=12$ mm,螺钉杆直径 $d=20$ mm,$[\tau]=60$ MPa,$[\sigma_{bs}]=200$ MPa,$[\sigma]=160$ MPa,则螺钉可承受的最大拉力 F 为_____。

A. 45 kN   B. 50 kN

C. 90 kN   D. 188.5 kN

14-94 对于受扭的圆轴,关于如下结论:

① 最大切应力只出现在横截面上;

② 在横截面上和包含杆件的纵向截面上均无正应力;

③ 圆轴内最大拉应力的值和最大切应力的值相等。

现有四种答案,正确的是_____。

A. ②③   B. ①③   C. ①②   D. ①②③

14-95 截面为圆环形的开口和闭口薄壁杆件的横截面如图(a)、(b)所示。设两杆具有相同的平均半径和壁厚,则二者_____。

A. 抗拉强度相同,抗扭强度不同

B. 抗拉强度不同,抗扭强度相同

C. 抗拉、抗扭强度都相同

D. 抗拉、抗扭强度都不同

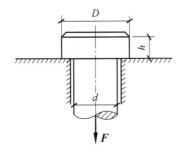

题 14-93 图

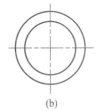

(a)   (b)

题 14-95 图

14—96 若实心圆轴的扭矩保持不变,而直径增大1倍,则最大扭转切应力将变为原来的_____,单位长度扭转角将变为原来的_____。
A. 1/2   B. 1/4   C. 1/8   D. 1/16

14—97 空心圆轴,其内外径之比为 α,扭转时轴内的最大切应力为 τ,这时横截面上内边缘的切应力为_____。
A. τ B. $\alpha\tau$ C. 零   D. $(1-\alpha^4)\tau$

14—98 下列论述中正确的是_____。
A. 切应力互等定理仅适用于纯剪切情况
B. 已知 A3 钢的 $\tau_s = 120$ MPa,$G = 80$ GPa,则由剪切胡克定律,其切应变 $\gamma_s = \tau_s/G = 1.5 \times 10^{-3}$ rad
C. 传动轴的转速越高,对其横截面上的扭矩越大
D. 受扭杆件的扭矩,仅与杆件所受的外力偶矩有关,而与杆件的材料及横截面的形状、大小无关

14—99 一受扭等截面直杆,分别采用圆形、正方形和矩形三种截面,且三种截面的横截面面积相等,其中最大切应力值是在_____。

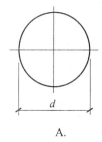 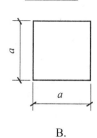 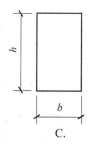

A.   B.   C.

题 14—99 图

14—100 图示受扭圆轴的 B、C、D 三个横截面相对于 A 截面的扭转角的关系为_____。
A. $\varphi_{AB} = \varphi_{AC} = \varphi_{AD}$
B. $\varphi_{AB} = \varphi_{AC}, \varphi_{AD} = 0$
C. $2\varphi_{AB} = \varphi_{AC} = \varphi_{AD}$
D. $\varphi_{AB} = \varphi_{AD}, \varphi_{AC} = 0$

14—101 阶梯形圆轴的尺寸及受力如图所示,其 AB 段与 BC 段的最大切应力之间的关系为_____。
A. $\tau_{max1} = \tau_{max2}$ B. $\tau_{max1} = \frac{3}{2}\tau_{max2}$ C. $\tau_{max1} = \frac{3}{4}\tau_{max2}$ D. $\tau_{max1} = \frac{3}{8}\tau_{max2}$

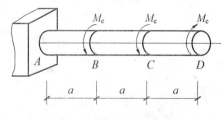 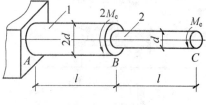

题 14—100 图   题 14—101 图

14—102 对于低碳钢圆截面扭转试件的破坏形式和破坏原因,下列结论中正确的是_____。
A. 断裂面垂直于试件轴线,断裂是由于断裂面上的拉应力过大引起的

B. 断裂面垂直于试件轴线,断裂是由于断裂面上的切应力过大引起的
C. 断裂面与试件轴线成 45°倾角,断裂是由于断裂面上拉应力过大引起的
D. 断裂面与试件轴线成 45°倾角,断裂是由于断裂面上切应力过大引起的

14—103　两根等直圆轴的长度、直径分别相同,切变模量分别为 G_1 和 G_2,且 $G_1 > G_2$。在两端受到大小相等的力偶矩扭转作用,最大切应力分别是 τ_1 和 τ_2,两端相对扭转角分别是 φ_1 和 φ_2。下述结论正确的为_____。
 A. $\tau_1 = \tau_2, \varphi_1 = \varphi_2$ B. $\tau_1 > \tau_2, \varphi_1 > \varphi_2$
 C. $\tau_1 = \tau_2, \varphi_1 < \varphi_2$ D. $\tau_1 = \tau_2, \varphi_1 > \varphi_2$
 E. $\tau_1 < \tau_2, \varphi_1 < \varphi_2$

14—104　图(a)、(b)所示两圆轴的材料、长度分别相同,直径分别为 d 和 $2d$。扭转时两轴表面上一点处的切应变 $\gamma_a = \gamma_b$,则 M_a 和 M_b 的关系为_____。
 A. $M_a = M_b$ B. $2M_a = M_b$ C. $4M_a = M_b$ D. $8M_a = M_b$

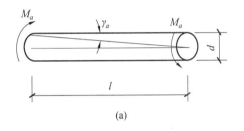 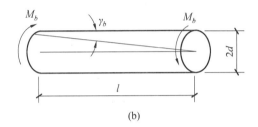

题 14—104 图

14—105　空心圆轴的内径为 d,外径为 D,$\alpha = \dfrac{d}{D} = 0.5$。当横截面上扭矩为 T 时,最大切应力为 τ。若截面上 A 点距外周边的距离为 $0.1D$,则 A 点的切应力是_____。
 A. 0.9τ B. 0.8τ C. 0.5τ D. 0.4τ

14—106　图示受扭圆轴中,$d_1 > d_2$,进行强度和刚度校核时,应取_____进行计算。
 A. AB 段   B. AB、BC、CD 段   C. AB、BC 段   D. AB、CD 段

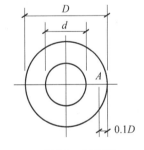 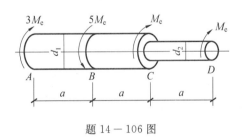

题 14—105 图　　　　　题 14—106 图

14—107　在图示四个截面中,后三个截面为壁厚相等的薄壁截面。若它们的净面积(即阴影线部分面积)相等,则图_____所示截面的抗扭强度最高。

14—108　从受扭圆杆内截取如图所示的一部分,该部分哪个面上无切应力_____。
 A. 横截面 1   B. 纵截面 2   C. 纵截面 3   D. 圆柱面 4

A.   B.   C.   D.

题 14－107 图

14－109 图示混凝土柱,其截面为 $0.2\,\text{m}\times 0.2\,\text{m}$ 的正方形。该柱竖立在边长为 $a=1\,\text{m}$ 的正方形混凝土基础板上,柱顶上承受着轴向压力 $F=100\,\text{kN}$。若地基对混凝土板的支承反力是均匀分布的,混凝土的许用切应力 $[\tau]=1.5\,\text{MPa}$,为使柱不会穿过混凝土板,该板应有的最小厚度 $t_{\min}$ 为_____。

A. 8 mm   B. 16.7 mm   C. 80 mm   D. 83 mm

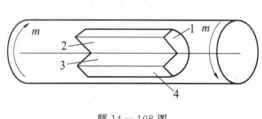

题 14－108 图

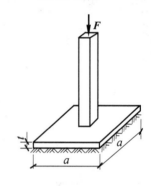

题 14－109 图

三、填空题

14－110 图示在拉力 F 作用下的螺栓,已知材料的剪切许用应力 $[\tau]$ 是拉伸许用应力 $[\sigma]$ 的 0.6 倍,则螺栓直径 d 和螺栓头高度 h 的合理比值为_____。

14－111 若将受扭实心圆轴的直径增加一倍,则其刚度是原来的_____倍。

14－112 铆钉连接要进行_____、_____、_____三个方面的强度计算。

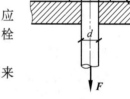

题 14－110 图

14－113 阶梯形实心圆轴承受扭转变形,圆轴最大切应力 $\tau_{\max}=$_____。

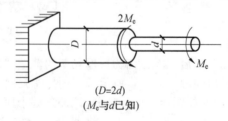

$(D=2d)$
$(M_e 与 d 已知)$

题 14－113 图

14－114 某单元体上画出的三个切应力 $\tau_x、\tau_y、\tau_z$ 如图所示。它们之间满足切应力互等定理的是_____。

14-115 图示圆杆,材料为铸铁,两端受力偶矩 M_e 作用,杆的破坏面应为_____。

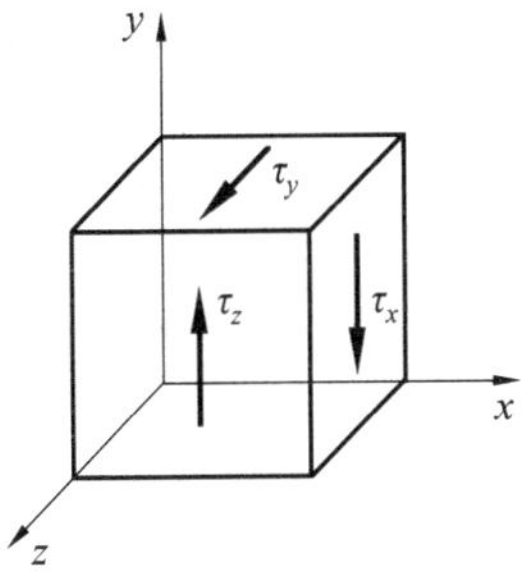

题 14-115 图

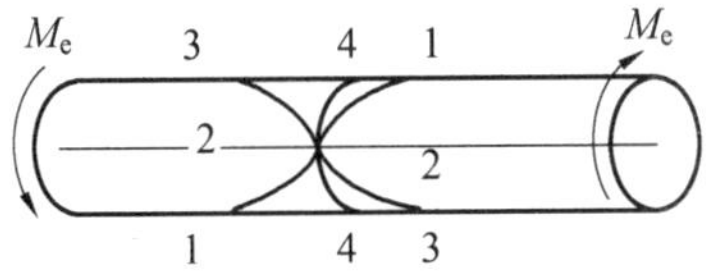

题 14-114 图

14-116 一内半径为 r,厚度为 t 的开口薄壁圆筒,两端受外力偶矩 M_e 的作用,则横截面上的最大切应力 $\tau_{max}=$_____。若将筒上的纵向缝焊接成为一闭口薄壁圆筒,然后施加同样大小的外力偶矩 M_e 时,横截面上的最大切应力为 $\tau_{max}=$_____。

14-117 矩形截面杆受扭时,横截面周边上各点的切应力方向是_____,τ_{max} 发生在_____,四个角点处的切应力为_____。

14-118 图示受扭圆轴,若使 B 截面相对于 A 截面的扭转角 $\varphi_{AB}=0$,则 AC 和 CB 两段长度之比 $l_1/l_2=$_____。

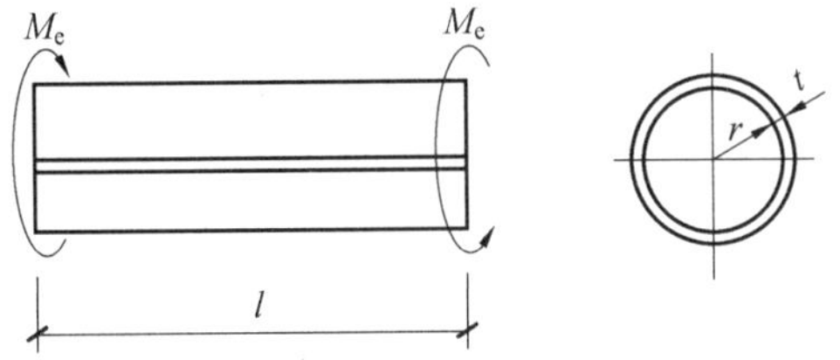

题 14-116 图

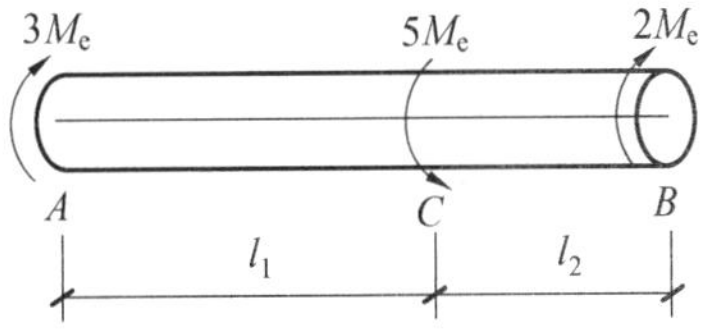

题 14-118 图

14-119 一直径为 D_1 的实心圆轴,另一内外直径之比 $\alpha=\dfrac{d_2}{D_2}=0.8$ 的空心圆轴,两轴的长度、材料、扭矩分别相同。

(1) 若两轴的最大扭转切应力相等,则空心轴和实心轴的重量之比 $G_2/G_1=$_____;

(2) 若两轴的单位长度扭转角相等,则空心轴和实心轴的重量之比 $G_2/G_1=$_____。

14-120 当图示受扭圆轴 B 截面的扭转角 $\varphi_B=0$ 时,$M_B=$_____。

14-121 图示单元体的右侧面为自由表面(该面上没有应力),其他面均为截开面。图示切应力中一定等于零的为_____。

14-122 判断剪切面和挤压面时应注意的是:剪切面是构件的两部分有发生_____趋势的平面;挤压面是构件_____表面。

14-123 一受扭圆轴,其 $d=25$ mm,$G=80$ GPa,当扭转角为 $6°$ 时的最大切应力为 96 MPa,试求此轴的长度 $l=$_____。

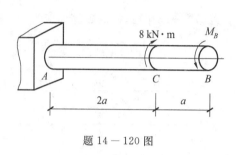
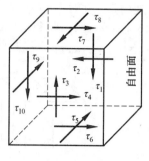

题 14－120 图

题 14－121 图

四、计算分析题

14－124　图示一等直圆杆,已知 $d=40$ mm, $a=400$ mm, $G=80$ GPa, $\varphi_{DB}=1°$。试求：
(1) 最大切应力；
(2) 截面 A 相对于截面 C 的扭转角。

14－125　设有一实心圆轴与内、外径之比为 3/4 的空心圆轴,两轴材料及长度相同,承受外力偶矩均为 M_e。试比较两轴的重量。

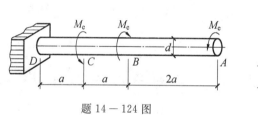

题 14－124 图

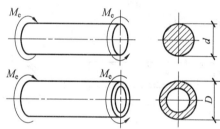

题 14－125 图

14－126　一等截面圆轴的直径 $d=50$ mm,转速 $n=120$ r/min。已知该轴的最大切应力为 60 MPa,试问圆轴所传递的功率为多少千瓦。

14－127　图示等直圆杆,已知外力偶矩 $M_A=2.99$ kN·m, $M_B=7.20$ kN·m, $M_C=4.21$ kN·m,许用切应力 $[\tau]=70$ MPa,许可单位长度扭转角 $[\theta]=1(°)/$m,剪切弹性模量 $G=80$ GPa。试确定该轴的直径 d。

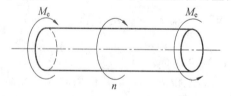

题 14－126 图

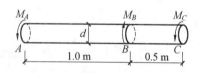

题 14－127 图

14－128　某圆截面钢轴,转速 $n=250$ r/min,所传功率 $P=60$ kW,许用应力 $[\tau]=40$ MPa,单位长度的许用扭转角 $[\theta]=0.8(°)/$m,剪切弹性模量 $G=80$ GPa,试确定轴的直径。

14－129　如图所示的空心圆轴,外径 $D=100$ mm,内径 $d=80$ mm, $l=500$ mm, $M_{e1}=6$ kN·m, $M_{e2}=4$ kN·m,材料的剪切弹性模量 $G=80$ GPa。作轴的扭矩图,并求出最大切应力。

14—130 图示一齿轮传动轴,传递力偶矩 $M_e=10$ kN·m,轴的直径 $d=80$ mm。试求轴的最大切应力。

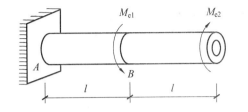

题 14—129 图

题 14—130 图

14—131 一薄壁钢管受外力偶矩 $M_e=2$ kN·m 作用。已知 $D=60$ mm,$d=50$ mm,$E=210$ GPa。已测得管表面上相距 $l=200$ mm 的 AB 两截面的相对扭转角 $\varphi_{AB}=0.430$ (°)/m,试求材料的泊松比。

14—132 图示两块钢板,由一个螺栓连接。已知螺栓直径 $d=24$ mm,每块板的厚度 $\delta=12$ mm,拉力 $F=27$ kN,螺栓许用应力 $[\tau]=60$ MPa,$[\sigma_{bc}]=120$ MPa。试对螺栓作强度校核。

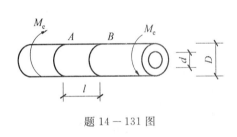

题 14—131 图

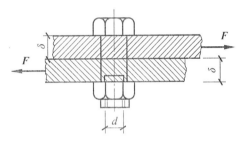

题 14—132 图

14—133 图示冲床的冲头在 F 力作用下冲剪钢板。设板厚 $t=10$ mm,板材料的剪切强度极限 $\tau_b=360$ MPa,当需冲剪一个直径 $d=20$ mm 的圆孔时,试求所需的冲力 F?

14—134 矩形截面木拉杆的榫接头如图所示,已知轴向拉力 $F=50$ kN,截面宽度 $b=250$ mm,木材的许用挤压应力 $[\sigma_{bc}]=10$ MPa,许用切应力 $[\tau]=1$ MPa,试求接头所需尺寸 l 和 a。

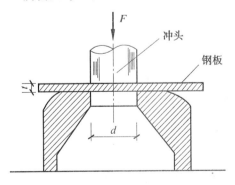

题 14—133 图

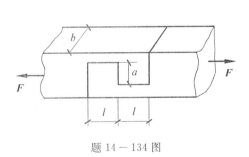

题 14—134 图

14—135 阶梯形圆杆,AE 段为空心,外径 $D=140$ mm,内径 $d=100$ mm;BC 段为实心,直径 $d=100$ mm。外力偶矩 $M_A=18$ kN·m,$M_B=32$ kN·m,$M_C=14$ kN·m。已知:$[\tau]=80$ MPa,$[\theta]=1.2$ (°)/m,$G=80$ GPa。试校核该轴的强度和刚度。

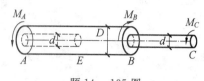

题 14—135 图

14—136 试校核图示拉杆头部的剪切强度和挤压强度。已知图中尺寸 $D=32$ mm,$d=20$ mm 和 $h=12$ mm,杆的许用切应力 $[\tau]=100$ MPa,许用挤压应力 $[\sigma_{bs}]=240$ MPa。

14—137 图示一螺栓接头,已知 $F=40$ kN,螺栓的许用切应力 $[\tau]=130$ MPa,许用挤压应力 $[\sigma_{bs}]=300$ MPa。试计算螺栓所需直径。

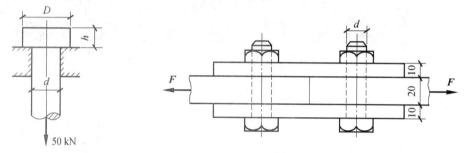

题 14—136 图　　　　　题 14—137 图

14—138 图示木榫接头,$F=50$ kN,试求接头的剪切与挤压应力。

14—139 图示接头,承受轴向荷载 F 作用,试校核接头的强度。已知:荷载 $F=80$ kN,板宽 $b=80$ mm,板厚 $\delta=10$ mm,铆钉直径 $d=16$ mm,许用正应力 $[\sigma]=160$ MPa,许用切应力 $[\tau]=120$ MPa,许用挤压应力 $[\sigma_{bs}]=340$ MPa。板件与铆钉的材料相同。

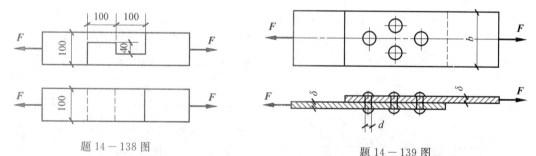

题 14—138 图　　　　　题 14—139 图

14—140 图示铆钉连接,承受轴力为 280 kN,铆钉直径 $d=20$ mm,许用切应力 $[\tau]=140$ MPa。试按剪切强度确定所需的铆钉个数。

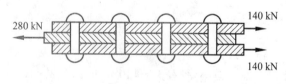

题 14—140 图

14-141 某传动轴,转速 $n=300$ r/min,轮 1 为主动轮,输入功率 $P_1=50$ kW,轮 2、轮 3 与轮 4 为从动轮,输出功率分别为 $P_2=10$ kW,$P_3=P_4=20$ kW。

(1) 试画轴的扭矩图,并求轴的最大扭矩;

(2) 若将轮 1 与轮 3 的位置对调,轴的最大扭矩变为何值,对轴的受力是否有利。

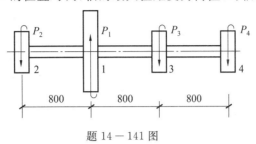

题 14-141 图

14-142 某受扭圆管,外径 $D=44$ mm,内径 $d=40$ mm,横截面上的扭矩 $T=750$ N·m,试计算圆管横截面上的扭转切应力。

14-143 一受扭转薄壁圆管,内径 $d=30$ mm,外径 $D=32$ mm,材料的弹性模量 $E=200$ GPa,泊松比 $\mu=0.25$,设圆管表面纵向线的倾斜角 $\gamma=1.25\times10^{-3}$ rad,试求管承受的扭转力偶矩(提示:$G=\dfrac{E}{2(1+\mu)}$)。

14-144 图示圆截面轴,直径 $d=50$ mm,扭矩 $T=1$ kN·m,试计算 A 点处($\rho_A=20$ mm)的扭转切应力 τ_A,以及横截面上的最大扭转切应力 $\tau_{\max}$。

14-145 图示空心圆截面轴,外径 $D=40$ mm,内径 $d=20$ mm,扭矩 $T=1$ kN·m,试计算 A 点处($\rho_A=15$ mm)的扭转切应力 τ_A,以及横截面上的最大与最小扭转切应力。

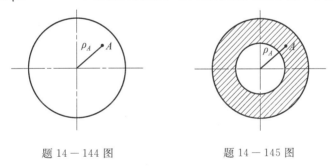

题 14-144 图　　　题 14-145 图

14-146 圆截面试样,直径 $d=20$ mm,两端承受力偶矩 $M_e=230$ N·m 作用,实验测得标距 $l=100$ mm 范围内的扭转角 $\varphi=0.017\,4$ rad,试确定剪切弹性模量 G。

14-147 图示圆截面轴,AB 与 BC 段的直径分别为 d_1 与 d_2,且 $d_1=4d_2/3$,试求轴内的最大切应力与截面 C 的转角,并画出轴表面母线的位移情况,材料的剪切弹性模量为 G。

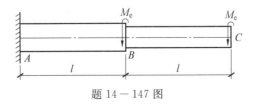

题 14-147 图

习题参考答案

一、是非题

14-1	×	14-2	×	14-3	×	14-4	√	14-5	√	14-6	×
14-7	×	14-8	×	14-9	×	14-10	√				

二、选择题

14-11 D   14-12 B   14-13 D   14-14 A   14-15 A   14-16 C
14-17 D   14-18 A   14-19 C   14-20 B   14-21 A   14-22 A
14-23 C   14-24 D   14-25 D   14-26 B   14-27 B   14-28 B
14-29 C   14-30 B   14-31 B   14-32 D   14-33 C   14-34 A
14-35 D   14-36 B   14-37 A   14-38 A   14-39 D   14-40 B
14-41 D   14-42 B   14-43 D   14-44 B   14-45 B   14-46 D
14-47 A   14-48 A   14-49 B   14-50 A   14-51 D   14-52 B
14-53 B   14-54 C   14-55 C   14-56 D   14-57 B   14-58 A
14-59 C   14-60 D   14-61 B   14-62 A   14-63 C   14-64 A
14-65 D   14-66 A   14-67 C   14-68 A   14-69 B   14-70 B
14-71 A   14-72 C   14-73 D   14-74 B   14-75 A   14-76 B
14-77 B   14-78 D   14-79 C   14-80 D   14-81 D   14-82 B
14-83 B   14-84 A   14-85 A   14-86 C   14-87 D   14-88 A
14-89 C   14-90 A   14-91 C   14-92 D   14-93 A   14-94 A
14-95 A   14-96 CD   14-97 B   14-98 D   14-99 C   14-100 B
14-101 D   14-102 B   14-103 C   14-104 D   14-105 B
14-106 D   14-107 B   14-108 D   14-109 C

三、填空题

14-110 2.4

14-111 16

14-112 剪切   挤压   拉伸

14-113 $\dfrac{16m}{\pi d^3}$

14-114 τ_y 和 τ_z

14-115 3-3 面

14-116 $\dfrac{3m}{\pi(2r+t)t^2}$,$\dfrac{2m}{\pi(2r+t)^2 t}$

14-117 平行于周边，长边中点处，零

14-118 2/3

14-119 (1) 0.51；(2) 0.47

14-120 $\dfrac{16}{3}$ kN·m

14-121　τ_2、τ_4、τ_6、τ_8、τ_9、τ_{10}
14-122　相互错动，相互挤压部分
14-123　1.09 m

四、计算分析题

14-124　(1)$\tau_{max}=69.8$ MPa；(2)$\varphi_{AC}=2°$
14-125　空心轴的重量仅为实心轴重量的56.4%
14-126　$P=18.5$ kW
14-127　$d \geqslant 74.4$ mm
14-128　$d \geqslant 68$ mm
14-129　$\tau_{max}=34.5$ MPa
14-130　$\tau_{max}=99.5$ MPa
14-131　$\mu=0.3$
14-132　$\tau=59.7$ MPa，$\sigma_{bs}=94$ MPa
14-133　$F=226$ kN
14-134　$l \geqslant 0.2$ m，$a \geqslant 0.02$ m
14-135　AE段：$\tau_{max}=43.8$ MPa，$\theta=0.44(°)/m$；BC段：$\tau_{max}=71.3$ MPa，$\theta=1.02(°)/m$
14-136　$\tau=66.3$ MPa，$\sigma_{bs}=102$ MPa
14-137　$d=14$ mm
14-138　$\tau=5$ MPa，$\sigma_{bs}=12.5$ MPa
14-139　$\sigma=125$ MPa，$\tau=99.5$ MPa，$\sigma_{bs}=125$ MPa
14-140　$n=4$
14-141　(1)$T_{max}=1.273$ kN·m；(2)$T'_{max}=0.955$ kN·m
14-142　$\tau_{max}=141.4$ MPa，$\tau_{min}=64.3$ MPa
14-143　$M_e=146.3$ N·m
14-144　$\tau_A=32.6$ MPa，$\tau_{max}=40.7$ MPa
14-145　$\tau_A=63.7$ MPa，$\tau_{max}=84.9$ MPa，$\tau_{min}=42.4$ MPa
14-146　$G=84.2$ GPa
14-147　$\tau_{max}=\dfrac{16M}{\pi d_2^3}$，$\varphi_C=\dfrac{10.19Ml}{G}\left(\dfrac{1}{d_2^4}+\dfrac{2}{d_1^4}\right)$

第15章

弯曲应力

内容提要

一、基本概念

1. 纯弯曲和横力弯曲

在平面弯曲时,如果梁的横截面上只有弯矩而无剪力,这种弯曲称为纯弯曲;如果梁的横截面上不仅有弯矩,而且还有剪力,则称为横力弯曲。

2. 中性层和中性轴

梁弯曲时,梁内有一层既不伸长也不缩短的纵向纤维层,称为中性层。中性层与横截面的交线称为中性轴。中性轴通过横截面的形心。

二、弯曲正应力公式

纯弯曲时横截面上的弯曲正应力公式的推导,必须通过几何、物理和静力学三方面进行综合分析,得纯弯曲时横截面上的弯曲正应力公式

$$\sigma = \frac{My}{I_z} \tag{15.1}$$

上式表明,横截面上任意点的弯曲正应力与该横截面上的弯矩 M 成正比,与该点到中性轴的距离 y 成正比,与横截面对中性轴 z 的惯性矩 I_z 成反比。横截面中性轴的一侧为拉应力,另一侧为压应力,在中性轴上各点的正应力等于零,距离中性轴越远,则正应力数值(绝对值)越大,其正应力分布如图15.1所示。

在具体计算某点处的弯曲正应力时,公式(15.1)中的各项一般取其绝对值代入,求出正应力的数值,然后根据弯矩 M 的方向及该点的位置,直接判断正应力的正、负号(拉应力或压应力)。

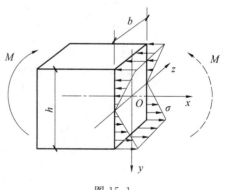

图 15.1

梁横截面上的最大正应力发生在离中性轴最远处,即

$$\sigma_{\max}=\frac{My_{\max}}{I_z}=\frac{M}{W_z} \tag{15.2}$$

式中,W_z 称为抗弯截面模量,$W_z=\dfrac{I_z}{y_{\max}}$。

三、弯曲正应力公式的适用条件

(1) 仅适用于平面弯曲的情况。

(2) 要求满足小变形和材料服从胡克定律。

(3) 公式(15.1)对于纯弯曲的直梁是精确的;对于横力弯曲情况,当梁跨度与高度之比 $\dfrac{l}{h} \geqslant 5$ 时,上述公式仍然可以适用,其误差小于2%,这对工程实际中常用的梁来说,其精度已足够,所以可忽略剪力的影响,把纯弯曲正应力公式(15.1)推广到横力弯曲情况。

(4) 对于小曲率曲杆(梁轴线曲率半径与高度之比 $\dfrac{\rho}{h} \geqslant 5$),上述公式也可以适用。

(5) 截面逐渐变化的变截面梁,当截面变化不大时,如图15.2所示($2\alpha \leqslant 30°$),可近似地应用上述公式(误差$\leqslant 5\%$),而且是偏于安全的。

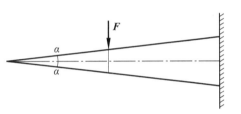

图 15.2

四、弯曲正应力强度条件

梁弯曲正应力强度条件为

$$\sigma_{\max}=\frac{M_{\max}}{W_z} \leqslant [\sigma] \tag{15.3}$$

对于抗拉和抗压强度不同的材料,则要分别求出梁的最大拉应力 σ_{tmax} 和最大压应力 σ_{cmax},并同时满足

$$\sigma_{tmax} \leqslant [\sigma_t]$$
$$\sigma_{cmax} \leqslant [\sigma_c]$$

三类强度计算问题:

1. 强度校核

$$\sigma_{\max}=\frac{M_{\max}}{W_z} \leqslant [\sigma]$$

2. 截面设计

$$W_z \geqslant \frac{M_{\max}}{[\sigma]}$$

3. 确定许可荷载

$$M_{\max} \leqslant W_z [\sigma]$$

由梁所允许承受的最大弯矩 $M_{\max}$ 确定梁允许承受的最大荷载。

在进行上列各项计算时,为了保证既安全可靠又节约材料,设计规范还规定,梁内的工作应力 $\sigma_{\max}$ 允许稍大于许用应力 $[\sigma]$,但以不超过 $[\sigma]$ 的5%为限。

五、梁的合理设计

由受弯构件的强度条件可知,在材料给定的情况下,截面的承载力主要取决于抗弯截面模量 W_z 的值。W_z 不仅与截面面积有关,而且与截面的形状有关,同时还随布置位置的变化而改变(例如平放与竖放)。在材料用量相同的情况下,合理的截面形式应使 W_z 值最大。对于等截面梁显然截面面积相同所用材料就应相等,因此研究 W_z/A 的值是有实际意义的。

矩形截面

$$\frac{W_z}{A} = \frac{\frac{bh^2}{6}}{bh} = \frac{h}{6} = 0.167h$$

圆形截面

$$\frac{W_z}{A} = \frac{\frac{\pi d^3}{32}}{\frac{\pi d^2}{4}} = \frac{d}{8} = 0.125d$$

矩形截面同圆形截面相比,当 $h=d$ 时矩形要优于圆形。

经计算工字形与槽形截面

$$W_z = 0.3h(左右)$$

六、两种或两种以上材料的组合梁

钢筋混凝土梁以及钢与其他材料组合的梁,当梁的各组成部分连接得很紧而无相对错动时,可作为一个整体,变形仍符合平面假设。

例如图 15.3(a) 所示,① 部分弹性模量 E_1;② 部分弹性模量 E_2。两部分形成一个整体,在弯矩作用下平截面假设依然成立,因此 $\varepsilon = \frac{y}{\rho}$ 表达式成立(见图 15.3(b))。利用胡克定律,对 ① 部分有

$$\sigma_1 = E_1\varepsilon = \frac{E_1}{\rho}y \qquad (a)$$

对 ② 部分有

$$\sigma_2 = E_2\varepsilon = \frac{E_2}{\rho}y \qquad (b)$$

设 $E_2 > E_1$,则应力分布如图 15.3(c) 所示。与前面推证单一材料弯曲正应力公式相似,这里也存在如何利用平衡条件确定中性轴位置和曲率 $1/\rho$ 值的问题。根据应力计算截面轴力与弯矩过程中,积分表达式中都将出现 σdA 这一微元素,就两种材料而言将出现 $\sigma_1 dA = \sigma_1 b dy$ 和 $\sigma_2 dA = \sigma_2 b dy$,如果将 σ_1 延续到 ② 部分中(见图 15.3(c) 虚线),并注意

$$\frac{\sigma_2}{\sigma_1} = \frac{E_2}{E_1} \text{ 或 } \sigma_2 = \frac{E_2}{E_1}\sigma_1$$

则 $\sigma_2 dA$ 可作如下变化,即

$$\sigma_2 dA = \sigma_2 b dy = \sigma_1 \frac{E_2}{E_1} b dy = \sigma_1 b' dy = \sigma_1 dA'$$

式中,$b' = \frac{E_2}{E_1}b$ 或 $A' = \frac{E_2}{E_1}A$,相当于将截面中 ② 的部分由宽度 b 扩展为宽度 b'(见图

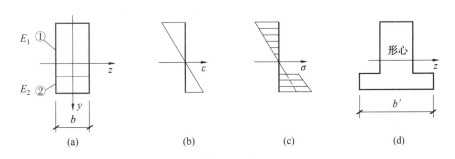

图 15.3

15.3(d))。这样处理后，所有积分均只与 σ_1 发生关系，和前面单一材料推证完全相同，但积分所对截面应以图 15.3(d)所示倒 T 形截面(称为相当截面)为准。这样，中性轴应通过相当截面形心，而利用公式

$$\sigma_1 = \frac{My}{I_0} \tag{15.4a}$$

计算 σ_1 时，惯性矩 I_0 应是相当截面对形心轴的惯性矩。最后需指明的是，对于②部分的应力，必须先求出 σ_1，然后用

$$\sigma_2 = \frac{E_2}{E_1}\sigma_1 \tag{15.4b}$$

得到该区的应力 σ_2。

七、弯曲切应力和切应力强度条件

在横力弯曲时，横截面上距中性轴(z 轴)为 y 处的切应力计算公式为

$$\tau = \frac{F_S S_z^*}{I_z b} \tag{15.5}$$

式中，F_S 为横截面上的剪力；b 为横截面在 y 处的宽度；I_z 为整个横截面对中性轴 z 的惯性矩；S_z^* 为截面上距中性轴为 y 的横线以下部分面积对中性轴的静矩(例如图 15.4(a)中阴影面积)。

矩形截面梁的切应力，其方向与剪力平行，其大小沿截面宽度均匀分布，沿截面高度方向呈二次抛物线分布(图 15.4(b))。

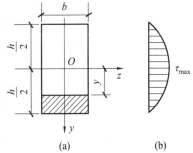

图 15.4

对于下列常用横截面的梁的最大切应力由公式 (15.5) 得

矩形截面　　　　$\tau_{max} = \dfrac{3}{2}\dfrac{F_S}{A}$

圆形截面　　　　$\tau_{max} = \dfrac{4}{3}\dfrac{F_S}{A}$

圆环截面　　　　$\tau_{max} = 2\dfrac{F_S}{A}$

式中，F_S 为横截面上的剪力；A 为横截面面积；最大切应力 τ_{max} 发生在中性轴处。

工字形截面　　　　$\tau_{max} = \dfrac{F_S S_{z\,max}^*}{I_z d}$

式中，d 为腹板厚度；S_{zmax}^* 为中性轴任一边的半个横截面面积对中性轴 z 的静矩。工字钢可查型钢规格表，其中 $\dfrac{I_z}{S_z}$ 即为此处的 $\dfrac{I_z}{S_{zmax}^*}$。最大切应力 τ_{max} 发生在中性轴处。

弯曲切应力强度条件为

$$\tau_{max} \leqslant [\tau] \tag{15.6}$$

八、弯曲中心

梁在两个主形心惯性平面内分别发生平面弯曲时，其横截面上弯曲切应力的合力分别为 F_{Sy} 和 F_{Sz}，它们的作用线的交点称为梁横截面的弯曲中心，也称剪切中心，用 A 表示。它是截面图形的一种几何性质，与所加荷载的大小及方向无关。

只有当梁上的横向荷载通过弯曲中心时，梁只发生弯曲。而当梁上的荷载不通过弯曲中心时，梁除了发生弯曲外，还要发生扭转。

对于开口薄壁截面梁，由于其抗扭刚度小，扭转引起的变形和应力都是很大的。因此，确定开口薄壁截面的弯曲中心具有实际意义。

习 题

一、是非题

15—1 （　）中性层就是在纵向线上无长度变化的层。

15—2 （　）离中性轴越远，正应力的值越小。

15—3 （　）中性轴是梁的横截面与中性层的交线。

15—4 （　）中性轴上的弯曲正应力总是为零。

15—5 （　）应力和应变是永远成正比关系的两个参数。

15—6 （　）当正方形截面的边长和圆形截面的直径相等时，正方形截面的承载力要大于圆形截面。

15—7 （　）梁的切应力是越靠近中性轴越大。

15—8 （　）倘若荷载的作用线通过弯曲中心，则梁不会发生扭转变形。

15—9 （　）梁发生横力弯曲时，其截面上只有切应力，无正应力。

15—10 （　）梁发生平面弯曲时，其横截面绕截面的对称轴旋转。

15—11 （　）矩形截面梁的切应力沿截面高度成线性分布。

15—12 （　）当荷载相同时，材料不同，截面形状和尺寸相同的两个梁，其横截面上的正应力分布规律也不同。

15—13 （　）纯弯曲梁横截面上任一点，既有正应力也有切应力。

15—14 （　）梁在平面弯曲时，中性轴垂直于荷载作用平面。

15—15 （　）对于等截面直梁，横截面上最大拉应力与最大压应力在数值上必定相等。

二、选择题

15—16　由梁的平面假设可知，梁纯弯曲时，其横截面_____。

　　A. 保持平面，且与梁轴正交　　　　B. 保持平面，且形状大小不变

C. 保持平面,只作平面移动　　　　　D. 形状尺寸不变,且与梁轴正交

15－17 对于纯弯曲梁,由平面假设可直接导出_____。

A. $\dfrac{1}{\rho}=\dfrac{M}{EI}$　　　B. $\varepsilon=\dfrac{y}{\rho}$　　　C. $\sigma=\dfrac{My}{I}$　　　D. 中性轴过形心

15－18 用梁的弯曲正应力强度条件 $\sigma_{\max}=\dfrac{M_{\max}}{W_z}\leqslant[\sigma]$ _____。

A. 只能确定梁的截面尺寸　　　　　B. 只能校核梁的强度
C. 只能设计梁的最大荷载　　　　　D. 可以解决以上三方面的问题

15－19 梁在弯曲时,若应力超过材料的比例极限,则正应力公式 $\sigma=\dfrac{My}{I_z}$ 和切应力公式 $\tau=\dfrac{F_S S_z^*}{I_z b}$ _____。

A. 前者不适用,后者适用　　　　　B. 都适用
C. 前者适用,后者不适用　　　　　D. 都不适用

15－20 等直实体梁发生平面弯曲变形的必要条件是_____。

A. 梁有纵向对称截面　　　　　　　B. 荷载均作用在同一纵向对称面内
C. 荷载作用在同一平面内　　　　　D. 荷载均作用在主形心轴平面内

15－21 在弯曲切应力公式 $\tau=\dfrac{F_S S_z^*}{I_z b}$ 中_____。

A. S_z^* 是所求点的上(下)截面对 z 轴的静矩,I_z 是整个截面对 z 轴的惯性矩
B. S_z^* 是整个截面对 z 轴的静矩,I_z 是所求点的上(下)截面对 z 轴的惯性矩
C. S_z^*、I_z 均为所求点的上(下)截面对 z 轴的静矩、惯性矩
D. S_z^*、I_z 均为整个截面对 z 轴的静矩、惯性矩

15－22 在梁的正应力公式中,I_z 为梁截面对_____的惯性矩。

A. 形心轴　　　B. 对称轴　　　C. 中性轴　　　D. 主形心轴

15－23 等强度梁各个截面上的_____。

A. 最大正应力相等　　　　　　　　B. 最大正应力都等于许用应力
C. 最大切应力相等　　　　　　　　D. 最大切应力都等于许用切应力

15－24 设计钢梁时,宜采用中性轴为_____的截面

A. 对称轴　　　　　　　　　　　　B. 靠近受拉边的非对称轴
C. 靠近受压边的非对称轴　　　　　D. 任意轴

15－25 几何形状完全相同、材料不同的两根梁受力状态也相同,则它们的_____。

A. 弯曲应力相同,轴线曲率不同　　　B. 弯曲应力不同,轴线曲率相同
C. 弯曲应力和轴线曲率均相同　　　　D. 弯曲应力和轴线曲率均不同

15－26 下列4种截面梁,材料和横截面面积相等。从强度观点考虑,图_____所示截面梁在铅直面内所能承担的极值弯矩最大。

15－27 T形截面梁在弯曲时,其横截面上的_____。

A. $\sigma_{\max}$ 发生在离中性轴最远点处,$\tau_{\max}$ 发生在中性轴上
B. $\sigma_{\max}$ 发生在中性轴上,$\tau_{\max}$ 发生在离中性轴最远点处
C. $\sigma_{\max}$ 和 $\tau_{\max}$ 均发生在离中性轴最远点处
D. $\sigma_{\max}$ 和 $\tau_{\max}$ 均发生在中性轴上

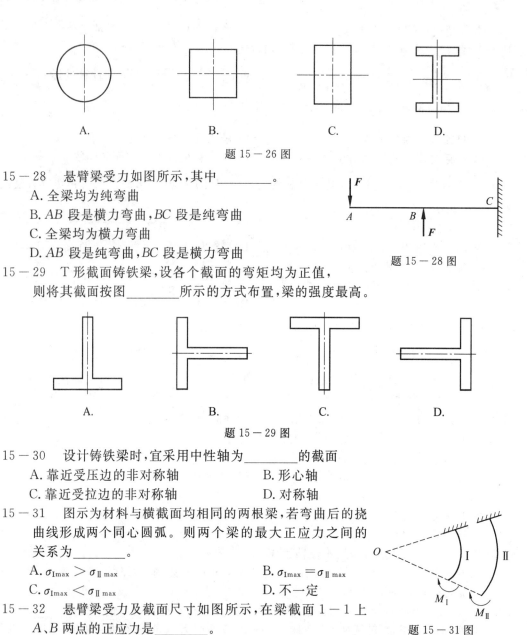

A.   B.   C.   D.

题 15—26 图

15—28 悬臂梁受力如图所示,其中_____。
    A. 全梁均为纯弯曲
    B. AB 段是横力弯曲,BC 段是纯弯曲
    C. 全梁均为横力弯曲
    D. AB 段是纯弯曲,BC 段是横力弯曲

题 15—28 图

15—29 T 形截面铸铁梁,设各个截面的弯矩均为正值,
    则将其截面按图_____所示的方式布置,梁的强度最高。

A.   B.   C.   D.

题 15—29 图

15—30 设计铸铁梁时,宜采用中性轴为_____的截面
    A. 靠近受压边的非对称轴   B. 形心轴
    C. 靠近受拉边的非对称轴   D. 对称轴

15—31 图示为材料与横截面均相同的两根梁,若弯曲后的挠
    曲线形成两个同心圆弧。则两个梁的最大正应力之间的
    关系为_____。
    A. $\sigma_{\mathrm{I\,max}} > \sigma_{\mathrm{II\,max}}$ B. $\sigma_{\mathrm{I\,max}} = \sigma_{\mathrm{II\,max}}$
    C. $\sigma_{\mathrm{I\,max}} < \sigma_{\mathrm{II\,max}}$ D. 不一定

题 15—31 图

15—32 悬臂梁受力及截面尺寸如图所示,在梁截面 1—1 上
    A、B 两点的正应力是_____。
    A. $\sigma_A = 0.924$ MPa(压),$\sigma_B = 1.85$ MPa
    B. $\sigma_A = 6.45$ MPa,$\sigma_B = 15.9$ MPa
    C. $\sigma_A = 2.54$ MPa,$\sigma_B = 1.62$ MPa(压)
    D. $\sigma_A = 2.54$ MPa(压),$\sigma_B = 1.62$ MPa

15—33 长度为 250 mm,横截面尺寸 $h \times b = 0.8$ mm $\times$ 25 mm 的薄钢尺,由于两端外
    力偶的作用而弯成中心角为 60° 的圆弧。已知弹性模量 $E = 210$ GPa,此时钢尺横截
    面上的最大正应力是_____。
    A. $\sigma_{\max} = 704$ MPa   B. $\sigma_{\max} = 3\,520$ MPa
    C. $\sigma_{\max} = 352$ MPa   D. $\sigma_{\max} = 11\,000$ MPa

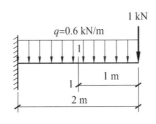
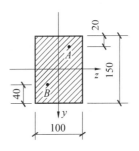

题 15－32 图

15－34 铸铁梁的荷载及截面尺寸如图所示。材料的许用拉应力 $[\sigma_t]$ = 40 MPa，许用压应力 $[\sigma_c]$ = 100 MPa。校核此梁正应力强度的结果是_____。
A. σ_{tmax} = 30.2 MPa < $[\sigma_t]$，σ_{cmax} = 69 MPa < $[\sigma_c]$
B. σ_{tmax} = 34.5 MPa < $[\sigma_t]$，σ_{cmax} = 15.1 MPa < $[\sigma_c]$
C. σ_{tmax} = 34.5 MPa < $[\sigma_t]$，σ_{cmax} = 69 MPa < $[\sigma_c]$
D. σ_{tmax} = 69 MPa < $[\sigma_t]$，σ_{cmax} = 34.5 MPa < $[\sigma_c]$

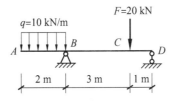
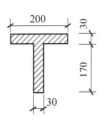

题 15－34 图

15－35 一铸铁梁如图所示。已知材料的许用拉应力 $[\sigma_t]$ = 150 MPa，许用压应力 $[\sigma_c]$ = 630 MPa。则此梁的安全系数 n 等于_____。
A. n = 3.71   B. n = 10.4   C. n = 2.47   D. n = 6.8

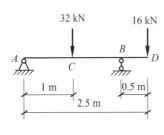
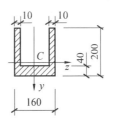

题 15－35 图

15－36 简支梁受均布荷载如图所示。如材料的许用正应力 $[\sigma]$ = 160 MPa，则梁的截面尺寸分别为(1) 圆截面；(2) 矩形截面 b/h = 1/2 时，其重量之比为_____。
A. 1 : 1.13   B. 1 : 0.71   C. 1 : 1.30   D. 1 : 0.60

15－37 一正方形截面的悬臂木梁，其尺寸及所受荷载如图所示。木料的许用正应力 $[\sigma]$ = 10 MPa。现需在截面 C 中性轴处钻一直径为 d 的圆孔。在保证梁的正应力强度的条件下圆孔的最大直径(不考虑圆孔处应力集中的影响)应为_____。
A. d = 115 mm   B. d = 97 mm   C. d = 79 mm   D. d = 56 mm

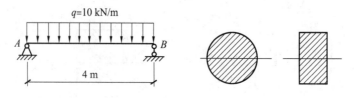

题 15—36 图

15—38 当荷载 F 直接作用在跨长为 $l=6$ m 的简支梁 AB 之中点时,梁内最大正应力超过许用应力值 30%,为了消除此过载现象,配置了辅助梁 CD,如图所示,此辅助梁所需的最小跨长 a 为_____。

A. 1.80 m B. 1.39 m C. 4.2 m D. 1.0 m

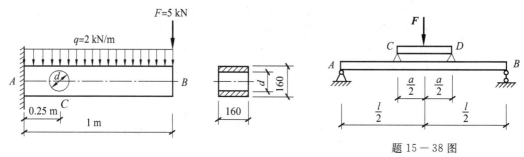

题 15—37 图　　　　　　　　　　题 15—38 图

15—39 图示梁 AD 由两根 8 号槽钢组成。B 点由圆截面钢拉杆 BC 支承。已知 $d=20$ mm,梁和杆的许用正应力 $[\sigma]=160$ MPa,则许用均布荷载 q 为_____。

A. $q \leqslant 22.3$ kN/m　　　　　　B. $q \leqslant 8.10$ kN/m
C. $q \leqslant 28.8$ kN/m　　　　　　D. $q \leqslant 16.2$ kN/m

15—40 图示工字形截面梁由 18 号工字钢组成,梁上作用着可移动的荷载 F。为了提高梁的承载能力,则 a 和 b 的合理数值及相应的许可荷载应分别为_____。设 $[\sigma]=160$ MPa。

A. $a=b=1$ m,$F \leqslant 29.6$ kN　　B. $a=b=2$ m,$F \leqslant 29.6$ kN
C. $a=b=3$ m,$F \leqslant 29.6$ kN　　D. $a=b=4$ m,$F \leqslant 29.6$ kN

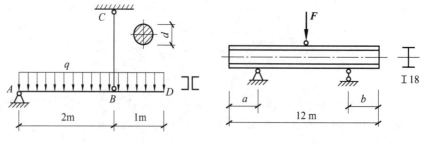

题 15—39 图　　　　　　　　　　题 15—40 图

15—41 一简支梁的荷载和横截面的形状及尺寸如图所示。已知许用拉应力 $[\sigma_t]=160$ MPa,许用压应力 $[\sigma_c]=80$ MPa,则此梁所能承受的最大荷载 F_{max} 为_____。

A. 39.8 kN B. 189 kN C. 70.6 kN D. 106 kN

15－42　如图所示梁截面的弯曲中心位置应为_____。

A. $h_1 = \dfrac{t_2 b_2}{t_1 b_1 + t_2 b_2} h$　　　　B. $h_1 = \dfrac{t_2 b_2^2}{t_1 b_1^2 + t_2 b_2^2} h$

C. $h_1 = \dfrac{t_2 b_2^3}{t_1 b_1 + t_2 b_2^3} h$　　　　D. $h_1 = \dfrac{t_2 b_2^3}{t_1 b_1^3 + t_2 b_2^3} h$

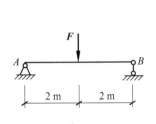
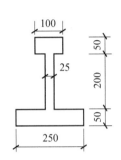
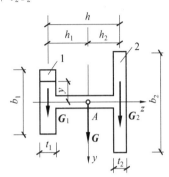

题 15－41 图　　　　　　　　　　　题 15－42 图

15－43　图示一截面为"⊥"字形的铸铁简支梁。若材料的许用拉应力与许用压应力之比为 $\dfrac{1}{3}$，在这种情况下，水平翼缘的合理宽度 b 应为_____。

A. 90 mm　　　B. 316 mm　　　C. 130 mm　　　D. 158 mm

15－44　直径为 d 的圆形截面梁，从梁上切去高度为 δ 的小部分面积，以增大其抗弯截面模量 W_z（如图所示）。那么，使 W_z 最大时的 δ 值等于_____。

A. 0.011d　　　B. 0.022d　　　C. 0.055d　　　D. 0.11d

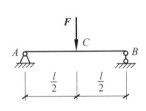
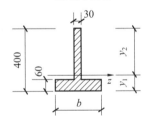
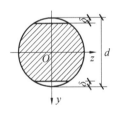

题 15－43 图　　　　　　　　　　　题 15－44 图

15－45　某梁的横截面如图所示，C 点为截面形心，z 轴为中性轴，A 点的切应力计算公式为 $\tau_A = \dfrac{F_S S_z^*}{I_z b}$，式中的 b 是_____。

A. b_1　　　　　B. b_2

C. b_3　　　　　D. $2b_1 + b_2$

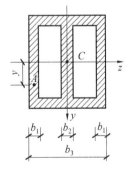

题 15－45 图

三、填空题

15－46　当梁受力弯曲后，某横截面上只有弯矩而无剪力，这种弯曲称为_____。

15－47　梁的横截面上，离中性轴越远的点，其正应力越_____；某横截面上的弯矩越大,该处梁的弯曲程度就越_____。

15—48　EI 值越大,则梁越不容易弯曲,称为梁的_____,它表示梁_____的能力。

15—49　$W_z = \dfrac{I_z}{y_{\max}}$ 称为_____,它反映了_____和_____对弯曲强度的影响,W_z 值越大,梁中的最大正应力就越_____。

15—50　矩形截面梁的截面上下边缘处的切应力为_____,其_____上的切应力最大。

15—51　在横力弯曲时,矩形截面梁内同时存在弯曲正应力和弯曲切应力。全梁横截面上的最大正应力 $\sigma_{\max}$ 发生在_____,最大切应力 $\tau_{\max}$ 发生在_____。

15—52　图示横截面阴影部分的抗弯截面模量 W_z 为_____。

15—53　空心圆截面梁的横截面如图所示。某一横截面上受正弯矩 M 作用,该截面上 G、K 两点的正应力分别是_____,_____。

题 15—52 图

题 15—53 图

15—54　将直径为 d 的圆柱木料刨成矩形截面梁(如图所示)。使该矩形截面抗弯截面模量最大,高度 h 和宽度 b 的比值应为_____。

15—55　图示木梁受一可移动的荷载 $F = 40$ kN 作用。已知 $[\sigma] = 10$ MPa,$[\tau] = 3$ MPa。木梁的横截面为矩形,其高度与宽度之比 $\dfrac{h}{b} = \dfrac{3}{2}$,此梁截面尺寸 h、b 应分别为_____,_____。

题 15—54 图

题 15—55 图

四、计算分析题

15—56　一简支木梁受力如图所示,荷载 $F = 5$ kN,距离 $a = 0.7$ m,材料的许用弯曲正应力 $[\sigma] = 10$ MPa,横截面为 $h/b = 3$ 的矩形。试按正应力强度条件确定梁横截面的尺寸。

15—57 图示为一矩形截面简支梁在跨中承受集中荷载 F,求出此梁的最大切应力和最大正应力之比。

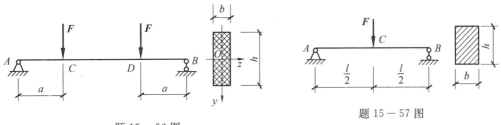

题 15—56 图   题 15—57 图

15—58 图示一简易起重设备,起重量(包含电葫芦自重)$F=30$ kN,跨长 $l=5$ m。吊车大梁 AB 由 20a 号工字钢制成,其许用正应力 $[\sigma]=170$ MPa,许用切应力 $[\tau]=100$ MPa,试校核此梁强度。

15—59 工字形截面简支梁的荷载如图所示,已知:$F_1=50$ kN,$F_2=100$ kN,$[\sigma]=160$ MPa,$[\tau]=100$ MPa。试选择工字钢的型号。

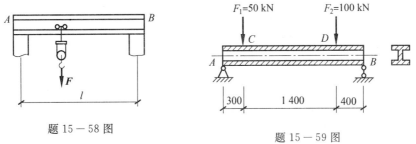

题 15—58 图   题 15—59 图

15—60 图示简支梁由 4 块尺寸相同的木板胶接而成。已知:$l=400$ mm,$b=50$ mm,$h=80$ mm。胶缝的许用切应力 $[\tau]=3.14$ MPa,木板的许用正应力 $[\sigma]=7$ MPa,木板的许用切应力大于胶缝的许用切应力。在这样的条件下,求出梁的许用荷载 P。

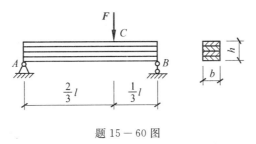

题 15—60 图

15—61 矩形截面悬臂梁受集中力和集中力偶作用,如图所示。试求截面 $m-m$ 和固定端截面 $n-n$ 上 A,B,C,D 四点处的正应力。

15—62 一简支梁,中间为木材,两侧各用一块钢板补强,其截面如图所示。此梁跨长 $l=3$ m,在全梁上受集度为 $q=10$ kN/m 的均布荷载作用。已知木材的弹性模量 $E_\text{木}=10$ GPa,而钢材 $E_\text{钢}=210$ GPa,试求木材和钢板的最大正应力。

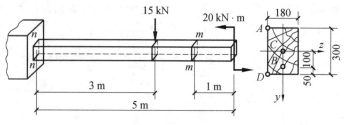

题 15-61 图

15-63 图示矩形截面的钢、木组合梁,其宽度 $b=200$ mm,木材部分的高度 $h=300$ mm,梁顶与底的钢板厚度均为 $t=10$ mm,木材与钢的弹性模量之比为 $n=\dfrac{1}{20}$,木材的许用应力 $[\sigma]_{木}=10$ MPa,钢的许用应力 $[\sigma]_{钢}=170$ MPa。求此梁的容许弯矩 M。

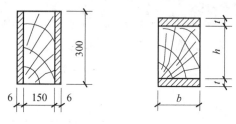

题 15-62 图　　　　题 15-63 图

15-64 一矩形截面简支梁由圆柱形木料锯成。已知 $F=5$ kN,$a=1.5$ m,$[\sigma]=10$ MPa。试确定弯曲截面系数为最大时矩形截面的高宽比 h/b,以及梁所需木料的最小直径 d。

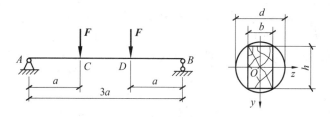

题 15-64 图

15-65 某悬臂梁的荷载及其横截面尺寸如图所示,试求横截面 E 上 G 点的弯曲正应力和 K 点的弯曲切应力。

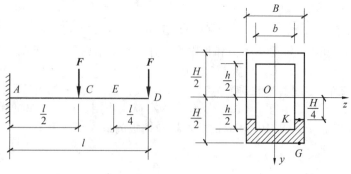

题 15-65 图

15－66 如图所示的外伸梁由 25a 号工字钢制成,其跨长 $l=6$ m,且在全梁上受集度为 q 的均布荷载作用。当支座处截面 A、B 上及跨中截面 C 上的最大正应力均为 $\sigma=140$ MPa 时,试问外伸部分的长度 a 及荷载集度 q 各等于多少?

15－67 如图所示圆轴为一变截面轴。AC 及 DB 段的直径为 $d_1=100$ mm,CD 段的直径为 $d_2=120$ mm,$F=20$ kN。若已知材料的许用应力 $[\sigma]=65$ MPa,试校核此轴的强度。

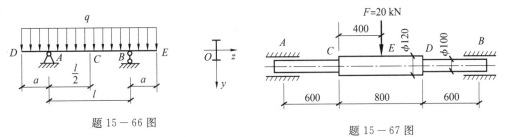

题 15－66 图

题 15－67 图

15－68 铸铁梁的荷载及截面尺寸如图所示。材料的许用拉应力 $[\sigma_t]=40$ MPa,许用压应力 $[\sigma_c]=80$ MPa。试校核此梁的正应力强度。

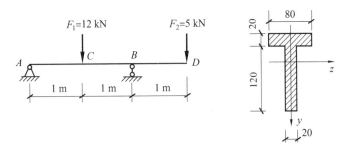

题 15－68 图

15－69 外伸梁如图所示,已知荷载 $F=10$ kN,$q=5$ kN/m,$[\sigma]=160$ MPa。如为梁选择矩形(高宽比 $\dfrac{h}{b}=2$)和圆管(内外径之比 $\dfrac{d}{D}=0.6$)截面尺寸,试求矩形截面的高度和圆管的外径的大小。

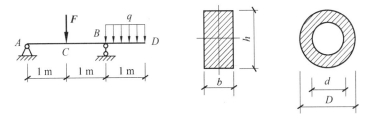

题 15－69 图

15－70 一矩形截面梁,其截面尺寸及荷载如图所示,$q=1.3$ kN/m,已知 $[\sigma]=10$ MPa,$[\tau]=2$ MPa,试校核此梁的正应力强度和切应力强度。

15－71 如图所示简支梁受有 4 个集中荷载:$F_1=120$ kN,$F_2=30$ kN,$F_3=40$ kN,$F_4=12$ kN。此梁由两根槽钢组成。已知钢的许用应力 $[\sigma]=170$ MPa,$[\tau]=100$ MPa,试选择此槽钢的型号。

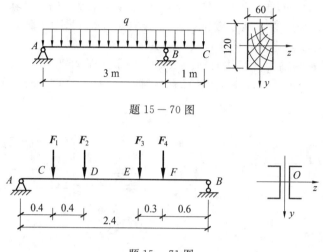

题 15－70 图

题 15－71 图

15－72 某四轮起重机及梁如图所示,起重机自重 $G=50$ kN,最大起重量 $F=10$ kN。梁由两根工字钢组成,已知材料的许用应力 $[\sigma]=160$ MPa,$[\tau]=100$ MPa,试选择此工字钢的型号。

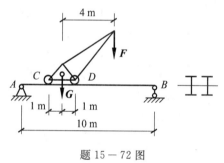

题 15－72 图

15－73 如图所示悬臂梁是由三块木板胶合而成,跨度 $l=1$ m,若胶合缝上的许用切应力 $[\tau_{胶}]=0.34$ MPa,木材的许用应力 $[\sigma]=10$ MPa,$[\tau]=1$ MPa,试求此梁的容许荷载 F。

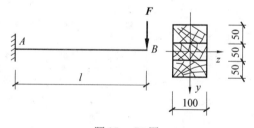

题 15－73 图

15－74 某简易起重设备的吊车大梁如图所示。梁 AB 由 20a 号工字钢制成,在梁的中间上、下两面焊上长度为 2.2 m、宽度为 120 mm、厚度为 10 mm 的钢板。已知材料的许用应力为 $[\sigma]=152$ MPa,$[\tau]=95$ MPa。荷载 F 可以在梁上移动,试求此梁的许可荷载 F。

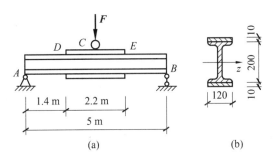

题 15—74 图

15—75 "⊥"形截面梁的荷载及横截面尺寸如图所示。梁材料为铸铁,其许用拉应力为 $[\sigma_t]=40$ MPa,许用压应力为 $[\sigma_c]=80$ MPa,截面对中性轴的惯性矩 $I_z=10\,180\text{ cm}^4$,$y_1=9.64$ cm。试求此梁的许可荷载 P。

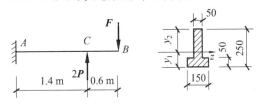

题 15—75 图

15—76 外伸梁 AD 承受荷载如图所示,$M_e=40$ kN·m,$q=20$ kN/m。材料的许用弯曲正应力$[\sigma]=170$ MPa,许用切应力$[\tau]=100$ MPa。试选择工字钢的型号。

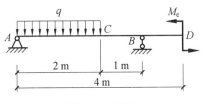

题 15—76 图

15—77 如图所示梁由铸铁制成,许用拉应力 $[\sigma_t]=60$ MPa,许用压应力 $[\sigma_c]=240$ MPa,采用 T 形截面,你认为(a)、(b)哪种放置方式为好?

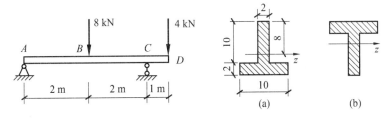

题 15—77 图

15—78 铸铁梁的受荷载形式及横截面尺寸如图所示,已知材料的许用拉应力 $[\sigma_t]=40$ MPa,许用压应力 $[\sigma_c]=100$ MPa,惯性矩 $I_z=700\text{ cm}^4$,C 点是截面的形心。(1)试校核梁的强度;(2)试求梁中最大切应力。

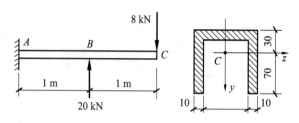

题 15－78 图

15－79 一简支木梁,在全梁长度上受集度为 $q=5$ kN/m 的均布荷载作用。已知跨长 $L=7.5$ m, 截面宽度 $b=300$ mm 和高度 $h=180$ mm, 木材的许用顺纹切应力为 1 MPa。试校核梁的切应力强度。

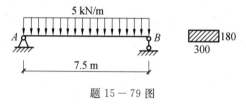

题 15－79 图

15－80 外伸梁的长度及荷载如图所示,由于材料的性质而设计为 T 形截面。已给出形心位置 $y_1=103$ mm 及截面的形心主惯性矩 $I_z=12.12\times10^{-6}$ m^4。绘出正应力及切应力在支座 B 右侧截面上沿高度的分布规律。

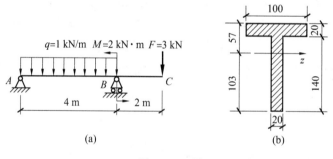

题 15－80 图

习题参考答案

一、是非题

15－1 √ 15－2 × 15－3 √ 15－4 √ 15－5 × 15－6 √
15－7 √ 15－8 √ 15－9 × 15－10 × 15－11 × 15－12 ×
15－13 × 15－14 √ 15－15 ×

二、选择题

15－16 A 15－17 B 15－18 D 15－19 D 15－20 D 15－21 A
15－22 C 15－23 B 15－24 A 15－25 A 15－26 D 15－27 A

15—28　B　15—29　A　15—30　C　15—31　A　15—32　C　15—33　C
15—34　C　15—35　A　15—36　B　15—37　A　15—38　B　15—39　D
15—40　B　15—41　C　15—42　B　15—43　B　15—44　A　15—45　D

三、填空题

15—46　纯弯曲

15—47　大,大

15—48　抗弯刚度,抵抗弯曲变形

15—49　抗弯截面模量,截面形状,尺寸,小

15—50　零,中性轴

15—51　矩形截面上、下表面,中性轴

15—52　$\dfrac{BH^2}{6} - \dfrac{bH^2}{6}$

15—53　$\sigma_G = \dfrac{M \cdot \dfrac{d}{2}}{\dfrac{\pi}{64}D^4 - \dfrac{\pi}{64}d^4}$（压）, $\sigma_K = \dfrac{M \cdot \dfrac{D}{2}}{\dfrac{\pi}{64}D^4 - \dfrac{\pi}{64}d^4}$

15—54　$\dfrac{h}{b} = \sqrt{2}$

15—55　$h \geqslant 208$ mm, $b \geqslant 139$ mm

四、计算分析题

15—56　$b = 61.6$ mm, $h = 184.8$ mm

15—57　$\dfrac{\tau_{\max}}{\sigma_{\max}} = \dfrac{h}{2l}$

15—58　$\sigma_{\max} = 158$ MPa $< [\sigma]$, $\tau_{\max} = 24.9$ MPa $< [\tau]$

15—59　20a 号工字钢

15—60　$F = 4.2$ kN

15—61　截面 $m-m$：$\sigma_A = -7.41$ MPa, $\sigma_B = 4.94$ MPa, $\sigma_C = 0$, $\sigma_D = 7.41$ MPa；
截面 $n-n$：$\sigma_A = -9.26$ MPa, $\sigma_B = -6.18$ MPa, $\sigma_C = 0$, $\sigma_D = -9.26$ MPa。

15—62　$(\sigma_{\max})_{木} = 1.87$ MPa, $(\sigma_{\max})_{钢} = 39.3$ MPa

15—63　$M = 126$ kN·m

15—64　$\dfrac{h}{b} = \sqrt{2}$, $d_{\min} = 227$ mm

15—65　$\sigma_G = \dfrac{\dfrac{1}{4}Fl \cdot \dfrac{H}{2}}{\dfrac{BH^3}{12} - \dfrac{bh^3}{12}}$, $\tau_K = \dfrac{F\left(\dfrac{bH^2}{32} - \dfrac{bh^2}{8} + \dfrac{3BH^2}{32}\right)}{(B-b)\left(\dfrac{BH^3}{12} - \dfrac{bh^3}{12}\right)}$

15—66　$a = 2.12$ m, $q = 25$ kN/m

15—67　$\sigma_{\max} = 61.1$ MPa $< [\sigma]$

15—68　$\sigma_{t\max} = 40.3$ MPa $> [\sigma_t]$, $\sigma_{c\max} = 57.6$ MPa $< [\sigma_c]$

15—69　$h = 65.6$ mm, $D = 65$ mm

15—70　$\sigma_{\max} = 7.99$ MPa $< [\sigma]$, $\tau_{\max} = 0.452$ MPa $< [\tau]$

15—71　22a 号槽钢
15—72　28a 号工字钢
15—73　$F=3.75$ kN
15—74　$F=35.7$ kN
15—75　$F=44.2$ kN
15—76　选 120a
15—77　(a) 放置合理
15—78　(1)$\sigma_{tmax}=40$ MPa$=[\sigma_t]$,$\sigma_{cmax}=80$ MPa$<[\sigma_c]$;(2)$\tau_{max}=4.2$ MPa
15—79　$\tau_{max}=0.52$ MPa
15—80　$\sigma_{cmax}=51$ MPa,$\sigma_{tmax}=28.2$ MPa,$\tau_{max}=1.313$ MPa

第16章 应力状态与强度理论

内容提要

一、应力状态的概念

所谓一点的应力状态是指围绕该点取出与横截面和纵向截面平行的一个微小六面体,然后根据横截面上应力的公式算出该点的正应力与切应力并标记在六面体上,只要六面体各个面上的应力为已知,则过该点任意斜面上的应力均可算出,该六面体上的已知应力即为该点的应力状态。

单向应力状态:三个主应力中只有一个主应力不为零;

二向应力状态:三个主应力中有两个主应力不为零;

三向(空间)应力状态:三个主应力皆不为零。

应力状态分析方法有两种:数解法和图解法。应力状态分析的目的是确定该点的最大应力数值及其所在方位。

二、平面应力状态的分析 应力圆

1.斜截面上的应力

图 16.1 单元体上给出了平面应力状态的情况,根据切应力互等定理有 $\tau_x = \tau_y$,外法线与 x 轴成 α 角(逆时针为正)。斜截面上的正应力 σ_α 与切应力 τ_α 的计算公式为:

$$\begin{cases} \sigma_\alpha = \dfrac{\sigma_x + \sigma_y}{2} + \dfrac{\sigma_x - \sigma_y}{2}\cos 2\alpha - \tau_x \sin 2\alpha \\ \tau_\alpha = \dfrac{\sigma_x - \sigma_y}{2}\sin 2\alpha + \tau_x \cos 2\alpha \end{cases}$$

2.应力圆

上两个公式中若 σ_α 视为 x 坐标,τ_α 视为 y 坐标,σ_x、σ_y、τ_x 为常量,α 为参量,则该式恰好是圆的参数方程。

$$\left(\sigma_\alpha - \frac{\sigma_x + \sigma_y}{2}\right)^2 + \tau_\alpha^2 = \left(\frac{\sigma_x - \sigma_y}{2}\right)^2 + \tau_x^2$$

圆心坐标为 $\left(a = \dfrac{\sigma_x + \sigma_y}{2}, 0\right)$、半径 $R = \sqrt{\left(\dfrac{\sigma_x - \sigma_y}{2}\right)^2 + \tau_x^2}$,此圆称为应力圆(图 16.2)。

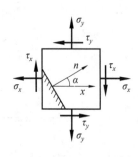
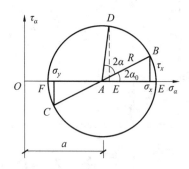

图 16.1　　　　　　　图 16.2

此圆的作图方法为：在 σ_a 轴上确定 σ_x 与 σ_y（拉应力为正，压应力为负），过 σ_x 点沿纵坐标量取 τ_x（顺时针转为正，逆时针转为负）得 B 点，过 σ_y 点沿纵坐标量取 $\tau_y = -\tau_x$ 得 C 点，将 BC 两点相连与 σ_a 轴交于 A 点，以 A 为圆心以 AB 为半径作圆，此圆即为应力圆。

现在考查应力圆上各点纵横坐标的意义。（图 16.2）B 点的坐标为 (σ_x, τ_x)，这表明 B 点恰好与应力单元体中横截面对应，而两个坐标值分别代表该截面上的正应力与切应力。C 点的坐标为 $(\sigma_y, -\tau_x)$ 或 (σ_y, τ_y) 恰好与单元体中的水平截面相对应，两个坐标值分别代表该截面上的正应力与切应力。需要注意的是，横截面与水平面相差 90°，但在应力圆上自 B 点到 C 点要逆时针转 180°，因此应力圆中的角度应是单元体中角度的 2 倍。在应力圆上任取一点 D，令 AD 与 AB 间的夹角为 2α，AB 与 σ_a 间夹角为 $2\alpha_0$。

三、主应力与主平面

如图 16.3(a) 所示，应力圆与 σ_a 轴相交的两点 E、F 的横坐标即为斜截面上最大正应力与最小正应力的值，这两个应力称为该点应力状态中的主应力，最大应力用 σ_1 表示，最小正应力用 σ_2 表示。

$$\sigma_1 = OE = OA + AE = \frac{\sigma_x + \sigma_y}{2} + \sqrt{\left(\frac{\sigma_x - \sigma_y}{2}\right)^2 + \tau_x^2}$$

$$\sigma_2 = OF = OA - AF = \frac{\sigma_x + \sigma_y}{2} - \sqrt{\left(\frac{\sigma_x - \sigma_y}{2}\right)^2 + \tau_x^2}$$

主应力所在截面称为主平面，两主平面间相差 90°，只要给出第一主平面位置，第二主平面立即可得。第一主平面的外法线应由横截面的外法线顺时针转 α_0 而得到，此方向即为 σ_1 的方向，即

$$\tan(-2\alpha_0) = \frac{\tau_x}{\dfrac{\sigma_x - \sigma_y}{2}}$$

由于 E、F 两点的纵坐标为零，故知主平面上切应力一定为零，又因为应力圆上切应力为零的点为两点，所以也可以说切应力为零的平面即为主平面。

自应力圆中还可发现具有最大和最小切应力（称为主切应力）的点为 G 和 H，因此有

$$\tau_{\max} = \sqrt{\left(\frac{\sigma_x - \sigma_y}{2}\right)^2 + \tau_x^2} \quad \text{或} \quad \tau_{\max} = \frac{\sigma_1 - \sigma_2}{2}$$

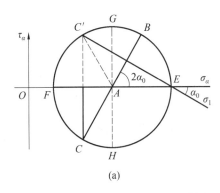 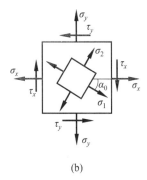

图 16.3

四、梁的主应力迹线

自图 16.4 所示梁的某截面 mm 出发,先确定出一系列点 b、c、d 等处的第一主应力方向,将这些线延长到与相近的 nn 截面相交,得 b'、c'、d' 各点,用应力圆再找到这些点第一主应力方向,延长后与相近新的截面相交,继续不断地连续进行,就可以得到全梁第一主应力方向的轨迹。同样也可作出第三主应力迹线或主压应力迹线。图 16.5 给出了简支梁在均布荷载作用下的主应力迹线,其中实线为主拉应力迹线,虚线为主压应力迹线,它们在相交之点均相互垂直,这些迹线与中性层交线均成 45° 夹角,拉、压迹线在上、下边界处均垂直边界。主应力迹线特别是主拉应力迹线,在钢筋混凝土梁中是很有用的概念。因为钢筋要起到抗拉的作用,因此从理论上讲应把钢筋沿主拉应力轨迹布置,但这样做实际并不方便,而是布置成图 16.6 所示的形式,用弯起筋和箍筋抵抗斜方向的主拉应力,这些筋如布置的不足就会使梁发生斜向断裂。

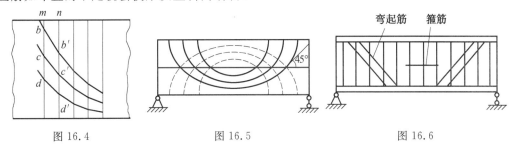

图 16.4　　　　　图 16.5　　　　　图 16.6

五、三向应力状态

如果单元体上三个主应力均不为零,称为三向应力状态。弹性力学证明:围绕受力物体内一点总可以找到一个(三对主平面)主单元体,如图 16.7(a) 所示,且三个主应力之间的关系为 $\sigma_1 > \sigma_2 > \sigma_3$。由三个主应力,分别两两作圆,得三个应力圆,如图 16.7(b) 所示。

$$\sigma_{\max}=\sigma_1;\sigma_{\min}=\sigma_3;\tau_{\max}=\frac{\sigma_1-\sigma_3}{2}$$

$\tau_{\max}$ 所在平面与 σ_1(或 σ_3)所在平面的夹角成 45°。

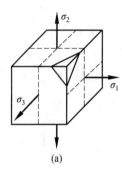
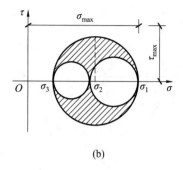

图 16.7

六、广义胡克定律　体应变　变形比能

描述一点的应力状态与应变状态之间的关系,称为广义胡克定律。对于各向同性材料,当在小变形线性弹性范围内,线应变只与正应力有关,而与切应力无关;切应变只与切应力有关,而与正应力无关。广义胡克定律表示为

$$\left.\begin{aligned}\varepsilon_x &= \frac{1}{E}[\sigma_x - \mu(\sigma_y + \sigma_z)]; \gamma_{xy} = \frac{\tau_{xy}}{G} \\ \varepsilon_y &= \frac{1}{E}[\sigma_y - \mu(\sigma_z + \sigma_x)]; \gamma_{yz} = \frac{\tau_{yz}}{G} \\ \varepsilon_z &= \frac{1}{E}[\sigma_z - \mu(\sigma_x + \sigma_y)]; \gamma_{zx} = \frac{\tau_{zx}}{G}\end{aligned}\right\}$$

广义胡克定律的主应力表达式为

$$\left.\begin{aligned}\varepsilon_1 &= \frac{1}{E}[\sigma_1 - \mu(\sigma_2 + \sigma_3)] \\ \varepsilon_2 &= \frac{1}{E}[\sigma_2 - \mu(\sigma_3 + \sigma_1)] \\ \varepsilon_3 &= \frac{1}{E}[\sigma_3 - \mu(\sigma_1 + \sigma_2)]\end{aligned}\right\}$$

在平面应力状态下,设 $\sigma_3 = 0$,有

$$\left.\begin{aligned}\varepsilon_1 &= \frac{1}{E}(\sigma_1 - \mu\sigma_2) \\ \varepsilon_2 &= \frac{1}{E}(\sigma_2 - \mu\sigma_1) \\ \varepsilon_3 &= -\frac{\mu}{E}(\sigma_1 + \sigma_2)\end{aligned}\right\}$$

在平面应变状态下,设 $\varepsilon_3 = 0$,有

$$\sigma_3 = \mu(\sigma_1 + \sigma_2)$$

体积应变 θ 与应力分量的关系为

$$\theta = \frac{\Delta V}{V} = \varepsilon_1 + \varepsilon_2 + \varepsilon_3 = \frac{\sigma_m}{K}$$

式中,体积弹性模量 $K = \dfrac{E}{3(1-2\mu)}$;平均应力 $\sigma_m = \dfrac{\sigma_1 + \sigma_2 + \sigma_3}{3}$。由此可知,体积应变只与三个主应力之和有关,与三个主应力之间的比值无关。

七、复杂应力状态下的变形比能

弹性体的变形能只取决于外力的最终值,而与加力次序无关。在线弹性情况下,每个主应力与其相应主应变之间仍然是线性关系,变形比能为

$$u = \frac{1}{2}\sigma_1\varepsilon_1 + \frac{1}{2}\sigma_2\varepsilon_2 + \frac{1}{2}\sigma_3\varepsilon_3 = \frac{1}{2E}[\sigma_1^2 + \sigma_2^2 + \sigma_3^2 - 2\mu(\sigma_1\sigma_2 + \sigma_2\sigma_3 + \sigma_3\sigma_1)]$$

比能 u 由两部分组成:体积改变比能 u_θ 和形状改变比能 u_d,即

$$u = u_\theta + u_d$$

式中

$$u_\theta = \frac{1-2\mu}{6E}(\sigma_1 + \sigma_2 + \sigma_3)^2$$

$$u_d = \frac{1+\mu}{6E}[(\sigma_1 - \sigma_2)^2 + (\sigma_2 - \sigma_3)^2 + (\sigma_3 - \sigma_1)^2]$$

八、强度理论

所谓构件的强度是指构件抵抗破坏的能力。在常温、静荷载作用下,构件的破坏只涉及材料破坏,而材料的破坏形式主要有两类:一类是塑性流动破坏;另一类是脆性断裂破坏。

常用的强度理论有:

(1) 最大拉应力理论(第一强度理论)

该理论认为最大拉应力是引起材料断裂破坏的主要因素。按此理论所建立的强度条件是

$$\sigma_{r1} = \sigma_1 \leqslant [\sigma]$$

这个理论与铸铁、陶瓷、玻璃、砖、岩石和混凝土等脆性材料断裂破坏试验结果相符。

但这个理论没有考虑其他两个主应力的影响,对压缩(单向、二向和三向压缩)应力状态不适用。

(2) 最大伸长线应变理论

该理论认为最大伸长线应变是引起材料断裂破坏的主要因素。按此理论所建立的强度条件是

$$\sigma_{r2} = \sigma_1 - \mu(\sigma_2 + \sigma_3) \leqslant [\sigma]$$

这个理论对石料、混凝土脆性材料的单向收缩、铸铁拉－压二向应力且压力较大时与试验结果相近。但按此理论,铸铁在二向拉伸时应比单向拉伸安全,这与试验结果不符,还是第一理论的结果接近试验数据。

(3) 最大切应力理论(第三强度理论)

该理论认为最大切应力是引起材料流动破坏的主要因素。按此理论所建立的强度条件是

$$\sigma_{r3} = \sigma_1 - \sigma_3 \leqslant [\sigma]$$

这个理论与塑性材料在大多数应力状态下试验结果较接近,能比较满意地解释塑性材料出现塑性变形的现象。由于其形式简单、概念明确、偏于安全而广泛采用。但该理论未考虑中间应力 σ_2 的影响。

(4) 形状改变比能理论(第四强度理论)

该理论认为形状改变比能是引起材料流动破坏的主要因素。按此理论所建立的强度

条件是

$$\sigma_{r4} = \sqrt{\frac{1}{2}\left[(\sigma_1-\sigma_2)^2+(\sigma_2-\sigma_3)^2+(\sigma_3-\sigma_1)^2\right]} \leqslant [\sigma]$$

这个理论与试验结果相当接近,比最大切应力理论更加完善。在本质上,它仍认为切应力是材料流动破坏的主要因素,但与最大切应力理论相比,它不仅考虑了统计平均切应力,还反映了三个主应力的影响。

从上述分析可以看到,前面四个强度理论的共同点是:它们都认为材料破坏的主要因素是单一的因素。

九、梁强度的全面校核

当梁横截面上的正应力与切应力已经满足强度条件后,还必须根据梁的受力情况和截面形式进行梁的主应力的强度校核,也就是按强度理论进行校核。对于钢梁,一般多采用第四或第三强度理论,第三强度理论与第四强度理论的相应强度条件为

$$\sigma_{r3} = \sqrt{\sigma^2+4\tau^2} \leqslant [\sigma]$$
$$\sigma_{r4} = \sqrt{\sigma^2+3\tau^2} \leqslant [\sigma]$$

习　　题

一、是非题

16—1 （　）当单元体的最大拉应力 $\sigma_{max}=\sigma_s$ 时,单元体一定出现屈服。

16—2 （　）有正应力作用的方向上,必有线应变;没有正应力作用的方向上,必无线应变。

16—3 （　）铸铁水管冬天结冰时会因冰膨胀被胀裂,而管内的冰却不会破坏,这是因为冰的强度比铸铁的强度高。

16—4 （　）某单元体叠加上一个三向等拉(或等压)应力状态后,其体积改变比能不变,而形状改变比能发生变化。

16—5 （　）纯切应力状态的单元体既有体积改变,又有形状改变。

16—6 （　）塑性材料制成的杆件,其危险点必须用第三或第四强度理论所建立的强度条件来校核强度。

16—7 （　）纯切应力状态的单元体,最大正应力和最大切应力的值相等,且作用在同一平面上。

16—8 （　）单向应力状态的应力圆和三向均匀拉伸或压缩应力状态的应力圆相同,且均为 σ 轴上的一个点。

16—9 （　）从横力弯曲的梁上任一点取出的单元体均属于二向应力状态。

16—10 （　）单元体中切应力为最大值的截面上,正应力必定为零。

16—11 （　）脆性材料不会发生塑性屈服破坏。

16—12 （　）纯弯曲梁内任意截面上的切应力一定为零。

16—13 （　）轴向拉(压)构件中没有切应力,纯剪切构件中没有正应力。

16—14 （　）若单元体上 $\sigma_x=\sigma_y=\tau_x=50\text{ MPa}$,则该单元体必定是二向应力状态。

16—15 （　）设一点处于非零应力状态,但三个主应力之和为零时,表明单元体的体

积不变,而其形状将发生变化。

16－16 （ ）常用的四种强度理论只适用于复杂应力状态,不适用于单向应力状态。

16－17 （ ）图示为两个单元体的应力状态,若它们的材料相同,则根据第三强度理论可以证明两者同样危险。

16－18 （ ）图示矩形截面梁,a、b两点的应力状态正确。

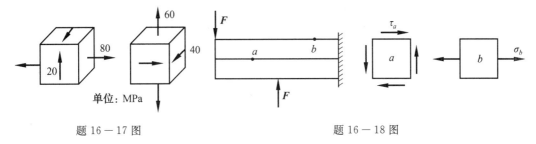

题 16－17 图　　　　　　　　题 16－18 图

二、选择题

16－19　等直杆承受压缩与弯曲组合作用,该杆危险点处的应力状态为_____。
A. 单向应力状态　B. 二向应力状态　C. 纯切应力状态　D. 复杂应力状态

16－20　一实心均质钢球,当其外表面处迅速均匀加热,则球心 O 点处的应力状态是_____。
A. 单向拉伸应力状态　　　　B. 二向拉伸应力状态
C. 三向等值拉伸应力状态　　D. 平面应力状态

16－21　以下结论中_____是错误的。
A. 若 $\sigma_1+\sigma_2+\sigma_3=0$,则没有体积改变
B. 若 $\sigma_1=\sigma_2=\sigma_3=\sigma$,则没有形状改变
C. 若 $\sigma_1=\sigma_2=\sigma_3=0$,则既无体积改变,也无形状改变
D. 若 $\sigma_1>\sigma_2>\sigma_3$,则必定既有体积改变,又有形状改变

16－22　当应力圆圆周通过 $\sigma-\tau$ 坐标系原点的平面应力状态是_____。
A. 单向应力状态　B. 纯剪切应力状态　C. 二向应力状态　D. 三向应力状态

16－23　某低碳钢受力构件危险点的应力状态如图所示。对其进行强度校核时,应选用_____。
A. 第一强度理论　B. 第二强度理论　C. 第三强度理论　D. 第四强度理论

16－24　图示两种应力状态,它们的主应力方向和大小是否相同？_____。
A. 主应力的方向和大小均不同　　B. 主应力的大小和方向均相同
C. 主应力的大小相同,但方向不同　D. 主应力的方向相同,但大小不同

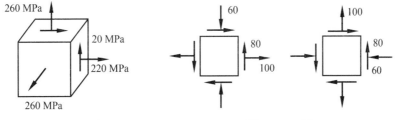

题 16－23 图　　　　　　题 16－24 图

16-25 对于图示三向等压的应力状态，以下结论中_____是错误的。
　　A. 应力圆是一个点圆
　　B. 任何一个斜面都是主平面
　　C. 根据第三和第四强度理论，这种应力状态是不会导致破坏的
　　D. 体积应变为零

16-26 已知：$\sigma_x=30, \sigma_y=-30, \tau_x=40$，求 xy 平面内主应力 σ_1 和 σ_3 以及 σ_1 的方位角 α_0（注：α_0 为 σ_1 与 x 轴的夹角，应力单位为 MPa）_____。

　　A. $\sigma_1=50, \sigma_3=-50, \tan 2\alpha_0=\dfrac{4}{3}$　　　　B. $\sigma_1=50, \sigma_3=-50, \tan 2\alpha_0=-\dfrac{4}{3}$

　　C. $\sigma_1=50, \sigma_3=-50, \tan \alpha_0=\dfrac{4}{3}$　　　　D. $\sigma_1=50, \sigma_3=-50, \tan \alpha_0=-\dfrac{4}{3}$

16-27 已知 $\sigma_x=0, \sigma_y=0, \tau_x=-10$，图示斜面上的应力 σ_α、τ_α 分别为_____（应力单位 MPa）。

　　A. $\sigma_\alpha=8.66, \tau_\alpha=-5$　　　　B. $\sigma_\alpha=8.66, \tau_\alpha=5$
　　C. $\sigma_\alpha=5, \tau_\alpha=8.66$　　　　D. $\sigma_\alpha=5, \tau_\alpha=-8.66$

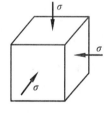
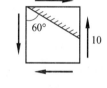

题 16-25 图　　　　题 16-27 图

16-28 已知：$\sigma_x=-40, \sigma_y=40, \tau_x=40$，图示斜面上的应力 σ_α、τ_α 分别为_____（应力单位：MPa）。

　　A. $\sigma_\alpha=0, \tau_\alpha=-56.57$　　　　B. $\sigma_\alpha=0, \tau_\alpha=56.57$
　　C. $\sigma_\alpha=-56.57, \tau_\alpha=0$　　　　D. $\sigma_\alpha=56.57, \tau_\alpha=0$

16-29 已知：$\sigma_x=-20, \sigma_y=-100, \tau_x=-40$，图示斜面上的应力 σ_α、τ_α 分别为_____（应力单位：MPa）。

　　A. $\sigma_\alpha=-60, \tau_\alpha=-56.57$　　　　B. $\sigma_\alpha=-56.57, \tau_\alpha=-60$
　　C. $\sigma_\alpha=-3.34, \tau_\alpha=-50$　　　　D. $\sigma_\alpha=3.34, \tau_\alpha=0$

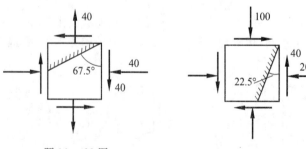

题 16-28 图　　　　题 16-29 图

16-30 火车轮缘与钢轨接触点处的主应力为 -800 MPa、-900 MPa 和 $-1\,100$ MPa，按第三和第四强度理论计算相当应力为_____MPa。

A. $\sigma_{r3}=-300, \sigma_{r4}=426$　　　　　B. $\sigma_{r3}=300, \sigma_{r4}=526$
C. $\sigma_{r3}=300, \sigma_{r4}=624$　　　　　D. $\sigma_{r3}=300, \sigma_{r4}=265$

16-31 按第一、第二强度理论确定出的材料的许用切应力$[\tau]$与许用正应力$[\sigma]$之间的关系分别为_____。

A. $[\tau]=\dfrac{1}{2}[\sigma],[\tau]=\dfrac{1}{1+\mu}[\sigma]$　　　　B. $[\tau]=\dfrac{1}{2}[\sigma],[\tau]=\mu[\sigma]$

C. $[\tau]=[\sigma],[\tau]=\dfrac{1}{1+\mu}[\sigma]$　　　　D. $[\tau]=[\sigma],[\tau]=1+\mu[\sigma]$

16-32 工字形截面梁平面弯曲时,若横截面上的剪力F_s向上,则剪力流如图_____所示。

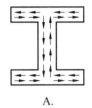 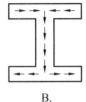 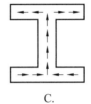 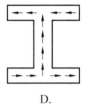
A.　　　　　　B.　　　　　　C.　　　　　　D.

题 16-32 图

16-33 若矩形截面梁的拉伸弹性模量大于压缩弹性模量,则梁在纯弯曲时,截面上的中性轴_____。

A. 在 z 轴上方　　B. 是 z 轴　　C. 在 z 轴下方　　D. 不存在

 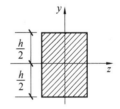

题 16-33 图

16-34 四根梁的薄壁截面如图所示,当外力作用在梁的纵向对称面内使梁发生横力弯曲时,图_____所示截面上的最大切应力不一定出现在中性轴上。

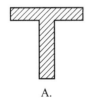 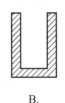
A.　　　　　　B.　　　　　　C.　　　　　　D.

题 16-34 图

16-35 现有两种说法:(1)塑性材料中若某点的最大拉应力$\sigma_{max}=\sigma_s$,则该点一定会产生屈服;(2)脆性材料中若某点的最大拉应力$\sigma_{max}=\sigma_b$,则该点一定会产生断裂。根据第一、第四强度理论可知,说法_____。

A. 1 正确,2 不正确　　　　　　B. 1 不正确,2 正确
C. 1、2 都正确　　　　　　　　D. 1、2 都不正确

16-36 若构件内危险点的应力状态为二向等拉,则除_____强度理论以外,利用其他三个强度理论得到的相当应力是相等的。
A. 第一　　　　B. 第二　　　　C. 第三　　　　D. 第四

16-37 在下列论述中,_____是正确的。
A. 强度理论只适用于复杂应力状态
B. 第一、第二强度理论只适用于脆性材料
C. 第三、第四强度理论只适用于塑性材料
D. 第三、第四强度理论只适用于塑性流动破坏

16-38 图示简支梁受均布荷载作用。若梁的材料为低碳钢,则截面形状采用_____较合理。

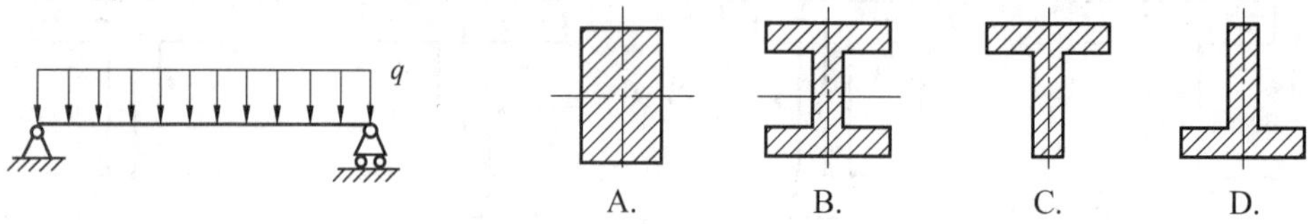

题 16-38 图

16-39 图示外伸梁,1、2、3、4 点的应力状态如图所示。其中图_____所示的点的应力状态是错误的。

16-40 T形截面铸铁梁,设各个截面的弯矩均为正值,则将其截面按图_____所示的方式布置,梁的强度最高。

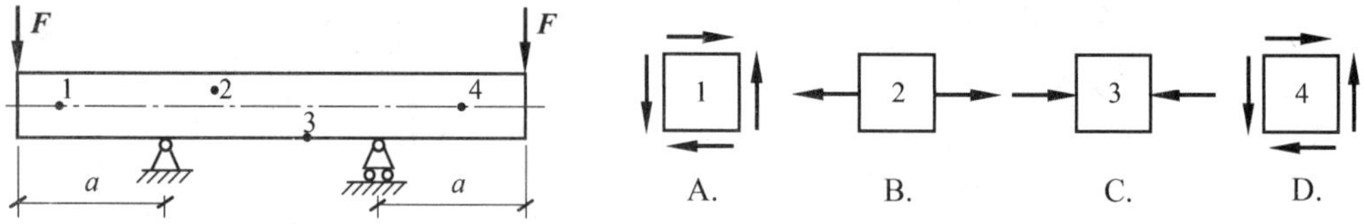

题 16-39 图

16-41 在 $\sigma-\tau$ 坐标系中,有图示 1、2 两个圆。其中可能表示某点应力状态的应力图_____。
A. 是圆 1,不是圆 2　B. 是圆 1 和圆 2　C. 是圆 2,不是圆 1　D. 不是圆 1 和圆 2

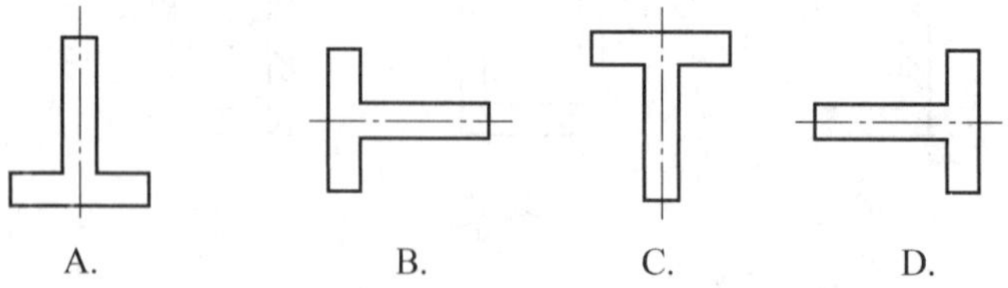

题 16-40 图

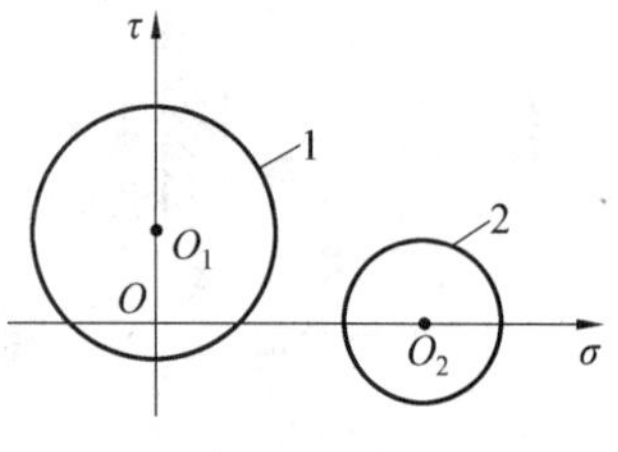

题 16-41 图

16-42 图示应力圆对应于应力状态_____。

16-43 任一单元体,_____。
A. 在最大正应力作用面上,切应力为零　B. 在最小正应力作用面上,切应力最大
C. 在最大切应力作用面上,正应力为零　D. 在最小切应力作用面上,正应力最大

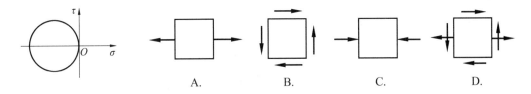

题 16－42 图

16－44 图示两个应力状态的最大主应力的_____。
A. 大小相等,方向相平行   B. 大小相等,方向相垂直
C. 大小不等,方向相平行   D. 大小不等,方向相垂直

16－45 图示两个应力状态的最大主应力的_____。
A. 大小相等,方向相平行   B. 大小相等,方向相垂直
C. 大小不等,方向相平行   D. 大小不等,方向相垂直

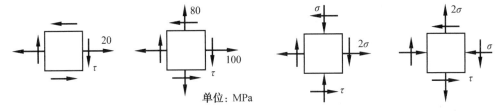

题 16－44 图   题 16－45 图

16－46 下列叙述:(1) 在有应力作用的方向,必无线应变;(2) 在有应力作用的方向,必有线应变;(3) 无应力作用的方向,无线应变;(4) 由于应力与应变成正比,若某个方向的应力增大一倍,该方向的应变也必然增大一倍。其中正确的是_____。
A.(1)(4)   B.(2)(3)   C.(2)   D.(4)

16－47 已知过 A 点的两斜截面上的正应力和切应力,如(a)图所示,则 A 点的应力圆为_____。
A. 图(b)   B. 图(c)   C. 图(d)   D. 图(e)

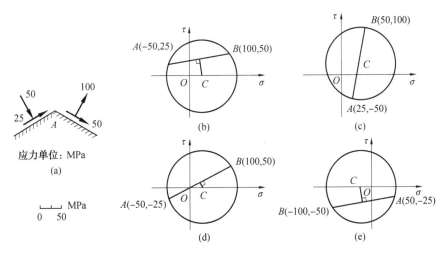

题 16－47 图

16-48 半径为 R、厚度为 t 的均质薄板,周边沿径向作用均布荷载,其集度为 p,板中最大切应力为_____。

    A. $\tau_{max}=0$ B. $\tau_{max}=p$ C. $\tau_{max}=\dfrac{p}{2}$ D. $\tau_{max}=2p$

16-49 二向应力状态如图所示,其最大主应力 $\sigma_1=$_____。

    A. σ B. 2σ C. 3σ D. 4σ

16-50 图示应力状态,应力单位为 MPa,其最大切应力是_____。

    A. $\tau_{max}=\sqrt{(\dfrac{\sigma_x-\sigma_y}{2})+\tau_{xy}^2}=15$ MPa   B. $\tau_{max}=\dfrac{\sigma_x-0}{2}=30$ MPa

    C. $\tau_{max}=\dfrac{\sigma_y-0}{2}=15$ MPa   D. $\tau_{max}=\dfrac{\sigma_x+\sigma_y}{2}=45$ MPa

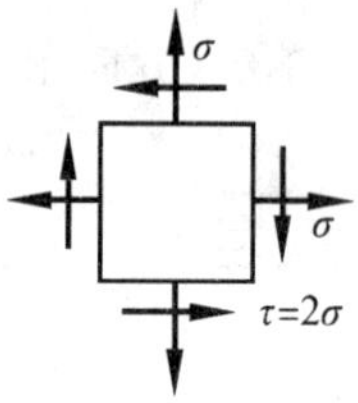

题 16-49 图 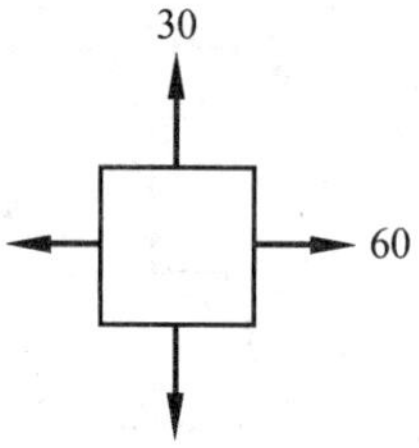   题 16-50 图

16-51 已知构件的材料常数 E、μ,若测得构件上某点平面应力状态下的主应变 ε_1 和 ε_2,则另一个主应变 ε_3 是_____。

    A. $\varepsilon_3=-\mu(\varepsilon_1+\varepsilon_2)$ B. $\varepsilon_3=\mu(\varepsilon_1+\varepsilon_2)$

    C. $\varepsilon_3=-\mu(\varepsilon_1-\varepsilon_2)$ D. $\varepsilon_3=-\dfrac{\mu(\varepsilon_1+\varepsilon_2)}{1-\mu}$

16-52 单向应力状态下的单元体所对应的应变状态是_____。

    A. 单向应变状态   B. 平面应变状态   C. 双向拉伸应变状态   D. 三向应变状态

16-53 已知材料的弹性模量 E、泊松比 μ,则在线弹性范围下的纯剪切应力状态的体积应变为_____。

    A. $\theta=0$ B. $\theta=\dfrac{2\tau}{E}$ C. $\theta=-\dfrac{2\mu}{E}\tau$ D. $\theta=\dfrac{2(1-\mu)}{E}\tau$

16-54 一种泊松比 $\mu<0.5$ 的材料,在双向压缩时,其体积变化是_____。

    A. $\Delta V=0$ B. $\Delta V<0$ C. $\Delta V>0$ D. ΔV 时大时小

16-55 常温、静荷载作用下,材料的破坏形式与_____有关。

    A. 构件的基本变形形式   B. 外力大小

    C. 截面形状   D. 材料的机械性能及应力状态

16-56 碳钢制成的螺杆受拉伸时,在螺纹根部发生破坏,其原因是_____。

    A. 螺纹根部的最大切应力达到材料的 τ_b 而发生剪切破坏

    B. 螺纹根部的轴向拉应力达到材料的 σ_b 而发生脆性断裂

    C. 螺纹根部引起三向拉伸,使塑性变形难以发生而导致材料脆性断裂

    D. 螺杆纵向应变达到材料的极限线应变 ε_u 而断裂

16-57 淬火钢球以高压作用于铸铁板上,铸铁板的接触点处出现明显的凹坑,其原因是_____。

    A. 铸铁为塑性材料

B. 铸铁在三向压应力状态下产生塑性变形
C. 铸铁在单向压力作用下产生弹性变形
D. 材料剥脱

16-58 低碳钢制成的零件受到三向等值拉伸应力作用,宜按_____强度理论建立破坏准则。
A. 第一　　　　B. 第二　　　　C. 第三　　　　D. 第四

16-59 冬天的自来水管,当水结冰时,水管易发生冻裂,只是因为_____。
A. 自来水管太薄
B. 自来水管材料抗压能力弱
C. 自来水管的受力状态是二向受拉,另一向受压,其相当应力 σ_{r1}(或 σ_{r2})比较大,而水管材料抗拉性能又差
D. 自来水管的受力状态是一向受拉,另一向受压,其相当应力 σ_{r3} 很大,而水管材料抗剪性能又差

16-60 在上题情况下,自来水管冻裂后,而冰块却是完好的,这是因为冰块_____。
A. 抗压能力高　　　　　　B. 体积缩小,不受力
C. 韧性好　　　　　　　　D. 受力接近三向压应力,其相当应力不大

16-61 混凝土立方体试件做单向压缩试验时,若在其上、下压板面上涂有润滑剂,则试块破坏时将沿纵向剖面裂开,其主要原因是_____。
A. 最大压应力　　　　　　B. 最大切应力
C. 最大伸长线应变　　　　D. 存在横向拉应力

16-62 铸铁试件在单向压缩时,其破裂面与压力轴线约成39°角,这种破坏的原因是_____。
A. 最大压应力　　　　　　B. 39°斜截面上存在最大拉应力
C. 39°方向上引起最大伸长线应变　　D. 切应力和正应力共同作用

16-63 一受力构件中的某点处在二向应力状态下,两个斜面的外法线为 n_1 和 n_2,其面上的分量分别为 $\sigma_{a1}=52.3$ MPa,$\tau_{a1}=-18.6$ MPa,$\sigma_{a2}=20$ MPa,$\tau_{a2}=-10$ MPa。用图解法可以求得主应力及两斜面夹角分别为_____。
A. $\sigma_1=57.5$ MPa,$\sigma_2=15$ MPa,$\alpha=45°$
B. $\sigma_1=62.5$ MPa,$\sigma_2=17.5$ MPa,$\sigma_3=0$ MPa,$\alpha=48.5°$
C. $\sigma_1=62.8$ MPa,$\sigma_2=17.8$ MPa,$\sigma_3=0$ MPa,$\alpha=90°$
D. $\sigma_1=52.3$ MPa,$\sigma_2=20$ MPa,$\alpha=97°$

16-64 一单元体为二向应力状态(应力单位为MPa),若限制该单元体的最大正应力不超过320 MPa,则作用在横截面上的切应力值为_____。
A. $\tau_x=220$ MPa　　B. $\tau_x=295$ MPa　　C. $\tau_x>219$ MPa　　D. $\tau_x\leqslant 219$ MPa

16-65 边长为6 cm的立方体,材料的弹性模量 $E=200$ GPa,泊松比 $\mu=\dfrac{1}{3}$,在一对面上施加压力 $P=240$ kN,其最大切应变为_____。
A. $\gamma=0$
B. $\gamma=\dfrac{4}{9}\times 10^{-3}$ rad
C. $\gamma=-\dfrac{8}{9}\times 10^{-3}$ rad
D. $\gamma=\dfrac{2}{9}$ rad

16—66 从构件上测得一点处的应变为 $\varepsilon_x=100\times10^{-6}$,$\varepsilon_y=-200\times10^{-6}$,$\gamma_{xy}=100\times10^{-6}$,则该点的主应变和方向为_____。
A. $\varepsilon_{max}=220.7\times10^{-6}$,$\varepsilon_{min}=0$,$\alpha_0=-22.5°$
B. $\varepsilon_{max}=208.1\times10^{-6}$,$\varepsilon_{min}=108.1\times10^{-6}$,$\alpha_0=9.2°$
C. $\varepsilon_{max}=108.1\times10^{-6}$,$\varepsilon_{min}=-208.1\times10^{-6}$,$\alpha_0=-9.2°$
D. $\varepsilon_{max}=79.3\times10^{-6}$,$\varepsilon_{min}=-220.7\times10^{-6}$,$\alpha_0=23°$

16—67 用等角应变法测得构件表面上一点处三个方向的线应变分别为 $\varepsilon_0=400\times10^{-6}$,$\varepsilon_{60°}=400\times10^{-6}$,$\varepsilon_{120°}=600\times10^{-6}$,则该点主应变和方向为_____。
A. $\varepsilon_{max}=733\times10^{-6}$,$\varepsilon_{min}=-600\times10^{-6}$,$\alpha_0=30°$
B. $\varepsilon_{max}=66.5\times10^{-6}$,$\varepsilon_{min}=666\times10^{-6}$,$\alpha_0=60°$
C. $\varepsilon_{max}=-700\times10^{-6}$,$\varepsilon_{min}=-833\times10^{-6}$,$\alpha_0=-30°$
D. $\varepsilon_{max}=600\times10^{-6}$,$\varepsilon_{min}=733\times10^{-6}$,$\alpha_0=0$

16—68 列车通过钢桥时,在钢梁的横梁上部用电阻应变仪测得 $\varepsilon_x=0.0004$,$\varepsilon_y=-0.00012$,横梁材料的弹性模量 $E=200$ GPa,泊松比 $\mu=0.3$,则点在 x、y 方向的正应力为_____。
A. $\sigma_x=0$ MPa,$\sigma_y=40$ MPa
B. $\sigma_x=0$ MPa,$\sigma_y=-80$ MPa
C. $\sigma_x=80$ MPa,$\sigma_y=0$ MPa
D. $\sigma_x=0$ MPa,$\sigma_y=0$ MPa

16—69 在直径 d 的圆截面试样表面上,若测得纵向标距 l 的线段在轴向拉力 F 作用下伸长了 Δl,同一试样,测得在转矩 M_0 作用下,标距 l 的扭转角 $\Delta\varphi$,则该试样材料的泊松比 μ 应为_____。
A. $\mu=\dfrac{Fd^2\Delta\varphi}{16M_0\Delta l}$
B. $\mu=\dfrac{Fd^2\Delta\varphi}{16M_0\Delta l}+1$
C. $\mu=-\dfrac{Fd^2\Delta\varphi}{8M_0\Delta l}$
D. $\mu=\dfrac{Fd^2\Delta\varphi}{16M_0\Delta l}-1$

16—70 锅炉的平均直径 $D_0=1\,250$ mm,设计压力 $p=2.3$ MPa,材料的屈服极限 $\sigma_s=182.5$ MPa,安全系数 $n_s=1.8$,则按第四强度理论设计锅炉壁厚 t 为_____。
A. 6.8 mm B. 12.3 mm C. 14.2 mm D. 1 mm

16—71 铸铁零件危险处的主应力为 $\sigma_1=28$ MPa,$\sigma_2=0$ MPa,$\sigma_3=-40$ MPa。铸铁的抗拉许用应力 $[\sigma_t]=30$ MPa,抗压许用应力 $[\sigma_c]=120$ MPa,泊松比 $\mu=0.3$。若按下面4种强度理论进行校核,最合理的结果是_____。
A. $\sigma_{r1}=\sigma_1=28$ MPa $<[\sigma_t]$,安全
B. $\sigma_{r2}=\sigma_1-\mu(\sigma_2+\sigma_3)=34$ MPa $<[\sigma_t]$,安全
C. $\sigma_{r3}=\sigma_1-\sigma_3=68$ MPa $<[\sigma_c]$,安全
D. $\sigma_{r4}=\sigma_1-\dfrac{[\sigma_t]}{[\sigma_c]}\sigma_3=40$ MPa $>[\sigma_t]$,不安全

16—72 已知一点的应力状态为 $\sigma_x=140$ MPa,$\sigma_y=80$ MPa,$\tau_{xy}=0$,则最大切应力为_____。
A. 30 MPa B. 110 MPa C. 40 MPa D. 70 MPa

16—73 对于图示各点应力状态,属于单向应力状态的是_____。
A. a 点 B. b 点 C. c 点 D. d 点

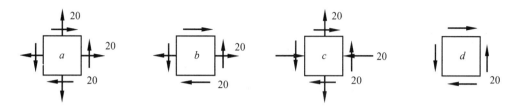

题 16—73 图

16—74 圆截面直杆,直径为 d,长度为 l,自由端受力如图所示。为进行强度计算,须从受力构件的危险截面上的危险点处截取出一单元体,若不计弯曲剪力的影响,该点处原始单元体的应力状态是_____。

A. 图(b) B. 图(c) C. 图(d) D. 图(e)

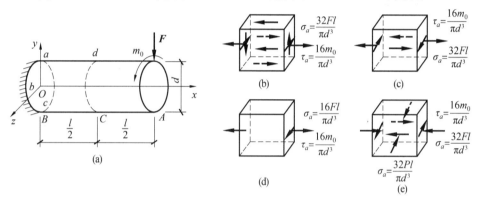

题 16—74 图

16—75 从受力构件某点处截取一原始单元体,如图所示。求得该点 $\alpha=30°$ 斜面上的应力(图中应力单位为:MPa)为_____。

A. $\sigma_{30°}=58.3$ MPa, $\tau_{30°}=18.3$ MPa
B. $\sigma_{30°}=-28.3$ MPa, $\tau_{30°}=68.3$ MPa
C. $\sigma_{30°}=88.3$ MPa, $\tau_{30°}=-16.3$ MPa
D. $\sigma_{30°}=-28.3$ MPa, $\tau_{30°}=-68.3$ MPa

16—76 图示三向应力状态(应力单位:MPa),其最大切应力为_____。

A. $\tau_{\max}=41.23$ MPa   B. $\tau_{\max}=14.4$ MPa
C. $\tau_{\max}=30$ MPa   D. $\tau_{\max}=55.6$ MPa

16—77 受力构件内某点的应力状态如图所示,应力单位为MPa。若构件材料的弹性模量为 $E=200$ GPa,泊松比 $\mu=0.25$,则其形状改变比能与体积改变比能之比为_____。

A. $\dfrac{u_d}{u_\theta}=12.08$ B. $\dfrac{u_d}{u_\theta}=5$ C. $\dfrac{u_d}{u_\theta}=0.92$ D. $\dfrac{u_d}{u_\theta}=-1.2$

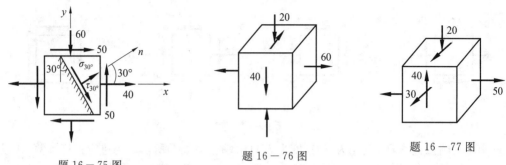

题 16-75 图   题 16-76 图   题 16-77 图

16-78 所谓一点的应力状态是指_____。
   A. 受力构件横截面上各点的应力情况
   B. 受力构件截面上的应力情况
   C. 构件未受力之前,各质点之间相互作用力状况
   D. 受力构件内某一点在不同截面上应力情况

16-79 图(a)构件上 a 点处的原始单元体应力状态应是_____。
   A. 图(b)   B. 图(c)   C. 图(d)   D. 图(e)

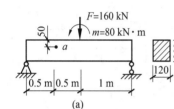   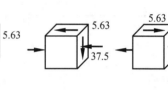

(a)   (b)   (c)   (d)   (e)

题 16-79 图

三、填空题

16-80 图示单元体指定截面上的应力为 $\sigma_\alpha =$ _____, $\tau_\alpha =$ _____, 主应力为 $\sigma' =$ _____, $\sigma'' =$ _____。(应力单位:MPa)

16-81 直径为 d 的实心圆轴受外力偶矩 M_e 作用发生扭转变形,今测得圆轴外表面 k 点处沿与轴线成 $-45°$ 方向的线应变 $\varepsilon_{-45°}$,已知轴的弹性模量 E 和泊松比 μ,则外力偶矩 $M_e =$ _____。

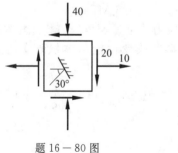

题 16-80 图

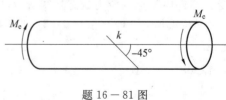

题 16-81 图

16-82 试用单元体画出图示应力圆所表示的应力状态,其中 $\sigma_2 =$ _____ , $\tau_{max} =$ _____ 。

16-83 一受拉弯组合变形的圆截面钢轴,若用第三强度理论设计的直径为 d_3,用第四强度理论设计的直径为 d_4,则 d_3 _____ d_4 (填">"、"<"或"=")。

16-84 图示单元体的应力状态应是 _____ 状态。

16-85 两个三向应力状态单元体如图(a)、(b)所示。无形状改变,有体积改变的是 _____ ;有形状改变,无体积改变的是 _____ 。

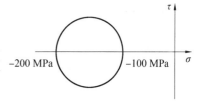

题 16-82 图

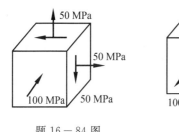

题 16-84 图

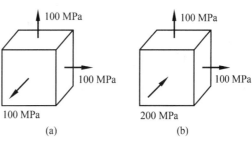

题 16-85 图

四、计算分析题

16-86 一直径为 25 mm 的实心钢球承受静水压压强为 14 MPa,设钢球的 $E = 210$ GPa,$\mu = 0.3$,试问其体积减小多少?

16-87 已知图示单元体材料的弹性常数 $E = 200$ GPa,$\mu = 0.3$。试求该单体的形状改变比能。

16-88 用 Q235 钢制成的实心圆截面杆,受轴向拉力 F 及扭转力偶矩 M_e 共同作用,且 $M_e = Fd/10$。今测得圆杆表面 k 点处沿图示方向的线应变 $\varepsilon_{30°} = 14.33 \times 10^{-5}$。已知杆直径 $d = 10$ mm,材料的弹性常数 $E = 200$ GPa,$\mu = 0.3$。试求荷载 F 和 M_e,若其许用应力 $[\sigma] = 160$ MPa,试按第四强度理论校核杆的强度。

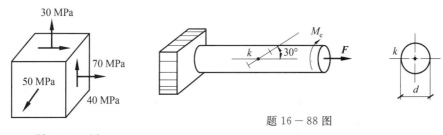

题 16-87 图

题 16-88 图

16-89 一厚度为 6 mm 的钢板在沿板的平面内两个互相垂直的方向受拉,拉应力分别为 150 MPa 和 55 MPa。钢板的弹性模量 $E = 210$ GPa,横向变形系数 $\mu = 0.25$,试求钢板厚度的减小值。

16-90 边长为 20 mm 的钢立方体置于钢模中,在顶面上受力 $F = 15$ kN 作用。已知 $\mu = 0.3$,设钢模的变形以及立方体与钢模之间的摩擦力可忽略不计。试求立方体各个面上的应力。

16—91 如图所示一根等直圆杆,直径 D 等于 100 mm,承受扭矩 $T=7$ kN·m,轴向拉力 $F=50$ kN,求该杆表面 A 点上的应力,并求第三、第四强度理论所对应的相当应力。

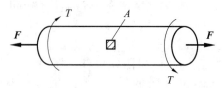

题 16—91 图

16—92 在受集中力偶矩 M_e 作用的矩形截面简支梁,测得中性层 k 点处沿 45° 方向的线应变为 $\varepsilon_{45°}$。已知材料弹性常数 E、μ 和梁的横截面及长度尺寸 b、h、a、d、l。试求集中力偶矩 M_e。

16—93 从某铸铁构件内的危险点处取出的单元体,各面上的应力分量如图所示。已知铸铁材料的泊松比 $\mu=0.25$,许用拉应力 $[\sigma_t]=30$ MPa,许用压应力 $[\sigma_c]=90$ MPa。试按第一和第二强度理论校核其强度。

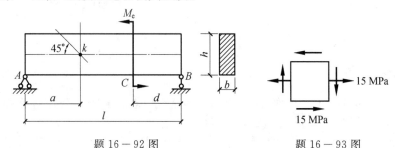

题 16—92 图 　　　　题 16—93 图

16—94 试从图示各构件中 A 点和 B 点处取出单元体,并标明单元体各面上的应力。

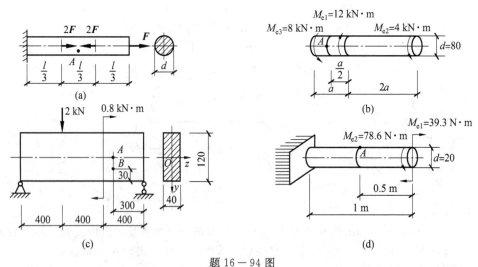

题 16—94 图

16—95 有一拉伸试样,横截面为 40 mm×5 mm 的矩形。在与轴线成 $\alpha=45°$ 角的面上切应力 $\tau=150$ MPa 时,试样上将出现滑移线。试求试样所受的轴向拉力 F 的数值。

16-96 一拉杆由两段杆沿 $m-n$ 面胶合而成。由于实用的原因,图中的 α 角限于 $0\sim 60°$ 范围内。作为"假定计算",对胶合缝作强度计算时可以把其上的正应力和切应力分别与相应的许用应力比较。现设胶合缝的许用切应力 $[\tau]$ 为许用拉应力 $[\sigma]$ 的 3/4,且这一拉杆的强度由胶合缝的强度控制。为了使杆能承受最大的荷载 F,试问 α 角的值应取多大?

16-97 若上题中拉杆胶合缝的许用应力 $[\tau]=0.5[\sigma]$,而 $[\tau]=7$ MPa,$[\sigma]=14$ MPa,则 α 值应取多大?若杆的横截面面积为 $1\,000\ mm^2$,试确定其最大许可荷载 F。

16-98 试用应力圆的几何关系求图示悬臂梁距离自由端为 0.72 m 的截面上,在顶面以下 40 mm 的一点处的最大及最小主应力,并求最大主应力与 x 轴之间的夹角。

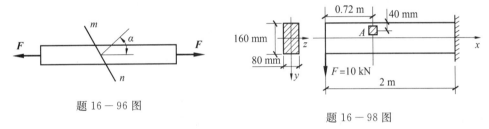

题 16-96 图

题 16-98 图

16-99 各单元体面上的应力如图所示。试求:
(1) 指定截面上的应力;
(2) 主应力的数值;
(3) 在单元体上绘出主平面的位置及主应力的方向。

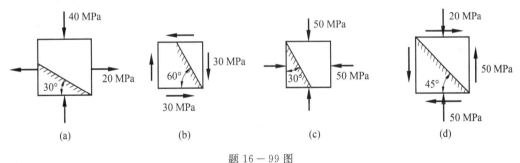

题 16-99 图

16-100 各单元体如图所示。试求:
(1) 主应力的数值;
(2) 在单元体上绘出主平面的位置及主应力的方向。

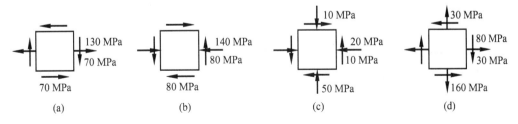

题 16-100 图

16－101　一焊接钢板梁的尺寸及受力情况如图所示,梁的自重略去不计。试求截面 $m-m$ 上 a、b、c 三点处的主应力。

16－102　从某铸铁构件内的危险点处取出的单元体,各面上的应力分量如图所示。已知铸铁材料的泊松比 $\mu = 0.25$,许用拉应力 $[\sigma_t] = 30$ MPa,许用压应力 $[\sigma_c] = 90$ MPa。试按第一和第二强度理论校核其强度。

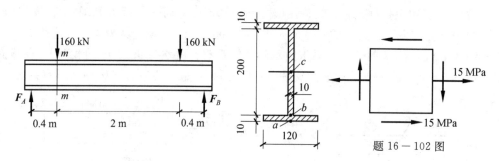

题 16－101 图

题 16－102 图

16－103　已知一受力构件表面上某点处的 $\sigma_x = 80$ MPa,$\sigma_y = -160$ MPa,$\sigma_z = 0$,单元体三个面上都没有切应力。试求该点处的最大正应力和最大切应力。

16－104　单元体各面上的应力如图所示,试求主应力及最大切应力。

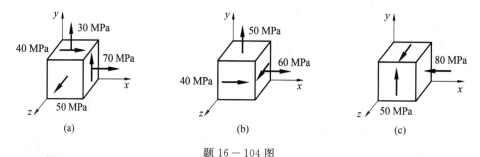

题 16－104 图

16－105　已知一点处应力状态的应力圆如图所示。试用单元体示出该点处的应力状态,并在该单元体上绘出应力圆上 A 点所代表的截面。

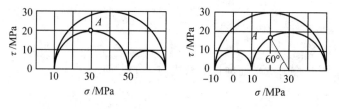

题 16－105 图

16－106　在矩形截面钢杆拉伸试样的轴向拉力 $F = 20$ kN 时,测得试样中段 B 点处与其轴线成 $30°$ 方向的线应变为 $\varepsilon_{30°} = 3.25 \times 10^{-4}$。已知材料的弹性模量 $E = 210$ GPa,试求泊松比 μ。

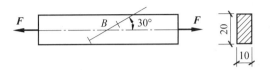

题 16－106 图

习题参考答案

一、是非题

16－1 ×　16－2 ×　16－3 ×　16－4 ×　16－5 ×　16－6 ×
16－7 ×　16－8 ×　16－9 ×　16－10 ×　16－11 ×　16－12 ×
16－13 ×　16－14 ×　16－15 √　16－16 ×　16－17 √　16－18 √

二、选择题

16－19 A　16－20 C　16－21 D　16－22 A　16－23 A　16－24 C
16－25 D　16－26 B　16－27 B　16－28 D　16－29 A　16－30 D
16－31 C　16－32 C　16－33 C　16－34 D　16－35 B　16－36 B
16－37 D　16－38 B　16－39 D　16－40 A　16－41 C　16－42 C
16－43 A　16－44 C　16－45 B　16－46 C　16－47 A　16－48 C
16－49 C　16－50 B　16－51 D　16－52 D　16－53 A　16－54 B
16－55 D　16－56 C　16－57 B　16－58 A　16－59 C　16－60 D
16－61 C　16－62 D　16－63 B　16－64 D　16－65 B　16－66 C
16－67 A　16－68 C　16－69 D　16－70 B　16－71 D　16－72 D
16－73 A　16－74 B　16－75 A　16－76 D　16－77 A　16－78 D
16－79 C

三、填空题

16－80　19.82,29.82,17,－47

16－81　$M_e = \dfrac{E\pi d^3}{16(1+\mu)}\varepsilon_{-45°}$

16－82　－100 MPa,100 MPa

16－83　＞

16－84　二向

16－85　(a),(b)

四、计算分析题

16－86　$\Delta V = 6.54 \times 10^{-10}$ m^3

16—87 $u_d = 12.99 \text{ kN} \cdot \text{m/m}^3$

16—88 $F = 2.01 \text{ kN}, M_e = 2.01 \text{ kN} \cdot \text{m}; \sigma_{r4} = 31.2 \text{ MPa}$

16—89 $1.464 \times 10^{-3} \text{ mm}$

16—90 $\sigma_1 = \sigma_2 = -16.1 \text{ MPa}, \sigma_3 = -37.5 \text{ MPa}$

16—91 $\sigma_x = 6.37 \text{ MPa}, \tau_x = 35.67 \text{ MPa}, \sigma_{r3} = 71.6 \text{ MPa}, \sigma_{r4} = 62.1 \text{ MPa}$

16—92 $M_e = \dfrac{2EIbh}{3(1+\mu)}\varepsilon_{45°}$

16—93 $\sigma_{r1} = 24.3 \text{ MPa}, \sigma_{r2} = 26.6 \text{ MPa}$

16—94 (a) $\sigma_A = -\dfrac{4F}{\pi d^2}$;

(b) $\tau_A = 79.6 \text{ MPa}$;

(c) $\tau_A = 0.42 \text{ MPa}, \sigma_B = 2.1 \text{ MPa}, \tau_B = 0.31 \text{ MPa}$;

(d) $\sigma_A = 50 \text{ MPa}, \tau_A = 50 \text{ MPa}$

16—95 $F = 60 \text{ kN}$

16—96 $\alpha = 60°$

16—97 $\alpha = 26.6°, F = 17.5 \text{ kN}$

16—98 $\sigma_1 = 10.66 \text{ MPa}, \sigma_3 = -0.06 \text{ MPa}, \alpha = 4.73°$

16—99 (a) $\sigma_\alpha = -25 \text{ MPa}, \tau_\alpha = 26 \text{ MPa}, \sigma_1 = 20 \text{ MPa}, \sigma_3 = -40 \text{ MPa}$;

(b) $\sigma_\alpha = -26 \text{ MPa}, \tau_\alpha = 15 \text{ MPa}, \sigma_1 = -\sigma_3 = 30 \text{ MPa}$;

(c) $\sigma_\alpha = -50 \text{ MPa}, \tau_\alpha = 0, \sigma_2 = \sigma_3 = -50 \text{ MPa}$;

(d) $\sigma_\alpha = 40 \text{ MPa}, \tau_\alpha = 10 \text{ MPa}, \sigma_1 = 41 \text{ MPa}, \sigma_3 = -61 \text{ MPa}, \alpha = 44.42°$

16—100 (a) $\sigma_1 = 160.52 \text{ MPa}, \sigma_3 = -30.52 \text{ MPa}, \alpha_0 = -23.5°$;

(b) $\sigma_1 = 36 \text{ MPa}, \sigma_3 = -176 \text{ MPa}, \alpha_0 = 65.6°$;

(c) $\sigma_2 = -17 \text{ MPa}, \sigma_3 = -53 \text{ MPa}, \alpha_0 = 16.8°$;

(d) $\sigma_1 = 170 \text{ MPa}, \sigma_2 = 70 \text{ MPa}, \alpha_0 = 18.4°$

16—101 a 点:$\sigma_1 = 212 \text{ MPa}; b$ 点:$\sigma_1 = 210 \text{ MPa}, \sigma_3 = -17 \text{ MPa}; c$ 点:$\sigma_1 = -\sigma_3 = 85 \text{ MPa}$

16—102 $\sigma_{r1} = 24.3 \text{ MPa}, \sigma_{r2} = 26.6 \text{ MPa}$

16—103 $\sigma_{max} = 80 \text{ MPa}, \tau_{max} = 120 \text{ MPa}$

16—104 (a) $\sigma_1 = 94.7 \text{ MPa}, \sigma_2 = 50 \text{ MPa}, \sigma_3 = 5.3 \text{ MPa}, \tau_{max} = 44.7 \text{ MPa}$;

(b) $\sigma_1 = 80 \text{ MPa}, \sigma_2 = 50 \text{ MPa}, \sigma_3 = -20 \text{ MPa}, \tau_{max} = 50 \text{ MPa}$;

(c) $\sigma_1 = 50 \text{ MPa}, \sigma_2 = -50 \text{ MPa}, \sigma_3 = -80 \text{ MPa}, \tau_{max} = 65 \text{ MPa}$

16—105 略

16—106 $\mu = 0.27$

第17章 组合变形

内容提要

同时发生两种或两种以上的基本变形,称为组合变形。常见的组合变形有以下几种。

一、垂直弯曲

力的作用线并不通过截面的任一根形心主惯性轴,引起沿两个垂直平面的弯曲,这种情况称为垂直弯曲、斜弯曲或双向弯曲,如图 17.1 所示。

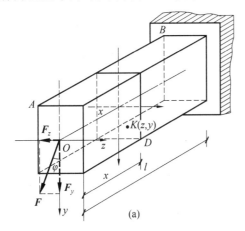
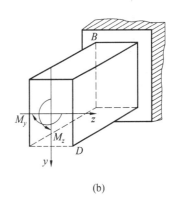

图 17.1

斜弯曲时横截面上任一点 K 的正应力为

$$\sigma_K = \frac{M_z y}{I_z} + \frac{M_y z}{I_y} = Fx\left(-\frac{\cos\varphi \cdot y}{I_z} + \frac{\sin\varphi \cdot z}{I_y}\right) = M\left(-\frac{\cos\varphi \cdot y}{I_z} + \frac{\sin\varphi \cdot z}{I_y}\right)$$

中性轴的位置(以 y_0、z_0 表示)

$$-\frac{\cos\varphi y_0}{I_z} + \frac{\sin\varphi z_0}{I_y} = 0$$

由中性轴方程可以看出,中性轴是一条通过坐标原点的直线。

最大应力点的位置就是截面上离开中性轴最远的点。

$$\sigma_{\max}=M\left(\frac{\cos\varphi}{I_z/y_{\max}}+\frac{\sin\varphi}{I_y/z_{\max}}\right)=M\left(\frac{\cos\varphi}{W_z}+\frac{\sin\varphi}{W_y}\right)$$

强度条件

$$\sigma_{\max}=M_{\max}\left(\frac{\cos\varphi}{W_z}+\frac{\sin\varphi}{W_y}\right)\leqslant[\sigma]$$

二、拉(压)弯组合

如果作用在杆件上的外力除了轴向拉(压)力外,还有横向力,则杆件将发生拉伸(压缩)与弯曲组合变形。

轴力 F_N 作用引起轴向拉伸,拉应力均匀分布,其值为

$$\sigma'=\frac{F_N}{A}$$

弯曲正应力为 σ'',最大最小应力值为

$$\sigma''_{\max}=\frac{M}{W_z}=-\sigma''_{\min}$$

截面上总应力最大最小应力分别为

$$\sigma_{\min}^{\max}=\frac{F_N}{A}\pm\frac{M}{W_z}$$

建立强度条件时,M 应取 $M_{\max}$,有

$$\sigma_{\min}^{\max}=\frac{F_N}{A}\pm\frac{M_{\max}}{W_z}\leqslant[\sigma]$$

三、偏心压缩

1. 单向偏心压缩(拉伸)

杆件受到平行于轴线但不与轴线重合的力作用时,引起的变形称为偏心压缩(拉伸)。偏心力 F 通过截面一根形心主轴时,称为单向偏心受压,如图 17.2(a) 所示。

将偏心力 F 向截面形心平移,得到一个通过轴线的轴向压力 F 和一个力偶矩 $m=Fe$ 的力偶,任意横截面的内力为轴力 F_N 和弯矩 M_z,其值分别为

$$F_N=-F,\quad M_z=Fe$$

对于横截面上任一点 K,由轴力 F_N 引起的正应力为:$\sigma'=\frac{F_N}{A}$,如图 17.2(b) 所示。由弯矩 M_z 所引起的正应力为:$\sigma''=-\frac{M_z y}{I_z}$,如图 17.2(c) 所示。根据叠加原理 K 点的总应力为

$$\sigma=\sigma'+\sigma''=\frac{F_N}{A}-\frac{M_z y}{I_z}$$

2. 双向偏心压缩(拉伸)

当偏心压力 F 的作用线与受压柱轴线平行,但不通过横截面任一形心主轴时,称为双向偏心压缩。将偏心压力 F 向截面的形心平移,得到一个轴向压力 F 和两个附加力偶矩 M_z 与 M_y,其中 $M_z=Fe_y$,$M_y=Fe_z$,如图 17.3(a) 所示。可见双向偏心压缩就是轴向压缩和两个相互垂直的平面弯曲的组合,如图 17.3(b) 所示。由截面法可求得任一截面 $ABCD$ 上的内力为

$$F_N=-F,\quad M_z=Fe_y,\quad M_y=Fe_z$$

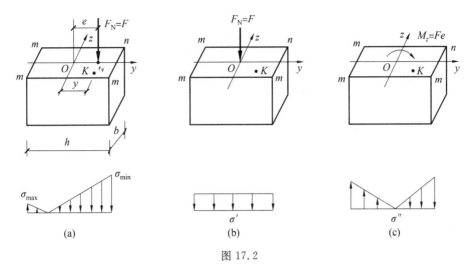

图 17.2

对于该截面上任一点 K，其应力如图 17.3(c) 所示。

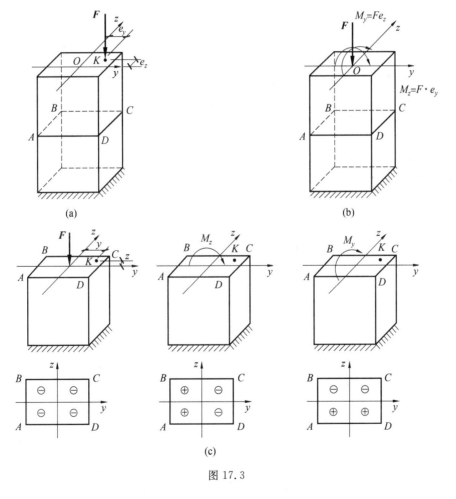

图 17.3

由轴力 F_N 所引起的正应力为

$$\sigma' = \frac{F_N}{A}$$

由弯矩 M_z 所引起的正应力为

$$\sigma'' = -\frac{M_z y}{I_z} = -\frac{F e y}{I_z}$$

由弯矩 M_y 所引起的正应力为

$$\sigma''' = -\frac{M_y z}{I_y} = -\frac{F e z}{I_y}$$

根据叠加原理,K 点的总应力为:

$$\sigma_K = \sigma' + \sigma'' + \sigma''' = \frac{F_N}{A} - \frac{M_z y}{I_z} - \frac{M_y z}{I_y} = -\frac{F}{A} - \frac{F e_y y}{I_z} - \frac{F e_z z}{I_y}$$

$$= -\frac{F}{A}\left[1 + \frac{e_y y}{\frac{I_z}{A}} + \frac{e_z z}{\frac{I_y}{A}}\right] = -\frac{F}{A}\left(1 + \frac{e_y y}{i_z^2} + \frac{e_z z}{i_y^2}\right)$$

四、截面核心

当偏心拉力的偏心距较小时,杆横截面上就可能全部是拉应力而不出现压应力,同理,当偏心压力的偏心距较小时,杆横截面上就可能全部是压应力而不出现拉应力,偏心受压柱当偏心距 e 增大后,弯矩随之加大,在与轴向压缩组合时有可能使截面上产生拉应力,此时中性轴一定位于截面内,当中性轴与截面边界相切时(不通过截面内部),截面上只有压应力,此时偏心力应有确定位置,若使中性轴保持与截面边界始终相切(但不能过内部)而绕截面边界回转一周时,偏心力的作用点将在截面上形成一绕形心的封闭曲线,如图 17.4 所示,该曲线所围区域称为截面核心。图中给出了五条中性轴,每一条对应于核心边上的某一点。

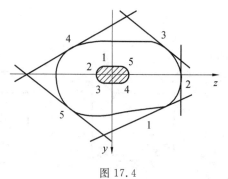

图 17.4

五、扭转与弯曲组合

弯矩产生的正应力

$$\sigma_{max} = \frac{M_{max}}{W_z}$$

扭矩 T 作用下截面的最大切应力

$$\tau_{max} = \frac{T_{max}}{W_P}$$

这是一个二向受力状态,其强度条件按强度理论建立,若是钢材,按第三或第四强度理论得到强度条件为

$$\left.\begin{array}{l}\sigma_{r3}=\dfrac{\sqrt{M^2+T^2}}{W_z}\leqslant[\sigma]\\ \sigma_{r4}=\dfrac{\sqrt{M^2+0.75T^2}}{W_z}\leqslant[\sigma]\end{array}\right\}$$

习　题

一、是非题

17-1　(　　)只要应力不超过材料的比例极限,组合变形强度就可以用叠加法计算。

17-2　(　　)对于垂直弯曲,中性轴必然通过截面形心。

17-3　(　　)垂直弯曲中力与中性轴是垂直的。

17-4　(　　)中性轴不一定在截面内,并且不一定通过截面形心。

17-5　(　　)对于圆形截面杆,垂直弯曲时,可以将弯矩用矢量表示,求二者的矢量和,在合矢量的对称面内用平面弯曲的公式计算截面上的最大应力。

17-6　(　　)组合变形切应力叠加是代数和。

17-7　(　　)工字形截面在拉(压)弯组合时,为了确定最危险点的应力需先确定中性轴。

17-8　(　　)弯扭组合时可以用梁的强度理论公式进行校核。

17-9　(　　)圆形截面悬臂梁,其自由端只要作用有不与轴线垂直但与轴线相交的力,则该梁一定产生拉(压)弯组合变形。

17-10　(　　)矩形截面悬臂梁,其自由端只要作用有不与轴线垂直但与轴线相交的力,则该梁一定产生拉(压)弯组合变形。

17-11　(　　)圆形截面悬臂梁,只要在其与轴线垂直的平面内作用有不与轴线相交的力,则悬臂梁一定发生弯扭组合弯形。

17-12　(　　)矩形截面悬臂梁,只要在其横截面内作用有不与轴线汇交的力,则该梁一定发生弯扭组合变形。

17-13　(　　)组合变形某截面上的最大应力是该截面上各种应力的代数和。

17-14　(　　)同一截面同种性质的应力可以求其代数和。

17-15　(　　)同种性质不同截面的应力也可求其代数和。

17-16　(　　)同一截面、同种性质、不同点的应力不能求其代数和。

17-17　(　　)同一截面、同一点、不同性质的应力不能求其代数和。

17-18　(　　)相当应力是弯曲正应力与扭转切应力的矢量和。

17-19　(　　)当偏心力作用于截面核心界面上时,截面边界至少有一点应力为零。

二、选择题

17-20　在图示正方形截面上,合弯矩 M 的矢量方向沿 z_1 轴,其在 y、z 轴方向的分量分别为 M_y、M_z。若采用下列四个公式计算截面上的最大正应力,则用_____公式求得的结果是错误的。

A. $\sigma_{max} = \dfrac{M_y}{W_y} + \dfrac{M_z}{W_z}$ B. $\sigma_{max} = \dfrac{M_y + M_z}{W_y}$

C. $\sigma_{max} = \dfrac{M}{W}$ D. $\sigma_{max} = \dfrac{M_{z1}}{W_{z1}}$

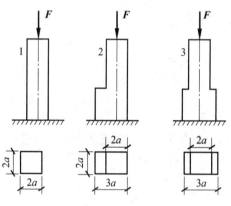

题 17－20 图

17－21 在下列关于截面核心的结论中，_____是错误的。

A. 当拉力作用于截面核心内部时，杆内只有拉应力
B. 当拉力作用于截面核心外部时，杆内只有压应力
C. 当压力作用于截面核心内部时，杆内只有压应力
D. 当压力作用于截面核心外部时，杆内既有拉应力，又有压应力

17－22 三种受压杆如图所示，杆 1、2、3 的最大压应力分别为 σ_{max1}、σ_{max2}、σ_{max3}，下列结论中正确的是_____。

A. $\sigma_{max1} = \sigma_{max2} = \sigma_{max3}$ B. $\sigma_{max1} > \sigma_{max2} = \sigma_{max3}$

C. $\sigma_{max2} > \sigma_{max1} = \sigma_{max3}$ D. $\sigma_{max2} > \sigma_{max1} > \sigma_{max3}$

题 17－22 图

17－23 图示悬臂梁，受力 **F** 作用，在图示四种截面中，最大正应力（绝对值）不能用 $\sigma_{max} = \dfrac{M_y}{W_y} + \dfrac{M_z}{W_z}$ 计算的有_____种。

A. 一 B. 二 C. 三 D. 四

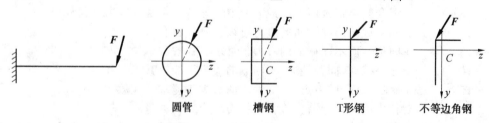

题 17－23 图

17－24 根据杆件横截面正应力分析过程，中性轴_____情形下才会通过截面形心。

A. $M_y = 0$ 或 $M_z = 0$，$F_N \neq 0$
B. $M_y = M_z = 0$ 或 $M_z = 0$，$F_N \neq 0$
C. $M_y = 0$ 或 $M_z \neq 0$，$F_N \neq 0$

D. $M_y \neq 0$ 或 $M_z \neq 0, F_N = 0$

17-25 图示四种截面形状的梁,若荷载通过截面的形心,但不与 y、z 轴重合,其中图 _____ 所示截面的最大弯曲正应力 $\sigma_{max} \neq \dfrac{M_y}{W_y} + \dfrac{M_z}{W_z}$。

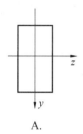
A.

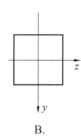
B.

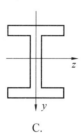
C.

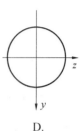
D.

题 17-25 图

17-26 关于斜弯曲的主要特征有以下四种答案,请判断哪一种是正确的 _____。
A. $M_y \neq 0, M_z \neq 0, F_N \neq 0$,中性轴与截面形心主轴不一致,且不通过截面形心
B. $M_y \neq 0, M_z \neq 0, F_N = 0$,中性轴与截面形心主轴不一致,但通过截面形心
C. $M_y \neq 0, M_z \neq 0, F_N = 0$,中性轴与截面形心主轴平行,但不通过截面形心
D. $M_y \neq 0, M_z \neq 0, F_N \neq 0$,中性轴与截面形心主轴平行,但不通过截面形心

17-27 图示构件 1—1 截面上的内力是 _____。
A. $M_z = -F \cdot \dfrac{l}{2}$
B. $M_y = -Fl$
C. $F_{Sy} = F, F_{Sz} = -F$
D. $M_y = F \cdot l, M_z = \dfrac{Fl}{2}, F_{Sy} = F, F_{Sz} = -F$

17-28 图示构件 1—1 截面上的内力是 _____。
A. $F_N = F, T = 2Fa$
B. $F_N = -F, T = 2Fa$
C. $F_{Sy} = F, T = Fa, M = -Fa$
D. $F_S = 0, M = 2Fa$

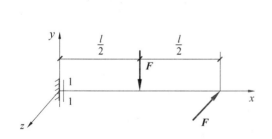

题 17-27 图

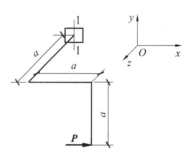

题 17-28 图

17-29 图示构件 1—1 截面上的内力是 _____。
A. $F_{Nx} = ql, M_z = ql^2$
B. $F_{Sy} = ql, M_y = -ql^2, M_z = ql^2$
C. $F_{Sx} = ql, F_{Nx} = ql, M_z = ql^2, M_y = 2ql^2$
D. $F_{Nx} = ql, F_{Sz} = ql, F_{Sy} = ql, M_y = -ql^2, M_z = \dfrac{ql^2}{2}, T = ql^2$

17—30 图示构件 1—1 截面上的内力是_____。

A. $M_y=-Fa, M_z=2Fa$

B. $F_{Ny}=F, F_{Sz}=F, M_x=-Fa, M_z=Fa, T=-Fa$

C. $F_{Nx}=F, F_{Sz}=-F, M_z=2Fa$

D. $F_{Sy}=F, M_y=2Fa, M_x=Fa, M_z=\dfrac{Fa}{2}$

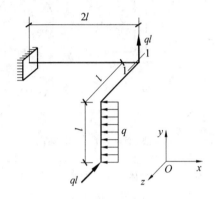

题 17—29 图

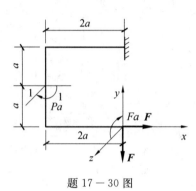

题 17—30 图

17—31 图示构件 1—1 截面上的内力是_____。

A. $F_{Sy}=F_1, F_{Ny}=-F, M_x=F_1 a$

B. $F_{Sx}=\dfrac{F_1}{2}, F_{Nz}=-\dfrac{F_2}{2}, M_x=\dfrac{F_1 a}{2}, M_y=\dfrac{F_2 a}{2}, T=\dfrac{F_1 a}{2}$

C. $F_z=-\dfrac{F_2}{2}, F_{Sy}=F_2, M_x=F_1 a, M_y=F_2 a$

D. $F_{Sx}=\dfrac{F_2}{2}, F_{Sy}=-\dfrac{F_1}{2}, M_y=F_2 a, M_z=\dfrac{F_1 a}{2}$

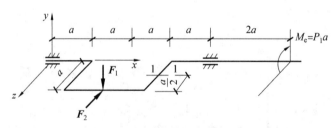

题 17—31 图

17—32 悬臂梁的自由端作用着横向力 **F**，若梁的横截面分别如图所示。当力 **F** 作用线为各图中的虚线时，那么，使梁发生平面弯曲变形的是_____。

A. 图(a)、(g) 所示截面的梁　　　　B. 图(c)、(e) 所示截面的梁

C. 图(b)、(d) 所示截面的梁　　　　D. 图(f)、(h) 所示截面的梁

17—33 用普通槽钢制成的梁。梁横截面形心 C，弯曲中心 A。梁承受横向力 **F** 作用，力的作用点及其指向分别如图所示，现判断它们的变形情况，错误的判断是_____。

A. 图(a) 受力情况，梁将发生平面弯曲

B. 图(b) 受力情况，梁将发生平面弯曲

C. 图(c) 受力情况，梁将发生斜弯曲

D. 图(d) 受力情况，梁将发生斜弯曲与扭转组合变形

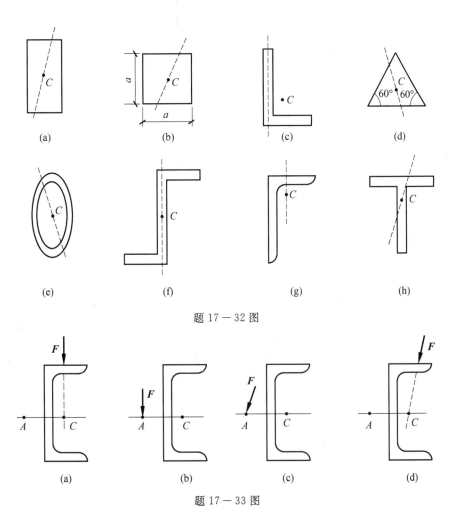

题 17-32 图

题 17-33 图

17-34 图示直杆 AB,其横截面为 L 形的薄壁截面,杆的自由端 B 的 xy 平面内作用倾斜力 F,这时,杆 AB 段的受力是由_____构成的组合变形。

A. 轴向拉伸和平面弯曲变形

B. 轴向压缩和扭转基本变形

C. 斜弯曲

D. 轴向压缩、扭转和双(两)向平面弯曲基本变形

17-35 图示矩形截面吊杆,在自由端 A 点处作用有竖向力 F,那么构成吊杆组合变形的基本变形是_____。

A. 轴力为 $F_N = F$ 的拉伸变形

B. 轴力为 $F_N = F$、弯矩为 $M = \dfrac{\sqrt{5}}{2} Fa$ 的轴向拉伸和平面弯曲变形

C. 轴力为 $F_N = F$、弯矩为 $M_y = \dfrac{Fa}{2}$ 和 $M_z = Fa$ 的轴向拉伸和两个平面弯曲变形

D. 扭矩为 $T = Fa$、弯矩 $M = \dfrac{\sqrt{5}}{2} Fa$ 的扭转和弯曲变形

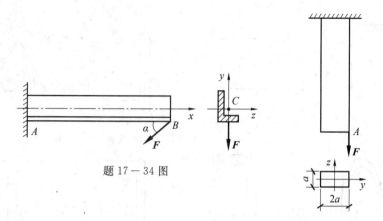

题 17－34 图

题 17－35 图

17－36 斜弯曲变形是指构件受力后,构件的挠曲线平面是_____的一种弯曲情况。
A. 与外力作用面在同一纵向面内 B. 与外力作用面不在同一纵向面内
C. 在构件纵向对称面内 D. 垂直于构件纵向对称面内

17－37 开口薄壁截面杆件在横向力作用下发生平面弯曲变形的条件是_____。
A. 横向力作用线通过截面形心
B. 横向力作用线通过截面形心,且与形心主惯性轴重合
C. 横向力作用线通过截面弯心,且与弯心主惯性轴重合
D. 横向力作用线通过截面弯心,且平行或垂直于形心主惯性轴

17－38 图示矩形截面梁的最大正应力为_____。
A. $\sigma_{\max} = \dfrac{Fl}{I_y} z_a$ B. $\sigma_{\max} = \dfrac{Fl\cos\varphi}{I_y} z_b$
C. $\sigma_{\max} = \dfrac{Fl}{W}$ D. $\sigma_{\max} = \dfrac{Fl\sin\varphi}{I_z} y_a + \dfrac{Fl\cos\varphi}{I_y} z_a$

17－39 矩形截面梁在主轴(y、z 轴)平面内分别发生平面弯曲,若梁中某截面上的弯矩分别为 M_y 和 M_z,则该截面上的最大正应力为_____。
A. $\sigma_{\max} = \left|\dfrac{M_y}{W_y}\right| + \left|\dfrac{M_z}{W_z}\right|$ B. $\sigma_{\max} = \left|\dfrac{M_y}{W_y} + \dfrac{M_z}{W_z}\right|$
C. $\sigma_{\max} = \dfrac{M_y + M_z}{W}$ D. $\sigma_{\max} = \dfrac{\sqrt{M_y^2 + M_z^2}}{W}$

17－40 图示简支梁 AB,在截面 C 处作用水平横向力 F,在截面 D 处作用竖向力 F,则该梁危险截面上的最大弯矩为_____。
A. $M_{\max} = \dfrac{Fl}{4}$ B. $M_{\max} = \dfrac{3\sqrt{2}\,Fl}{16}$
C. $M_{\max} = \dfrac{\sqrt{10}\,Fl}{16}$ D. $M_{\max} = \dfrac{3Fl}{16}$

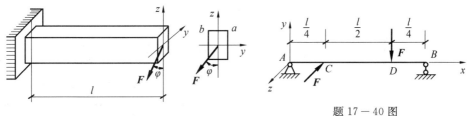

题 17-38 图

题 17-40 图

17-41 两根同高度而截面尺寸不同的立柱分别如图(a)、(b)所示。在 a 点处作用力 $F=350$ kN。图(a)的底面积为图(b)的1.5倍,则图(a)所示构件的最大压应力与图(b)的最大压应力之比为_____。

A. $\dfrac{1}{1.5}$ B. 1   C. 1.33   D. 1.5

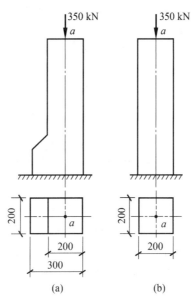

题 17-41 图

17-42 将一刚性矩形平板放置在平坦地基上,如图所示。平板自重不计,现在平板的顶面对称轴 y 上施加偏心压力 F,当力 F 作用点距板端为 $s \leqslant \dfrac{a}{3}$,地基承受压力的范围 l 长度是_____。

A. $0 \leqslant l \leqslant s$ B. $0 \leqslant l \leqslant 2s$ C. $0 \leqslant l \leqslant a$ D. $0 \leqslant l \leqslant 3s$

17-43 如图所示,长为 l、直径为 d 的圆杆,其单位长度重量为 G,杆端 B 铰结于地面,另一端 A 支承在光滑的壁上,则杆中的最大压应力点位置离 A 端的距离 s 为_____。

A. $s = \dfrac{l}{2}$ B. $s = \dfrac{l}{2} + \dfrac{d}{4}\tan\theta$

C. $s = \dfrac{d}{4}\tan\theta$ D. $s = \dfrac{l}{2} + \dfrac{d}{8}\tan\theta$

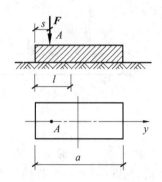

题 17—42 图

题 17—43 图

17—44 杆件在偏心拉伸荷载作用下,横截面上中性轴将_____。
A. 一定存在,且过形心   B. 一定存在,不过形心
C. 不一定存在,且一定不过形心   D. 一定不存在

17—45 如图所示正方形截面短柱,若将短柱中间部分开一块槽,如虚线所示。开槽所削弱的面积为截面积的 1/2,则开槽后柱内最大压应力是开槽前的_____。
A. 8 倍   B. 4 倍   C. 2 倍   D. 7 倍

17—46 偏心受压杆件,当偏心压力 F 的作用点沿截面核心的边界移动时,则横截面上中性轴是_____。
A. 绕横截面上某一点转动   B. 与横截面某一周边相切
C. 与横截面某一周边平行   D. 过横截面形心

17—47 图示构件中危险点的最大正应力为_____。
A. $\sigma_{max} = \dfrac{F_N}{A}$ B. $\sigma_{max} = \left|\dfrac{F_N}{A}\right| + \left|\dfrac{M_{max}}{W}\right|$
C. $\sigma_{max} = \dfrac{M_{max}}{W}$ D. $\sigma_{max} = 0$

17—48 如图由所示塑性材料制成直角拐杆,截面直径为 d,已知材料的许用应力 $[\sigma]$、$[\tau]$ 以及材料常数 E、μ,则拐杆的强度条件是_____。
A. $\dfrac{32Fa}{\pi d^3} \leqslant [\sigma]$ B. $\dfrac{48Fa}{\pi d^3} \leqslant [\sigma]$ 和 $\dfrac{16Fa}{\pi d^3} \leqslant [\tau]$
C. $\dfrac{48Fa}{\pi d^3} - \mu \dfrac{16Fa}{\pi d^3} \leqslant [\sigma]$ D. $\sqrt{\left(\dfrac{48Fa}{\pi d^3}\right)^2 + 4\left(\dfrac{16Fa}{\pi d^3}\right)^2} \leqslant [\sigma]$

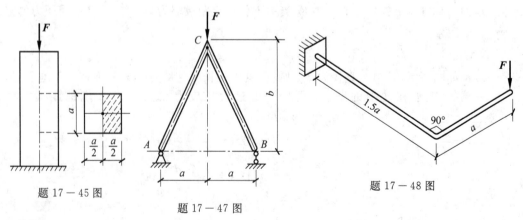

题 17—45 图

题 17—47 图

题 17—48 图

17－49 图示等截面圆杆，截面积为 A，抗弯截面模量为 W，材料的许用应力为 $[\sigma]$、$[\tau]$。如按第三强度理论建立强度条件，则为_____。

A. $\dfrac{F}{A}+\dfrac{M}{W}\leqslant[\sigma]$ 和 $\dfrac{T}{2W}\leqslant[\tau]$
B. $\sqrt{\left(\dfrac{F}{A}+\dfrac{M}{W}\right)^2+\left(\dfrac{T}{W}\right)^2}\leqslant[\sigma]$

C. $\dfrac{F}{A}+\dfrac{\sqrt{M^2+T^2}}{W}\leqslant[\sigma]$
D. $\sqrt{\left(\dfrac{F}{A}\right)^2+\left(\dfrac{M}{W}\right)^2+\left(\dfrac{T}{W}\right)^2}\leqslant[\sigma]$

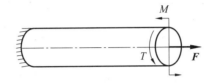

题 17－49 图

17－50 图示一简支梁，跨度 4 m，截面尺寸如图所示。梁受到总重为 20 kN 的均匀分布荷载 q 作用，荷载作用线过梁截面形心但与垂直轴成 30°角，这时梁的最大弯曲正应力为_____。

A. $\sigma_{\max}=10.3\ \text{MPa}$
B. $\sigma_{\max}=15.3\ \text{MPa}$
C. $\sigma_{\max}=17.3\ \text{MPa}$
D. $\sigma_{\max}=8.7\ \text{MPa}$

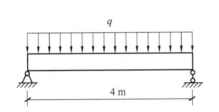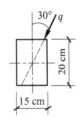

题 17－50 图

17－51 图示薄壁圆筒悬臂梁，其平均半径为 R，壁厚为 t，梁长 l。梁的自由端处承受水平力 $\boldsymbol{F}$ 的作用，在梁中间处承受铅垂力 $\boldsymbol{F}$ 的作用，两力 $\boldsymbol{F}$ 的作用线均过梁的轴线，若材料的许用应力为 $[\sigma]$、$[\tau]$，按第三强度理论建立强度条件，即为_____。

A. $\dfrac{0.365Fl}{R^2t}\leqslant[\sigma]$
B. $\sqrt{\left(\dfrac{0.366Fl}{R^2t}\right)^2+4\left(\dfrac{0.384F}{Rt}\right)^2}\leqslant[\sigma]$

C. $\dfrac{0.45Fl}{Rt}\leqslant[\sigma]$
D. $\sqrt{\left(\dfrac{0.318Fl}{R^2t}\right)^2+3\left(\dfrac{0.384F}{Rt}\right)^2}\leqslant[\sigma]$

17－52 等腰三角形截面杆，截面尺寸如图所示，承受力偶的作用 $M_e=1.2\ \text{kN}\cdot\text{m}$，$M_e$ 作用面与 AB 面平行，则棱边 C 处的正应力是_____。

A. $\sigma_C=11.6\ \text{MPa}$
B. $\sigma_C=-13\ \text{MPa}$
C. $\sigma_C=-14.2\ \text{MPa}$
D. $\sigma_C=25.9\ \text{MPa}$

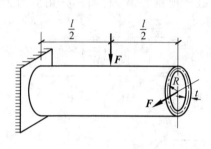

题 17－51 图

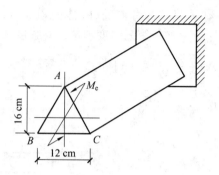

题 17－52 图

17－53 直径为 16 cm 的半圆截面梁,梁长 2 m,两端简支,承受竖向均匀分布荷载 $q=10$ kN/m,这时梁的最大拉应力为_____。

A. $\sigma_{t\max}=49$ MPa
B. $\sigma_{t\max}=44$ MPa
C. $\sigma_{t\max}=35.5$ MPa
D. $\sigma_{t\max}=33.8$ MPa

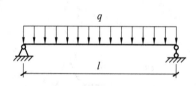
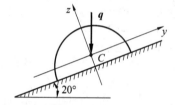

题 17－53 图

17－54 如图一矩形截面杆,截面尺寸 $b \times h = 20$ cm $\times 30$ cm,荷载 $F=50$ kN,这时 $m-m$ 截面上的最大压应力为_____。

A. $|\sigma_{\max}|=11.7$ MPa
B. $|\sigma_{\max}|=17.2$ MPa
C. $|\sigma_{\max}|=10.5$ MPa
D. $|\sigma_{\max}|=1$ MPa

17－55 如图一方形截面折杆,如在杆的一端承受有轴向力 $F=70.7$ kN 作用,则危险点处的正应力为_____。

A. $|\sigma_{\max}|=3.14$ MPa
B. $|\sigma_{\max}|=14.6$ MPa
C. $|\sigma_{\max}|=20.9$ MPa
D. $|\sigma_{\max}|=17.8$ MPa

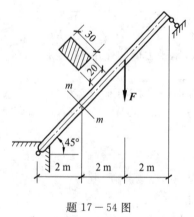

题 17－54 图

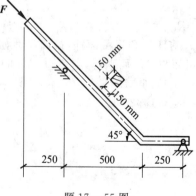

题 17－55 图

17－56　如图所示结构,两杆截面均为边长为 a 的正方形,两杆接触处为光滑接触,但 BD 杆倾斜 θ 角。两杆材料均为铸铁,其抗压能力大于抗拉能力,则该结构危险点处的最大正应力应该是_____。

A. $|\sigma_{cmax}| = \dfrac{3Fl}{a^3}$　　　　B. $|\sigma_{cmax}| = \dfrac{3Fl\cos\theta}{2a^3}$

C. $\sigma_{tmax} = \dfrac{F\sin\theta}{2a^2} + \dfrac{3Fl\cos\theta}{2a^3}$　　　　D. $\sigma_{tmax} = \dfrac{F\sin\theta}{2a^2}$

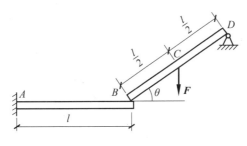

题 17－56 图

17－57　图示短柱受荷载 $F_1 = 25$ kN、$F_2 = 5$ kN 的作用,其中性轴方程为_____。

A. $3z_0 = 1$　　　　B. $29.94z_0 + 63.89y_0 - 1 = 0$

C. $29.94z_0 - 63.89y_0 - 1 = 0$　　　　D. $29.94z_0 + 63.89y_0 = 0$

17－58　如图所示边长为 a 的六角正棱锥塔,用砖块砌成,高 H、重量 G。由于地基不均匀下沉,使塔发生微小倾斜,欲不使塔身产生拉应力,则塔的容许倾角 θ 应为_____。

A. $\theta = 0.962\dfrac{a}{H}$　　　　B. $\theta \leqslant 0.832\dfrac{a}{H}$

C. $\theta > 0.396\dfrac{a}{H}$　　　　D. $\theta < 0.528\dfrac{a}{H}$

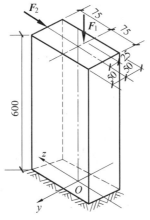

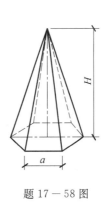

题 17－58 图

题 17－57 图

17－59　图示钢板受力 $F = 100$ kN 拉伸,该杆被局部缺口所削弱,使 $A-A$ 截面上的应力增大。若保持削弱截面上的最大正应力 σ_{max} 不变,把缺口移至板宽的中央位置,则缺口的最大宽度 b_1 为_____。

A. $b_1 = 20$ mm　　　　B. $b_1 = 38.6$ mm

C. $b_1 = 15.5$ mm D. $b_1 = 3.9$ mm

17-60 图示旋转式起重机的立柱 AB，其外径 $D=130$ mm，内径 $d=116$ mm。起重机的自重 $G_1=15$ kN，起吊重量 $G_2=20$ kN，立柱材料的许用应力 $[\sigma]=120$ MPa，现校核立柱强度，结果为_____。

A. $\sigma_{\max} = 101$ MPa $< [\sigma]$，强度够

B. $\sigma_{\max} = 127$ MPa $> [\sigma]$，强度不够

C. $\sigma_{\max} = 114$ MPa $< [\sigma]$，强度够

D. $\sigma_{\max} = 104$ MPa $< [\sigma]$，强度够

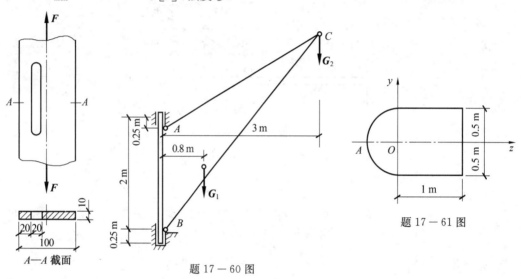

题 17-59 图　　题 17-60 图　　题 17-61 图

17-61 图示一偏心受压短柱的横截面。已知压力 F 垂直地作用在对称轴 z 上。欲使截面 A 点的正应力为零，则压力 F 的位置是_____。

A. $y_F = 0, z_F = 0.508$ m B. $y_F = 0, z_F = 0.25$ m

C. $y_F = 0, z_F = 0.75$ m D. $y_F = 0, z_F = -0.25$ m

17-62 图中 y、z 轴为形心主轴，图示截面 ABC 的截面核心形状大致是_____。

A. 图(a)　　B. 图(b)　　C. 图(c)　　D. 图(d)

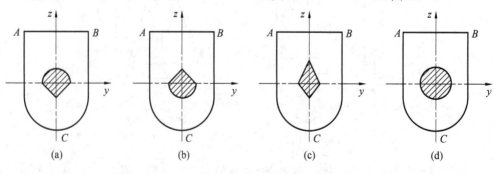

题 17-62 图

17-63 图示 L 形截面的截面核心形状大致为_____。

A. 图(a)　　B. 图(b)　　C. 图(c)　　D. 图(d)

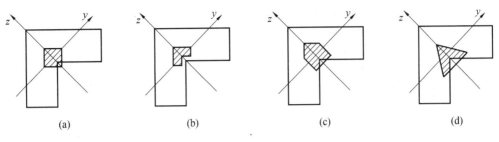

题 17-63 图

17-64 试确定图示图形的截面核心。图形各尺寸如图(a)所示,其截面核心正确的是 _____。

A. 图(a)　　B. 图(b)　　C. 图(C)　　D. 图(d)

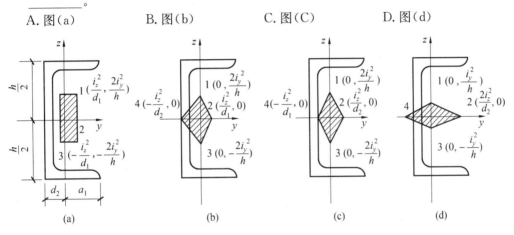

题 17-64 图

17-65 试确定图示图形的截面核心,图形各尺寸如图(a)所示,其截面核心正确的是 _____。

A. 图(a)　　B. 图(b)　　C. 图(c)　　D. 图(d)

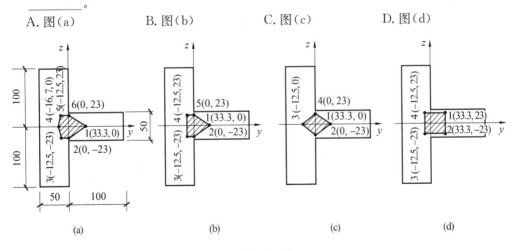

题 17-65 图

17-66 如图所示手摇绞车的轴径 $d=30$ mm,材料为 A3 钢,其许用应力 $[\sigma]=80$ MPa。按第三强度理论确定绞车的最大起吊重量为 _____。

A. $F=1\,473$ N   B. $F=1\,060$ N   C. $F=788$ N   D. $F=394$ N

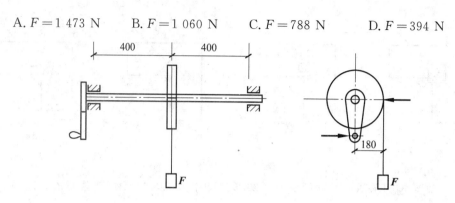

题 17－66 图

17－67 传动轴装置如图所示。传递功率为 100 kW，转速为 200 r/min，左端为齿轮，在其顶点处承受与水平线夹角 20°（压力角）的作用力 F；跨中为一皮带轮，在垂直方向承受拉力。若不计齿轮、皮带轮和轴的自重，材料的许用应力 $[\sigma]=80$ MPa，按第三强度理论设计轴的直径，应为_____。

A. $d=107$ mm   B. $d=118$ mm   C. $d=120$ mm   D. $d=122$ mm

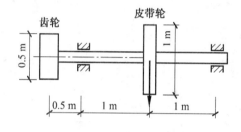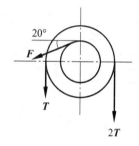

题 17－67 图

三、填空题

17－68 图示各种不同截面的悬臂梁，受到铅垂力 F 的作用，各梁的变形分别为：
(a) _____、(b) _____、(c) _____。

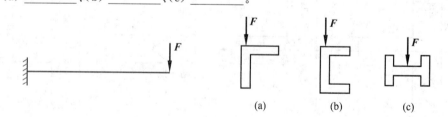

题 17－68 图

17－69 当中性轴绕截面边界某凸点转动时，核心边界是_____。

17－70 组合变形中正应力叠加是_____，切应力若也能叠加则是_____。

17－71 图中各种截面给出力的方位，_____是斜弯曲，_____是平面弯曲。

17－72 悬臂梁的自由端受有一与梁轴线垂直的集中力作用，但力的作用线不在纵向对称平面内，该梁将产生_____变形。

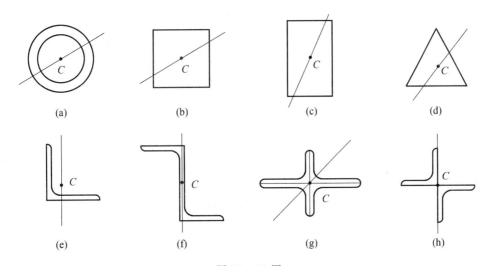

题 17-71 图

17-73 悬臂梁的纵向对称平面内作用有一与梁轴线平行的集中力，该梁将产生_____变形。

17-74 拉弯组合变形其拉伸产生的正应力在横截面内_____分布，其弯曲产生的正应力在横截面上按_____规律分布。

17-75 计算组合变形强度问题的主要步骤是：_____，_____，_____。

四、计算题

17-76 如图所示钢板的一侧切去深为 40 mm 的缺口，受力 $F=128$ kN。试求：(1) 横截面 AB 上的最大正应力；(2) 若两侧都切去深为 40 mm 的缺口，此时最大应力是多少？不计应力集中的影响。

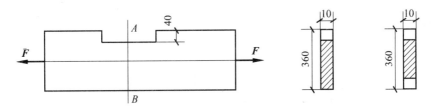

题 17-76 图

17-77 如图所示一轴向受拉杆，在边缘处挖一切口，截面及切口尺寸如图所示。已知 $F=8$ kN，$b=5$ mm，$h=40$ mm，材料的许用应力 $[\sigma]=160$ MPa，试校核杆的强度。

17-78 求如图所示具有切槽杆的最大正应力。

17-79 简支折线梁受力如图所示，截面为 25 cm × 25 cm 的正方形截面，$F=10$ kN，试求此梁的最大正应力。

17-80 如图所示水塔盛满水时连同基础总重量为 G，在离地面 H 处，受一水平风力合力为 F 作用，圆形基础直径为 d，基础埋深为 h，若基础土壤的许用应力 $[\sigma]=300$ kPa，试校核基础的承载力。

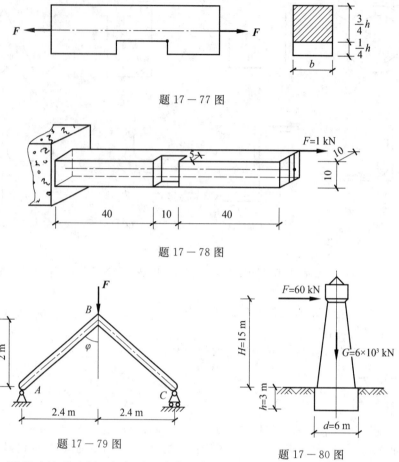

题 17-77 图

题 17-78 图

题 17-79 图

题 17-80 图

17-81　如图所示悬臂木梁,在水平面内作用横向力 $F_1=800$ N,在垂直平面内作用横向力 $F_2=1\,650$ N,木材的许用应力 $[\sigma]=10$ MPa。若矩形截面尺寸比值 $\dfrac{h}{b}=2$,试确定截面尺寸。

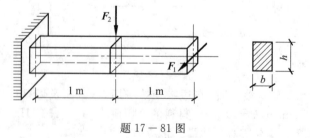

题 17-81 图

17-82　计算图示悬臂梁在 α 角为 $0°$、$45°$、$90°$ 时的最大拉应力,并指出最大拉应力发生的位置。

17-83　试验算图示简支檩条的强度,已知 $[\sigma]=12$ MPa。

17-84　验算图示简支梁的强度,已知 $[\sigma]=170$ MPa。

17-85　验算图示悬臂梁的强度,已知 $[\sigma]=12$ MPa。

第 17 章 组合变形

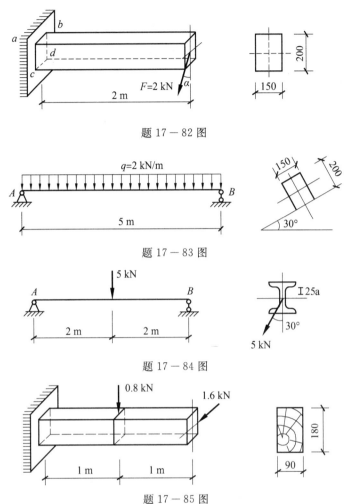

题 17－82 图

题 17－83 图

题 17－84 图

题 17－85 图

17－86　在上图中，若截面改为圆形，$d=140$ mm，试求梁的横截面上的最大正应力。

17－87　如图所示一三角刚架，$q=5$ kN/m，1－1 截面为 250 mm×500 mm 矩形截面，试计算 1－1 截面上的最大应力及最小应力，并分别指出它们在 1－1 截面中的位置。

17－88　校核图示结构的强度，已知 $[\sigma]=170$ MPa。

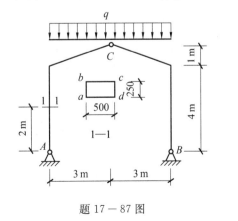

题 17－87 图

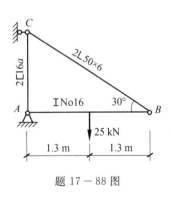

题 17－88 图

17-89 计算图示烟囱根部及基础底面的最大压应力值。已知 $d_1=2$ m,$d_2=3$ m,$D=4.2$ m。

17-90 计算图示基础底面应力,绘出应力分布图(假定反力是按直线规律分布的)。

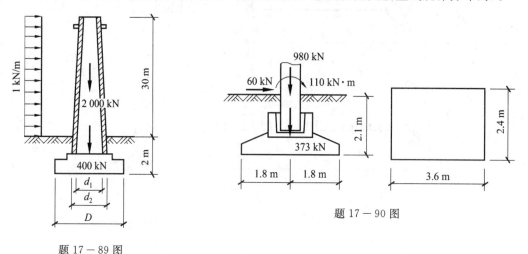

题 17-90 图

题 17-89 图

17-91 试选择图示结构 AB 梁的工字钢型号,已知 $[\sigma]=170$ MPa。

17-92 试绘出图示截面核心。

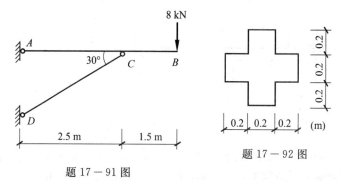

题 17-92 图

题 17-91 图

17-93 给出图示图形截面核心的形状。

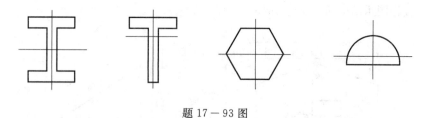

题 17-93 图

17-94 如图所示简支梁的截面为 $200\times200\times20$ 的等边角钢。荷载 $F=25$ kN,计算梁中危险点的应力。

17-95 一 L 形截面柱,柱顶面一角 18 cm×18 cm 范围内承受均匀分布荷载 $p=5$ MPa,截面形心 G 的位置如图所示。若不计柱的自重,试确定柱的最大拉应力点的位置及最大拉应力。

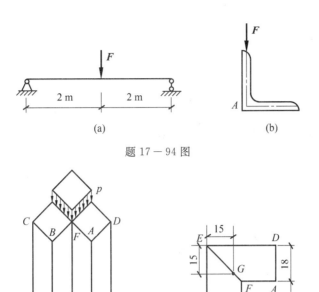

题 17—94 图

题 17—95 图

17—96 如图所示折杆 ABCD，其截面均为圆形，直径为 d。已知 F=20 kN，a=1 m，材料的许用应力 $[\sigma]$=120 MPa。若按第三强度理论计算，当折杆在满足强度要求情况下，试求危险点处的最大切应力 $\tau_{\max}$。

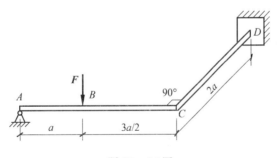

题 17—96 图

17—97 如图所示皮带传动轮，已知输入转矩 m_B=600 N·m，输出转矩 m_A=360 N·m，m_C=240 N·m。A 轮皮带拉力平行于 z 轴，B、C 轮皮带拉力平行于 y 轴。设皮带轮皮带紧边拉力是松边拉力的 2 倍，各皮带轮的直径分别为 D_A=40 cm，D_B=50 cm，D_C=30 cm。轴的许用应力 $[\sigma]$=50 MPa，按第三强度理论设计，确定传动轴的直径 d。

17—98 一钢质圆杆 AB 受荷载如图所示。已知 F_1=12 kN，F_2=800 N，杆直径 d=40 mm，l_1=50 cm，l_2=70 cm，材料的屈服极限 σ_s=240 MPa，安全系数 n=2。试按第三强度理论校核此杆的安全。

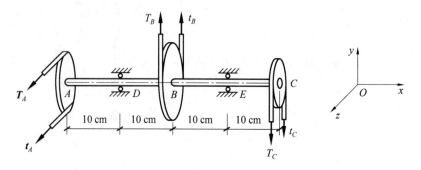

题 17-97 图

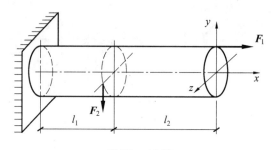

题 17-98 图

17-99 矩形截面钢杆如图所示，用应变片测得杆件上下表面的线应变分别为 $\varepsilon_a = 1 \times 10^{-3}$，$\varepsilon_b = 0.4 \times 10^{-3}$，材料的弹性模量 $E = 210$ GPa。

(1) 试绘制横截面的正应力分布图；

(2) 确定拉力 F 及偏心距 δ 的大小。

题 17-99 图

17-100 如图所示铁路圆信号板，装在外径为 $D = 60$ mm 的空心柱上。信号板上所受的最大风载 $q = 2$ kN/m²，许用应力 $[\sigma] = 60$ MPa。试按第三强度理论选择空心柱的壁厚。

17-101 矩形截面悬臂梁受力如图所示，确定固定端截面上中性轴的位置及 1、2、3、4 四点的应力值。

17-102 一钢制圆轴如图所示，圆轴直径 $d = 10$ cm，荷载 $F = 4.2$ kN，$M_e = 1.5$ kN·m，材料的许用应力 $[\sigma] = 80$ MPa。按第三强度理论校核该轴的强度。

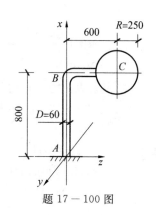

题 17-100 图

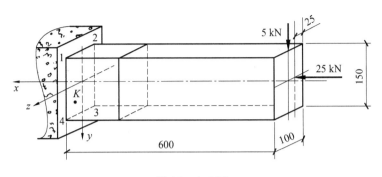

题 17-101 图

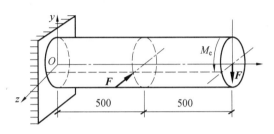

题 17-102 图

17-103 如图所示,轴上安装两个圆轮,**F**、**G** 分别作用在两轮上,并沿竖直方向。轮轴处于平衡状态。若轴的直径 $d=110$ mm,许用应力 $[\sigma]=60$ MPa。试按第四强度理论确定许可荷载 F。

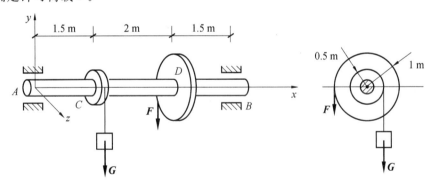

题 17-103 图

17-104 传动轴如图所示,A 轮受铅垂力 $\boldsymbol{F}_1$ 作用,直径 $d_1=200$ mm,$F_1=2$ kN;B 轮受水平拉力 $\boldsymbol{F}_2$ 作用,$d_2=100$ mm。轴材料的许用应力 $[\sigma]=80$ MPa。已知轮轴处于平衡状态。(1)画出轴的扭矩图和弯矩图;(2)试按第三强度理论设计轴的直径,单位为 mm。

17-105 直径 $d=40$ mm 的实心钢圆轴,在某一横截面上的内力分量如图所示。已知此轴的许用应力 $[\sigma]=150$ MPa。试按第四强度理论校核轴的强度。

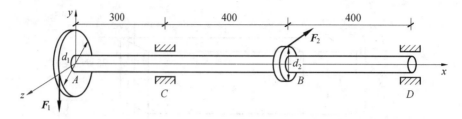

题 17-104 图

17-106 如图所示曲率半径为 R 的四分之三圆杆,位于水平面内。杆的一端为固定端,另一端为自由端,现在自由端作用一垂直于水平面的荷载 F。设曲杆横截面直径为 d,材料的许用应力为 $[\sigma]$。按第三强度理论建立曲杆的强度条件(不考虑弯曲剪力的影响)。

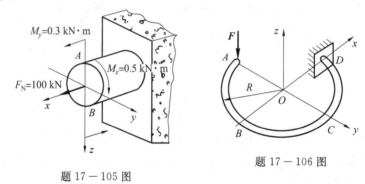

题 17-105 图　　　　　题 17-106 图

17-107 图示圆截面杆弯成开口方框,在一对垂直方框平面的力 F 的作用下。若材料的许用应力为 $[\sigma]$,按第四强度理论设计方框杆件的直径 d。

17-108 图示边长为 a 的正方形截面小曲率杆,杆轴线为四分之一圆弧,平均半径为 R,杆的一端固定,另一端自由,杆轴线位于水平面内。当自由端作用一竖向力 F,且 $a=\dfrac{R}{20}$,按第三强度理论计算危险点处的相当应力。

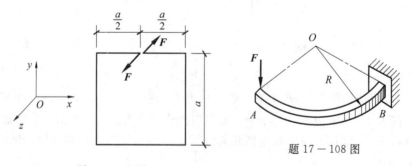

题 17-107 图　　　　　题 17-108 图

17-109 有一预应力钢筋混凝土构件,截面尺寸如图所示。钢筋和混凝土的弹性模量分别为 $E_s=200$ GPa,$E_c=26$ GPa。在构件预留孔道内插入面积为 100 cm² 的粗圆形钢筋,如把钢筋拉出 4 mm 后,用锚具将钢筋紧紧地锚固在混凝土上,设钢筋与混凝土之间无间隙,计算混凝土构件的最大压应力。

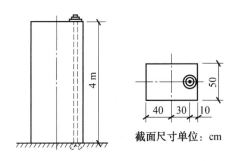

题 17－109 图

习题参考答案

一、是非题

17－1　×　17－2　√　17－3　×　17－4　√　17－5　√　17－6　×
17－7　×　17－8　√　17－9　√　17－10　×　17－11　√　17－12　×
17－13　×　17－14　×　17－15　×　17－16　√　17－17　√　17－18　×
17－19　√

二、选择题

17－20　C　17－21　B　17－22　C　17－23　B　17－24　D
17－25　D　17－26　B　17－27　D　17－28　C　17－29　D
17－30　B　17－31　B　17－32　C　17－33　A　17－34　D
17－35　C　17－36　B　17－37　D　17－38　D　17－39　A
17－40　C　17－41　C　17－42　D　17－43　D　17－44　C
17－45　A　17－46　A　17－47　B　17－48　D　17－49　B
17－50　B　17－51　B　17－52　A　17－53　B　17－54　A
17－55　C　17－56　C　17－57　B　17－58　D　17－59　B
17－60　B　17－61　A　17－62　A　17－63　C　17－64　C
17－65　A　17－66　C　17－67　D

三、填空题

17－68　弯曲与扭转组合变形,弯曲与扭转组合变形,平面弯曲

17－69　直线

17－70　代数和,矢量和

17－71　(c)(d),(a)(b)

17－72　弯曲与扭转组合

17－73　拉(压)与弯曲组合

17-74　均匀,线性比例

17-75　分析计算杆的外力,分析计算杆件的内力和危险应力,按强度条件进行计算

四、计算分析题

17-76　(1)$\sigma_{max}=55$ MPa;(2)$\sigma=45.7$ MPa

17-77　$\sigma_{max}=106.6$ MPa$<[\sigma]$

17-78　$\sigma_{max}=140$ MPa

17-79　$\sigma_{max}=9.0748$ MPa

17-80　$|\sigma_{min}|=263.14$ kPa$\leqslant[\sigma]=300$ kPa

17-81　$b=9$ cm,$h=18$ cm

17-82　$\alpha=0$ 时,$\sigma_{max}=4$ MPa,位于 ab 线;$\alpha=45°$ 时,$\sigma_{max}=6.59$ MPa,位于 b 点;$\alpha=90°$ 时,$\sigma_{max}=5.33$ MPa,位于 bd 线。

17-83　$\sigma_{max}=9.58$ MPa$<[\sigma]$,满足要求

17-84　$\sigma_{max}=62.55$ MPa$<[\sigma]$,满足要求

17-85　$\sigma_{max}=14.8$ MPa$>[\sigma]$,不满足要求

17-86　$\sigma_{max}=12.25$ MPa

17-87　$\sigma_{max}=1.61$ MPa,在 ab 边;$\sigma_{min}=-1.848$ MPa 在 cd 边

17-88　$\sigma_{BC}=22$ MPa$<[\sigma]$,$\sigma_{AC}=-2.85$ MPa$<[\sigma]$,$|\sigma_{ABmin}|=123.54$ MPa$<[\sigma]$,强度满足

17-89　烟囱根部$|\sigma_{min}|=0.72$ MPa,基础底部$|\sigma_{min}|=0.243$ MPa

17-90　$\sigma_{max}=-111$ kPa,$\sigma_{min}=-202$ kPa

17-91　选 12.6 号工字钢

17-92　略

17-93　略

17-94　$|\sigma_{max}|=146.2$ MPa

17-95　最大拉应力发生在柱的棱边 AA' 和 BB' 上,且 $\sigma_{tmax}=2.14$ MPa

17-96　$\tau_{max}=60.6$ MPa

17-97　$d=54$ mm

17-98　$n=2.15>n_0$,安全

17-99　(1)如图所示;(2)$F=18.38$ kN,$\delta=1.785$

17-100　壁厚 $t=2.644$ mm

17-101　固定端截面上中性轴的位置分别为

$$\frac{y_K}{-15.63\times10^3}+\frac{z_K}{33.34\times10^3}=1;$$

1、2、3、4 四点的应力值分别为:$\sigma_1=8.83$ MPa,$\sigma_2=3.83$ MPa,$\sigma_3=-12.17$ MPa,$\sigma_4=-7.17$ MPa

17-102　$\sigma_{r3}=50.3$ MPa$<[\sigma]$

17-103　$F\leqslant2.91$ kN

题 17-99 图

第 17 章 组合变形

17—104　(1) 略；(2) $d \geqslant 48.16$ mm

17—105　$\sigma_{r4} = 144.85$ MPa $\leqslant [\sigma] = 150$ MPa，强度足够

17—106　$\dfrac{64FR}{\pi d^3} \leqslant [\sigma]$

17—107　$d \geqslant \left(\dfrac{8\sqrt{19}\,Fa}{\pi[\sigma]}\right)^{\frac{1}{3}}$

17—108　$\sigma_{r3} = \dfrac{195.3F}{a^2}$

17—109　$|\sigma_{\max}| = 10.6$ MPa

第 18 章

梁的位移

内容提要

一、梁的位移

梁在竖向荷载作用下,轴线将变为平面曲线,截面形心的竖向位移 y,称为梁的挠度(或叫做线位移),截面绕形心轴旋转一微小角度 θ 称为转角或称角位移,所谓求梁的位移,也就是求梁任意截面的 y 和 θ。

二、梁挠曲线的近似微分方程

简化后的梁的挠曲线近似微分方程为

$$y'' = -\frac{M(x)}{EI_z} \text{ 或 } y''EI_z = -M(x)$$

三、积分法求梁的挠度和转角

在计算梁的位移时,可以对挠曲线的近似微分方程式进行积分,通过一次积分便可得到转角方程式,二次积分便可得到挠度方程式,此方法称为积分法。

对等截面梁来说,EI_z 为常量,积分一次,得

$$EI_z \theta = EI_z y' = -\int M(x) dx + C$$

再积分一次,得

$$EI_z y = -\int \left(\int M(x) dx \right) dx + Cx + D$$

式中两个积分常数 C 与 D,其值需要根据梁的某些截面的已知变形条件即边界条件来确定。

边界条件:例如简支梁铰支座处,截面的挠度 $y=0$;悬臂梁的固定端处,截面的挠度 $y=0$ 与截面的转角 $\theta=0$。

四、叠加法求梁的挠度

所谓叠加法,就是分别计算每种荷载单独作用下产生的位移,然后将这些位移代数相

加。这里所述代数和是指平面弯曲而言,斜弯曲时将为矢量和。

五、共轭梁法(虚梁法)计算梁的位移

共轭梁法计算位移的基本思路是:经过一定的变换后,将计算梁的某一截面的转角和挠度问题,转换为计算另一梁的(该梁与原梁的长度相同)相应截面的剪力和弯矩问题。

如果我们以真实梁(简称实梁)的弯矩 $M(x)$ 除以梁的弯曲刚度 EI_z 为虚荷载(即 $\bar{q}(x) = -\dfrac{M(x)}{EI}$)作用在虚梁上时,则虚梁的弯矩就是实梁的相应截面的挠度;虚梁的剪力就是实梁的相应截面的转角。这样,就把求梁的位移问题转换为求另一梁的内力问题了。

虚梁的选择,应根据虚梁与实梁对应的边界条件相同来确定,也就是根据虚梁的支承情况与实梁的支承情况对应一致来确定。

用共轭梁法计算梁的位移的具体步骤为:
(1) 画出实梁的弯矩图;
(2) 选择虚梁;
(3) 以 $\bar{q}(x) = -\dfrac{M(x)}{EI}$ 为荷载作用在虚梁上,当 $\bar{q}(x)$ 为正时其方向向上,反之向下;
(4) 虚梁上任一截面的剪力和弯矩即为实梁相应截面的转角和挠度。

六、梁的刚度校核

梁在荷载作用下的最大挠度 $|y_{\max}|$ 不应超过某一限值 $[y]$,$[y]$ 称为容许挠度,它随着情况的不同而变化,通常在规范中按跨度的若干分之一的方式给出。因此刚度条件就成为如下的表达式,即

$$|y_{\max}| \leqslant [y]$$

七、梁中剪力对刚度的影响

当梁截面尺寸远小于跨度时,剪力对梁挠度的影响是很小的,但当梁的宽度与跨度之比不是很小,例如在高层建筑中的剪力墙以及剪力墙中的连系梁等,剪力的影响就必须考虑。为使计算公式简化,往往将剪力的影响包括在 EI_d 之中(称为等效刚度)加以考虑。

习　　题

一、是非题

18—1 (　) 建立边界条件时,对两段交界的条件是弹性曲线连续光滑。
18—2 (　) 弯矩最大截面挠度一定最大。
18—3 (　) 梁上挠度最大的截面弯矩也一定最大。
18—4 (　) 建立边界条件时,在铰结处弹性曲线满足连续光滑的条件。
18—5 (　) 斜弯曲若用叠加法计算位移,就是将每种荷载单独作用下产生的位移代数相加。
18—6 (　) 平面弯曲采用叠加法计算位移,就是将每种荷载单独作用下产生的位移

代数相加。

18—7 (　　) 斜弯曲中力不与中性轴垂直,但弯曲变形的方向与中性轴始终保持垂直关系。

18—8 (　　) 悬臂梁对应的虚梁仍然为悬臂梁,只是固定端与自由端的位置互换了。

18—9 (　　) 简支梁对应的虚梁仍为简支梁。

18—10 (　　) 当梁截面尺寸远小于跨度时,剪力对梁挠度的影响很小。

二、选择题

18—11　与小挠度微分方程 $y'' = -\dfrac{M(x)}{EI_z}$ 对应的坐标系有图示的四种形式。试判断哪几种是正确的_____。

题 18—11 图

A. 图(b)和(c)　　B. 图(b)和(a)　　C. 图(b)和(d)　　D. 图(c)和(d)

18—12　如图所示,简支梁的 EI 为已知,A、B 端各作用一力偶 M_{e1} 和 M_{e2},若使该梁挠曲线的拐点 C 位于距 A 端 $l/3$ 处,则 M_{e1} 和 M_{e2} 的关系为_____。

A. $M_{e1} = 2M_{e2}$　　B. $M_{e2} = 2M_{e1}$　　C. $M_{e1} = 3M_{e2}$　　D. $M_{e2} = 3M_{e1}$

18—13　提高钢梁的抗弯刚度的一个主要措施是_____。

A. 采用高强度钢　　　　　　B. 增加横截面积

C. 增大抗弯截面模量　　　　D. 增加截面惯性矩

18—14　如图所示,用直径为 d 的圆柱木料刨成矩形的等截面梁,欲使其受弯时挠度最小,则截面的高度和宽度之比应为_____。

A. $\dfrac{h}{b} = \sqrt{2}$　　B. $\dfrac{h}{b} = 1$　　C. $\dfrac{h}{b} = \sqrt{3}$　　D. $\dfrac{h}{b} = \dfrac{\sqrt{3}}{2}$

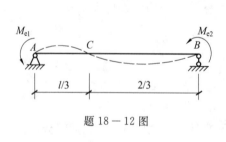

题 18—12 图

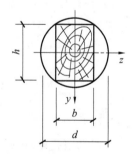

题 18—14 图

18—15　如图所示一端外伸梁,抗弯刚度为 EI,外伸端受荷载 F 作用,则 C 处挠度为_____。

A. $\dfrac{4Fl^3}{9EI}$　　B. $\dfrac{7Fl^3}{18EI}$　　C. $\dfrac{2Fl^3}{9EI}$　　D. $\dfrac{5Fl^3}{18EI}$

18－16　如图所示,承受集中力的细长简支梁,在弯矩最大截面上沿加载方向开一小孔,若不考虑应力集中影响时,关于小孔对梁的强度和刚度的影响,试判断下列哪种论述是正确的_____。

A. 大大降低梁的强度和刚度

B. 对强度有较大影响,对刚度的影响很小可以忽略不计

C. 对刚度有较大影响,对强度的影响很小可以忽略不计

D. 对强度和刚度的影响都很小,都可以忽略不计

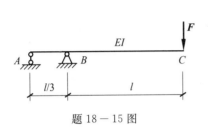

题 18－15 图

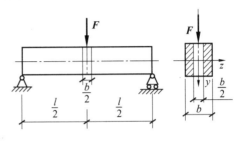

题 18－16 图

18－17　如图所示悬臂梁抗弯刚度为 EI,B 处受集中力 F 作用,其 C 处的挠度为_____。

A. $\dfrac{8Fa^3}{3EI}$　　B. $\dfrac{5Fa^3}{6EI}$　　C. $\dfrac{7Fa^3}{3EI}$　　D. $\dfrac{14Fa^3}{3EI}$

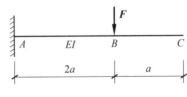

题 18－17 图

18－18　已知图示外伸梁支座 B 的弹簧刚度为 $k(\text{N/m})$,其边界条件和连续条件应为_____。

A. 边界条件:$x_1=0,y_1=0$;$x_1=l,y_1=K$;连续条件:$x_1=x_2=l$ 处,$y_1=y_2$

B. 边界条件:$x_1=0,y_1=0$;$x_1=l,y_1=\dfrac{kF(l+a)}{l}$;连续条件:$x_1=x_2=l,\theta_1=\theta_2$

C. 边界条件:$x_1=0,y_1=0$;$x_1=l,y_1=-\dfrac{F(l+a)}{kl}$;连续条件:$x_1=x_2=l,y_1=y_2,\theta_1=\theta_2$

D. 边界条件:$x_1=0,y_1=0$;$x_2=l+a,\theta_2=0$;连续条件:$x_1=x_2=l,y_1=y_2,\theta_1=\theta_2$

18－19　如图所示,梁自由端 B 的挠度为_____。

A. $\dfrac{M_e a}{EI}\left(l-\dfrac{a}{2}\right)$　　　　B. $\dfrac{M_e a^3}{EI}\left(l-\dfrac{a}{2}\right)$

C. $\dfrac{M_e a}{EI}$　　　　D. $\dfrac{M_e a^2}{EI}\left(l-\dfrac{a}{2}\right)$

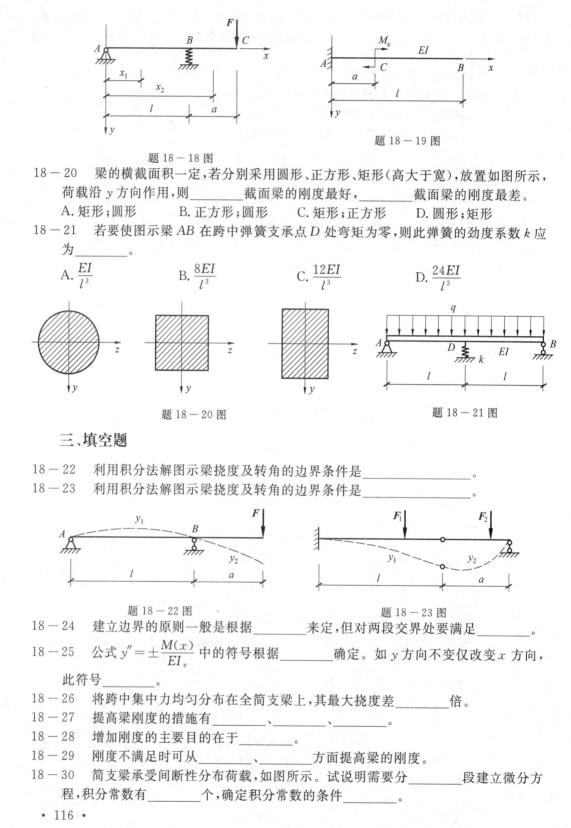

题 18-18 图
题 18-19 图

18-20 梁的横截面积一定,若分别采用圆形、正方形、矩形(高大于宽),放置如图所示,荷载沿 y 方向作用,则_____截面梁的刚度最好,_____截面梁的刚度最差。
A. 矩形;圆形   B. 正方形;圆形   C. 矩形;正方形   D. 圆形;矩形

18-21 若要使图示梁 AB 在跨中弹簧支承点 D 处弯矩为零,则此弹簧的劲度系数 k 应为_____。

A. $\dfrac{EI}{l^3}$ B. $\dfrac{8EI}{l^3}$ C. $\dfrac{12EI}{l^3}$ D. $\dfrac{24EI}{l^3}$

题 18-20 图
题 18-21 图

三、填空题

18-22 利用积分法解图示梁挠度及转角的边界条件是_____。

18-23 利用积分法解图示梁挠度及转角的边界条件是_____。

题 18-22 图
题 18-23 图

18-24 建立边界的原则一般是根据_____来定,但对两段交界处要满足_____。

18-25 公式 $y'' = \pm \dfrac{M(x)}{EI_z}$ 中的符号根据_____确定。如 y 方向不变仅改变 x 方向,此符号_____。

18-26 将跨中集中力均匀分布在全简支梁上,其最大挠度差_____倍。

18-27 提高梁刚度的措施有_____、_____、_____。

18-28 增加刚度的主要目的在于_____。

18-29 刚度不满足时可从_____、_____方面提高梁的刚度。

18-30 简支梁承受间断性分布荷载,如图所示。试说明需要分_____段建立微分方程,积分常数有_____个,确定积分常数的条件_____。

18-31 具有中间铰的梁受力如图所示。试说明需要分_____段建立微分方程,积分常数有_____个,确定积分常数的条件_____。

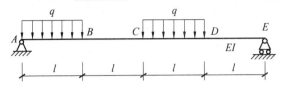

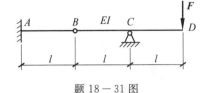

题 18-30 图

题 18-31 图

18-32 共轭法中虚梁的弯矩就是实梁的相应截面的_____;虚梁的剪力就是实梁的相应截面的_____。

18-33 已知图(a)梁中点 C 的挠度 $y_C = \dfrac{5ql^4}{384EI}$,则图(b)梁中点挠度 $y_C =$ _____。

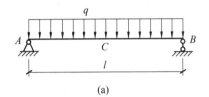
(a)

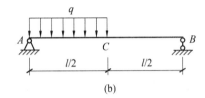
(b)

题 18-33 图

四、计算分析题

18-34 用积分法求图示各梁的指定位移,$EI =$ 常数。

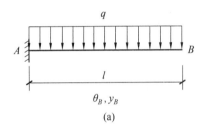
(a)

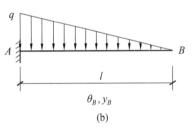
(b)

题 18-34 图

18-35 外伸梁受均布荷载如图所示,试用积分法求 θ_A、θ_B 及 y_C、y_D。

18-36 试用积分法求图示外伸梁的 θ_A、θ_B 及 y_A、y_D。

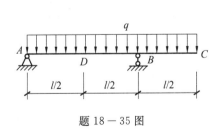

题 18-35 图

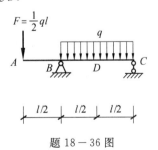

题 18-36 图

18-37 外伸梁如图所示,试用积分法求 y_C。

18-38 试用积分法求图示悬臂梁 B 端的挠度 y_B。

18-39 试用积分法求图示外伸梁的 θ_A 和 y_C。

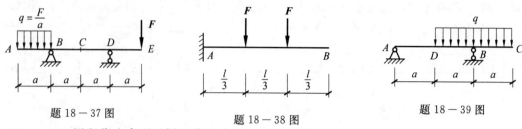

题 18－37 图　　　　　题 18－38 图　　　　　题 18－39 图

18－40　用积分法求图示梁的指定位移，$EI =$ 常数。

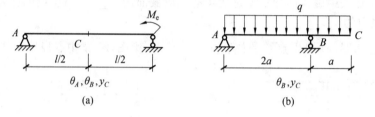

题 18－40 图

18－41　变截面悬臂梁及其荷载如图所示，试用积分法求梁 A 端的挠度 y_A。

18－42　变截面简支梁及其荷载如图所示，试用积分法求跨中挠度 y_C。

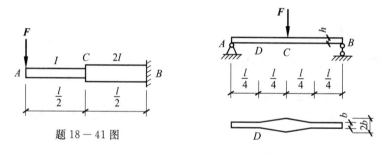

题 18－41 图

题 18－42 图

18－43　试用积分法求如图示外伸梁 y_B 及 y_D 的值。已知梁由 18 号工字钢制成，$E = 210$ GPa。

18－44　利用积分法求图示简支梁在三角形荷载作用下的最大挠度。

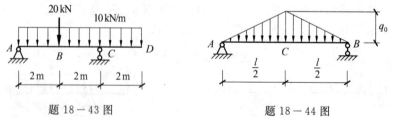

题 18－43 图　　　　　题 18－44 图

18－45　试用叠加法求图示梁的指定位移，$EI =$ 常数。

18－46　利用叠加法求图示结构 D 点的挠度 y_D。

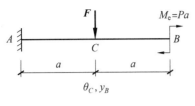
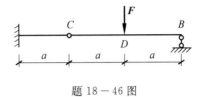

题 18-45 图

题 18-46 图

18-47　用叠加法求如图所示梁的 θ_C、y_C，EI 为常量。

18-48　图示结构中，在截面 A、D 处承受一对等值、反向的力 F，已知各段杆的 EI 均相等。试按叠加原理求 A、D 两截面间的相对位移。

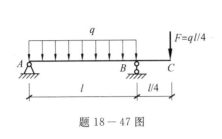
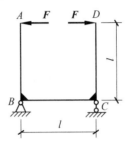

题 18-47 图

题 18-48 图

18-49　试按叠加原理求图示平面折杆自由端截面 C 的铅垂位移和水平位移。已知杆各段的横截面面积均为 A，弯曲刚度均为 EI。

18-50　试按叠加原理求图示梁中间铰 C 处的挠度 y_C，并描出梁挠曲线的大致形状。已知 EI 为常量。

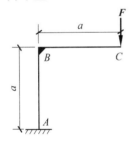
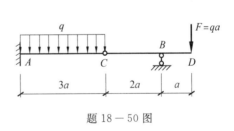

题 18-49 图

题 18-50 图

18-51　试按叠加原理求图示梁中间铰 C 处的挠度 y_C，并描出梁挠曲线的大致形状。已知 EI 为常量。

18-52　利用对称性求图示梁 A 截面的转角 φ_A。

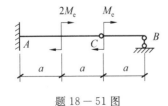
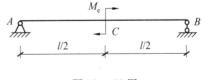

题 18-51 图

题 18-52 图

18-53　简支梁承受间断性分布荷载，如图所示。试确定其中点挠度。

18-54　试用叠加法求图示梁中截面 A 的挠度和截面 B 的转角。图中 q、l、EI 等为已知。

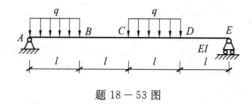

题 18—53 图

18—55 如图所示木梁的右端由钢拉杆支承。已知梁的横截面为边长等于 0.20 m 的正方形，$q = 40$ kN/m，$E_1 = 10$ GPa；钢拉杆的横截面面积 $A_2 = 250$ mm^2，$E_2 = 210$ GPa。试求拉杆的伸长 ΔL 及梁中点沿铅垂方向的位移 Δ。

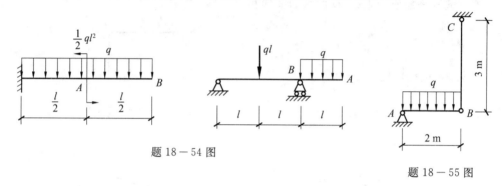

题 18—54 图　　　　　　　　　　　题 18—55 图

习题参考答案

一、是非题

18—1 √　18—2 ×　18—3 ×　18—4 ×　18—5 ×　18—6 √
18—7 √　18—8 √　18—9 √　18—10 √

二、选择题

18—11 D　18—12 B　18—13 D　18—14 C　18—15 A
18—16 B　18—17 D　18—18 C　18—19 A　18—20 A
18—21 D

三、填空题

18—22　$x = 0$ 时，$y_1 = 0$；$x = l$ 时，$y_1 = y_2 = 0$；$x = l$ 时，$\theta_1 = \theta_2 = 0$

18—23　$x = 0$ 时，$y_1 = 0$；$x = 0$ 时，$\theta_1 = 0$；$x = l$ 时，$y_1 = y_2$；$x = l + a$ 时，$y_2 = 0$

18—24　支座情况，变形连续条件

18—25　坐标系，不改变

18—26　5/6

18—27　增大梁的抗弯刚度 EI，减小跨长，改变结构

18—28　减少挠度

18—29　增加截面的惯性矩，减小跨度

18—30　4，8，$x = 0$ 时 $y_1 = 0$；$x = l$ 时 $y_1 = y_2$，$\theta_1 = \theta_2$；$x = 2l$ 时 $y_2 = y_3$，$\theta_2 = \theta_3$；$x = 3l$ 时

$y_3=y_4, \theta_3=\theta_4; x=4l$ 时 $y_4=0$

18-31　2,4, $x=0$ 时 $y_1=0, \theta_1=0; x=2l$ 时 $y_1=0, y_2=0$

18-32　挠度,转角

18-33　$y_C = \dfrac{5ql^4}{768EI}$

四、计算分析题

18-34　(a) $y_B = \dfrac{ql^4}{8EI}, \theta_B = \dfrac{ql^3}{6EI}$；(b) $\theta_B = \dfrac{ql^3}{24EI}, y_B = \dfrac{ql^4}{30EI}$

18-35　$\theta_A = \dfrac{ql^3}{48EI}, \theta_B = 0, y_D = \dfrac{ql^4}{192EI}, y_C = \dfrac{ql^4}{128EI}$

18-36　$\theta_A = -\dfrac{5ql^3}{48EI}, \theta_B = -\dfrac{ql^3}{24EI}, y_A = \dfrac{ql^4}{24EI}, y_D = -\dfrac{ql^4}{384EI}$

18-37　$y_C = -\dfrac{3Fa^3}{8EI}$

18-38　$y_B = \dfrac{2Fl^3}{9EI}$

18-39　$\theta_A = -\dfrac{qa^3}{48EI}, y_C = \dfrac{13qa^4}{48EI}$

18-40　(a) $\theta_A = \dfrac{M_e l}{6EI}, \theta_B = -\dfrac{M_e l}{3EI}, y_C = \dfrac{M_e l^2}{16EI}$；(b) $y_C = \dfrac{qa^4}{8EI}, \theta_B = 0$

18-41　$y_A = \dfrac{3ql^3}{16EI}$

18-42　$y_C = \dfrac{11Fl^3}{64Ebh^3}$

18-43　$y_B = 11.5 \text{ mm}, y_D = -5.74 \text{ mm}$

18-44　$y_{\max} = \dfrac{q_0 l^4}{120EI}$

18-45　$\theta_C = \dfrac{3Fa^2}{2EI}, y_B = \dfrac{5Fa^3}{2EI}$

18-46　$y_D = \dfrac{Fa^3}{3EI}$

18-47　$\theta_C = -\dfrac{5ql^3}{384EI}, y_C = -\dfrac{3ql^4}{786EI}(\downarrow)$

18-48　$\Delta_{AD} = \dfrac{5Fl^3}{3EI}$

18-49　$\Delta_{Cy} = \dfrac{4Fa^3}{3EI} + \dfrac{Fa}{EA}, \Delta_{Cx} = \dfrac{Fa^3}{2EI}$

18-50　$y_C = \dfrac{45qa^3}{8EI}$

18-51　$y_C = \dfrac{M_e a^2}{3EI}$

18-52　$\varphi_A = \dfrac{M_e}{24EI}$

18—53　$y_C = -\dfrac{5ql^4}{3EI}(\downarrow)$

18—54　(a)$\theta_B = \dfrac{ql^3}{12EI}$(逆)，$y_A = \dfrac{7ql^4}{384EI}(\uparrow)$；(b)$\theta_B = -\dfrac{ql^3}{12EI}$(顺)，$y_A = -\dfrac{5ql^4}{24EI}(\downarrow)$

18—55　$\Delta L = 2.28$ mm，$\Delta = 7.39$ mm

第 *19* 章

能量法求静定结构位移

内容提要

一、应变能及其应用

所谓应变能就是指弹性体在外力作用下因发生弹性变形而储存在弹性体内的能量，也称为变形能。

(1) 拉压应变能

$$U = \frac{F\Delta L}{2} = \frac{F^2 l}{2EA}$$

单位体积的应变能（比能）为

$$u = \frac{\sigma^2}{2E} = \frac{\sigma\varepsilon}{2}$$

(2) 弯曲应变能

$$U = \int_v \frac{\sigma^2}{2E} dV = \int_l dx \int_A \frac{M^2(x) y^2}{2EI_z^2} dA = \int_l \frac{M^2(x)}{2EI_z^2} dx \int_A y^2 dA = \frac{1}{2} \int_l \frac{M^2(x) dx}{EI_z}$$

(3) 剪切应变能

$$U = \frac{1}{2} F_s \gamma h$$

单位体积的应变能

$$u = \frac{\frac{1}{2} F_s \gamma h}{Ah} = \frac{1}{2} \tau\gamma = \frac{\tau^2}{2G}$$

二、弹性体的虚功原理

在外力作用下的弹性体若处于平衡状态，则外力在任何可能发生的虚位移上所做的总功等于该外力所引起的内力在相应虚功位移中虚变形上所做总功。

$$W_{外} = W_{变}$$

虚功原理有两种用法：

1. 虚设位移状态

可求实际力状态的未知力。这时在给定的力状态与虚设的位移状态之间应用虚功原理,这种形式的应用即为虚位移原理。

2.虚设力状态

可求实际位移状态的位移。这时在给定的位移状态与虚设的力状态之间应用虚功原理,这种形式的应用即为虚力原理。

三、结构位移计算的一般公式

结构位移计算的一般公式

$$\Delta_{KP} = -\sum \overline{F}_R c + \sum \int_l \frac{\overline{M} M_P}{EI_z} dx + \sum \int_l k \frac{\overline{F}_S F_{SP}}{GA} dx + \sum \int_l \frac{\overline{F}_N F_{NP}}{EA} dx$$

第一项是由支座移动引起的位移;第二项是由弯曲引起的位移,对于梁和刚架经常仅用此项结果计算位移;第三项是由剪切引起的位移,一般只有在构件的高跨比较大时才考虑这项影响,通常不计这一因素;第四项是由轴向变形所引起的位移,桁架位移计算仅用此项,组合结构中既要考虑这项又要考虑第一项;拱结构在考虑第一项的同时有时要计算第三项。位移符号第二个下标 P 表示荷载(或外力)引起。

当不发生支座移动时公式成为

$$\Delta_{KP} = \sum \int_l \frac{\overline{M} M_P}{EI_z} dx + \sum \int_l k \frac{\overline{F}_S F_{SP}}{GA} dx + \sum \int_l \frac{\overline{F}_N F_{NP}}{EA} dx$$

对于梁和刚架

$$\Delta_{KP} = \sum \int_l \frac{\overline{M} M_P}{EI_z} dx$$

对于桁架

$$\Delta_{KP} = \sum \int_l \frac{\overline{F}_N F_{NP}}{EA} dx = \sum \frac{\overline{F}_N F_{NP}}{EA} l$$

四、图乘法求梁与刚架的位移

$$\Delta_{KP} = \sum \frac{A_\omega y_C}{EI_z}$$

图乘法并不是两个弯矩图的面积相乘,而是荷载弯矩图的面积与其形心对应的单位弯矩图的纵坐标相乘然后除以弯曲刚度 EI_z,如果有多根杆件尚须求和。

应用图乘法时应注意下列各点:

(1) 杆轴为直线;

(2) EI 为常量;

(3) M_P 与 $\overline{M}$ 两个弯矩图中,至少有一个是直线图形;

(4) 竖标 y_C 只能取自直线图;

(5) A_ω 与 y_C 若在杆件的同侧则乘积取正号,异侧取负号。

五、非荷载因素引起的位移

(1) 支座移动引起的位移

$$\Delta_{Kc} = -\sum \overline{F}_R c$$

(2) 温度变化引起的位移

$$\Delta_{Kt} = \sum \alpha t A_{\omega \bar{F}_N} + \sum \frac{\alpha \Delta t}{h} A_{\omega \bar{M}}$$

六、线弹性结构的互等定理

(1) 功的互等定理

功的互等定理广泛地说是同一结构的两种不同状态之间具有如下关系,即第一状态的所有外力在第二状态相应位移上所做的总虚功等于第二状态的所有外力在第一状态相应位移上所做的总虚功。

$$F_1 \Delta_{12} = F_2 \Delta_{21}$$

功的互等定理对静定与超静定结构均适合。

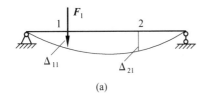 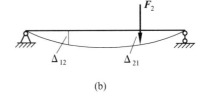

图 19.1

(2) 位移互等定理

当功的互等定理式中的 F_1 与 F_2 均取为单位力,则有

$$\delta_{12} = \delta_{21}$$

式中,δ 表示单位力引起的位移,它表明,2 方向的作用单位力在 1 方向产生的位移应等于 1 方向作用单位力在 2 方向产生的位移。

(3) 反力互等定理

图 19.2 中超静定结构 1 支座发生单位支座移动时,2 支座产生的反力 r_{21} 等于该结构 2 支座发生单位支座移动时 1 支座产生的支座反力 r_{12},即

$$r_{12} = r_{21}$$

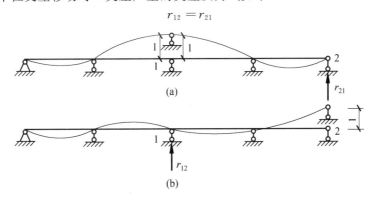

图 19.2

(4) 反力与位移互等定理

图 19.3(a) 中结构上 2 点作用单位力 F_K,在 1 支座产生反力 r_{12}。顺 r_{12} 方向将支座 1 移动单位距离,如图 19.3(b) 所示,则 2 点将产生位移 δ_{21},反力位移互等即有 $r_{12} = -\delta_{21}$ 成立。

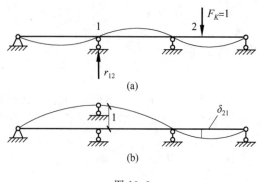

图 19.3

习 题

一、是非题

19－1 （　　）结构位移计算的一般公式也是单位荷载法的计算公式。

19－2 （　　）静定结构中由于支座移动和温度影响产生位移时不产生内力。

19－3 （　　）虚功中的力状态和位移状态是彼此独立无关的,这两个状态中的任一个都可看作是虚设的。

19－4 （　　）应用虚力原理求体系的位移时,虚设力状态可在需求位移处添加相应的非单位力,亦可求得该位移。

19－5 （　　）用图乘法可求得各种结构在荷载作用下的位移。

19－6 （　　）在荷载作用下,刚架和梁的位移主要由于各杆的弯曲变形引起。

19－7 （　　）变形体虚功原理仅适用于弹性问题,不适用于非弹性问题。

19－8 （　　）若刚架中各杆均无内力,则整个刚架不存在位移。

19－9 （　　）弹性体系虚功的特点是:(1) 在做功过程中,力的数值保持不变;(2) 做功的力与相应的位移无因果关系,位移由其他力系或其他因素所产生。

19－10 （　　）图示梁的跨中挠度为零。

19－11 （　　）图示 M_P、$\overline{M}_K$ 图,用图乘法求位移的结果为:$(A\omega_1 y_1 + A\omega_2 y_2)/(EI)$。

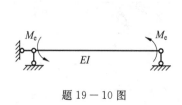

题 19－10 图

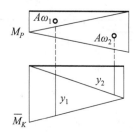

题 19－11 图

19－12 （　　）用图乘法求位移时,杆轴必须为直线。

19－13 （　　）在非荷载因素(支座移动、温度变化、材料收缩等)作用下,静定结构不产生内力,但会有位移且位移只与杆件相对刚度有关。

19-14 （　）虚位移原理等价于变形协调条件,可用于求体系的位移。

19-15 （　）功的互等、位移互等、反力互等和位移反力互等的四个定理仅适用于线性变形体系。

二、选择题

19-16 图示结构,求 A、B 两点相对线位移时,虚力状态应在两点分别施加的单位力为_____。
A. 竖向反向力　　　B. 水平反向力　　　C. 连线方向反向力　　　D. 反向力偶

19-17 四个互等定理适用于_____。
A. 刚体　　　B. 变形体　　　C. 线性弹性体系　　　D. 非线性体系

19-18 图示结构 A 截面转角（设顺时针为正）为_____。
A. $2Fa^2/(EI)$　　　B. $-Fa^2/(EI)$　　　C. $5Fa^2/(4EI)$　　　D. $-5Fa^2/(4EI)$

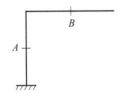
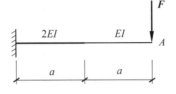

题 19-16 图　　　题 19-18 图

19-19 图示结构（$EA=$ 常数）,C 点的竖向位移（向下为正）为_____。
A. $1.914Fa^2/(EA)$
B. $1.914Fa/(EA)$
C. $-1.914Fa^2/(EA)$
D. $-1.914Fa/(EA)$

19-20 变形体虚位移原理的虚功方程中包含了力系与位移（及变形）两套物理量,其中_____。
A. 力系必须是虚拟的,位移是实际的
B. 位移必须是虚拟的,力系是实际的
C. 力系与位移都必须是虚拟的
D. 力系与位移两者都是实际的

19-21 图示梁上,先加 F_1,A、B 两点挠度分别为 Δ_1、Δ_2,再加 F_2,挠度分别增加 Δ_1' 和 Δ_2',则 F_1 做的总功为_____。
A. $F_1\Delta_1/2$　　　B. $F_1(\Delta_1+\Delta_1')/2$　　　C. $(\Delta_1+\Delta_1')/2$　　　D. $F_1\Delta_1/2+F_1\Delta_1'$

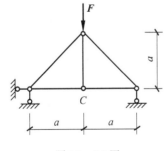
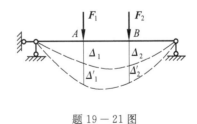

题 19-19 图　　　题 19-21 图

19-22 用图乘法求位移的必要条件之一是_____。
A. 单位荷载下的弯矩图为一直线
B. 结构可分为等截面直杆段
C. 所有杆件 EI 为常数且相同
D. 结构必须是静定的

19—23 图示刚架支座 A 下移量为 a,转角为 φ,则 B 端竖向位移大小_____。
A. 与 h、l、E、I 均有关
B. 与 h、l 有关,与 E、I 无关
C. 与 l 有关,与 h、E、I 无关
D. 与 E、I 有关,与 h、l 无关

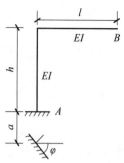

题 19—23 图

19—24 图(a)、(b)两种状态中,梁的转角 φ 与竖向位移 δ 间的关系为_____。
A. $\delta = \varphi$
B. δ 与 φ 关系不定,取决于梁的刚度大小
C. $\delta > \varphi$
D. $\delta < \varphi$

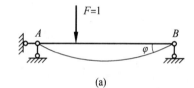 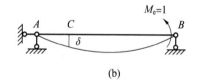

(a)   (b)

题 19—24 图

19—25 如图所示各种结构中,欲求 A 点竖向位移,能用图乘法的为_____。

 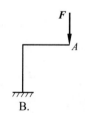 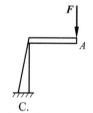 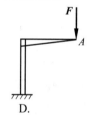

A.   B.   C.   D.

题 19—25 图

19—26 欲直接计算图示桁架杆 BC 的转角,则虚设力系应为_____。

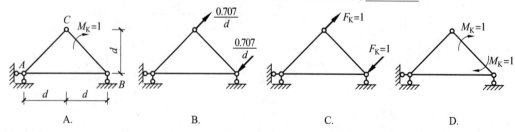

A.   B.   C.   D.

题 19—26 图

19—27 刚体系与变形体系虚位移原理的虚功方程两者的区别在于_____。
A. 前者用于求位移,后者用于求未知力

B. 前者用于求未知力,后者用于求位移
C. 前者的外力总虚功等于零,后者的外力总虚功等于其总虚应变能
D. 前者的外力总虚功不等于零,后者的外力总虚功等于其总虚应变能

19－28　导出单位荷载法的原理是_____。
　　A. 虚位移原理　　B. 虚力原理　　C. 叠加原理　　D. 静力平衡条件

19－29　求图示梁铰 C 左侧截面的转角时,其虚拟状态应取_____。

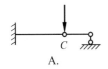 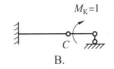 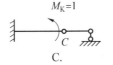 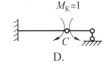

题 19－29 图

19－30　静定结构的位移与 EA、EI 的关系是_____。
　　A. 无关　　B. 相对值有关　　C. 绝对值有关　　D. 与 E 无关,与 A、I 有关

19－31　静定结构温度改变时_____。
　　A. 无变形,无位移,无内力　　　　B. 有变形,有内力,有位移
　　C. 有变形,有位移,无内力　　　　D. 无变形,有位移,无内力

19－32　图示结构的(a)、(b) 两个状态,位移互等 $\delta_{12}=\delta_{21}$,δ_{12} 和 δ_{21} 的量纲为_____。
　　A. 长度　　B. 无量纲　　C. 长度/力　　D. 力/长度

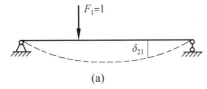 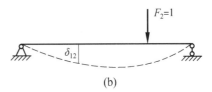

题 19－32 图

19－33　图示结构的(a)、(b) 两个状态中的反力互等定理 $r_{12}=r_{21}$,r_{12} 和 r_{21} 的量纲为_____。
　　A. 力×长度　　B. 无量纲　　C. 力　　D. 长度

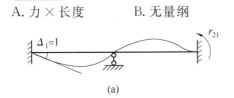 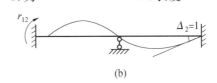

题 19－33 图

19－34　图示结构的(a)、(b) 两个状态中的反力互等定理 $r_{12}=r_{21}$,r_{12} 和 r_{21} 的量纲为_____。
　　A. 力　　B. 无量纲　　C. 力/长度　　D. 长度/力

19－35　组合结构位移计算时_____。
　　A. 仅考虑弯矩作用　　　　　　　B. 仅考虑轴力作用
　　C. 考虑弯矩和剪力作用　　　　　D. 考虑弯矩和轴力作用

19－36　图示结构 AB,杆件 A 截面的转角为_____。
　　A. $\dfrac{qa^3}{2EI}$(逆时针)　　B. $\dfrac{2qa^3}{EI}$(顺时针)　　C. $\dfrac{4qa^3}{EI}$(顺时针)　　D. $\dfrac{1.5qa^3}{EI}$(逆时针)

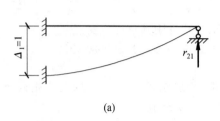

题 19－34 图

19－37 等截面刚架,矩形截面高 $h=l/10$,材料的线膨胀系数为 α,在图示温度变化下,C 点的竖向位移 Δ_{Cy} 之值为_____。

A. $80.5l\alpha(\uparrow)$ B. $60l\alpha(\downarrow)$ C. $68l\alpha(\uparrow)$ D. $72l\alpha(\downarrow)$

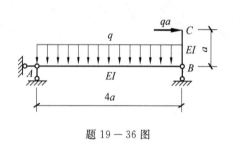

题 19－36 图

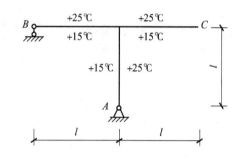

题 19－37 图

19－38 图示刚架,$EI=$ 常数,各杆长为 l,A 截面的转角为_____。

A. $ql^3/(24EI)$（逆时针） B. $ql^3/(24EI)$（顺时针）

C. $ql^3/(12EI)$（顺时针） D. $ql^3/(6EI)$（逆时针）

19－39 在图示结构中,A 点竖向位移 $\Delta_{Ay}=$ _____。

A. $\dfrac{31ql^4}{24EI}(\downarrow)$ B. $\dfrac{31ql^4}{24EI}(\uparrow)$ C. $\dfrac{33ql^4}{24EI}(\downarrow)$ D. $\dfrac{33ql^4}{24EI}(\uparrow)$

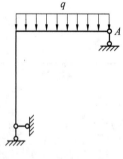

题 19－38 图

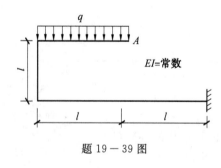

题 19－39 图

19－40 如图所示结构中,B 点的竖向位移为_____。

A. $\dfrac{8ql^4}{24EI}(\downarrow)$ B. $\dfrac{9ql^4}{24EI}(\downarrow)$ C. $\dfrac{11ql^4}{24EI}(\downarrow)$ D. $\dfrac{13ql^4}{24EI}(\downarrow)$

19－41 在图示结构（$EA=$ 常数）中,C 点的竖向位移（向下为正）为_____。

A. $\dfrac{3Fa}{8EA}$ B. $\dfrac{Fa^2}{8EA}$ C. $\dfrac{3Fa}{4EA}$ D. $\dfrac{3Fa^2}{4EA}$

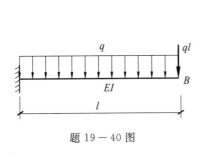
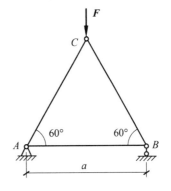

题 19—40 图

题 19—41 图

19—42　如图所示结构中(EI =常数),D 点水平位移(向右为正)为 _____。
　　A. $-qa^4/(3EI)$　　　B. $-qa^4/(6EI)$　　　C. $qa^4/(6EI)$　　　D. $qa^4/(3EI)$

19—43　如图所示结构中,B 支座发生支座移动,D 点水平位移(向右为正)为 _____。
　　A. $-\dfrac{c_1+c_2}{2}$　　　B. $-\dfrac{c_1-c_2}{2}$　　　C. $\dfrac{c_1-c_2}{2}$　　　D. $\dfrac{c_1+c_2}{2}$

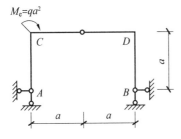
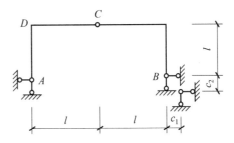

题 19—42 图　　　　题 19—43 图

19—44　如图所示的刚架,$F=ql$,各杆 EI 相同,C 点竖向位移(向下为正)等于 _____。
　　A. $\dfrac{5ql^4}{384EI}$　　　B. $\dfrac{ql^2}{48EI}$　　　C. $\dfrac{ql^4}{48EI}$　　　D. $\dfrac{ql^3}{3EI}$

19—45　如图所示组合结构,梁式杆件 EI =常数,桁架杆件 EA =常数,C 点竖向位移为 _____。
　　A. 向上　　　　　B. 向下　　　　　C. 为零　　　　　D. 需计算确定

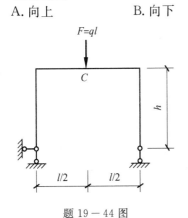
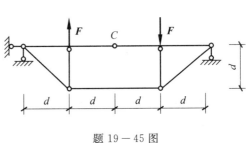

题 19—44 图　　　　题 19—45 图

19—46 如图所示,等截面梁的 $l/3$ 跨度处挠度为_____。

A. $\dfrac{5ql^4}{384EI}$ B. $\dfrac{5ql^4}{192EI}$ C. $\dfrac{5ql^4}{768EI}$ D. $\dfrac{11ql^4}{972EI}$

19—47 图示三铰刚架,其右支座发生了位移,位移的水平分量为 Δ_1,竖向分量为 Δ_2,则右半部的转角为_____。

A. $\dfrac{\Delta_1}{2h}+\dfrac{\Delta_2}{L}$ B. $-\dfrac{\Delta_1}{2h}+\dfrac{\Delta_2}{L}$ C. $\dfrac{\Delta_1}{h}-\dfrac{\Delta_2}{L}$ D. $\dfrac{\Delta_1}{h}+\dfrac{\Delta_2}{L}$

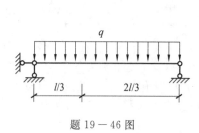

题 19—46 图

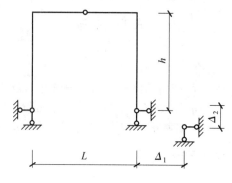

题 19—47 图

19—48 图示桁架中,各杆的 EA 值相同,结点 C 的竖向位移为_____。

A. $\dfrac{5.12Fd}{EA}(\downarrow)$ B. $\dfrac{2Fd}{EA}(2+\sqrt{2})(\downarrow)$

C. $\dfrac{3\sqrt{2}Fd}{EA}(\downarrow)$ D. $\dfrac{2\sqrt{2}Fd}{EA}(\downarrow)$

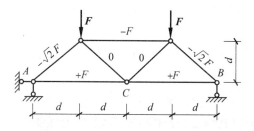

题 19—48 图

19—49 如图所示,结构外侧温度未变,里侧升高了 10 ℃。已知:矩形截面的高度为 h,膨胀系数为 α,则 C 的水平向位移为_____。

A. $5\alpha l\left(1+\dfrac{l}{h}\right)(\rightarrow)$ B. $10\alpha l\left(1+\dfrac{l}{h}\right)(\rightarrow)$

C. $5\alpha l\left(1+\dfrac{l}{h}\right)(\leftarrow)$ D. $10\alpha l\left(1+\dfrac{l}{h}\right)(\leftarrow)$

19—50 如图所示结构,支座 A 发生了位移 $\theta_A=\alpha$,铰 C 左、右两侧的相对转角 θ 为_____。

A. $\alpha(\smile\smile)$ B. $2\alpha(\smile\smile)$ C. $2\alpha(\smile\smile)$ D. $\alpha(\smile\smile)$

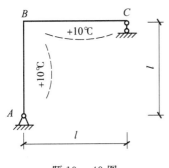
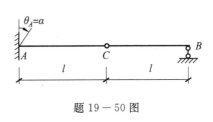

题 19-49 图

题 19-50 图

三、填空题

19-51　结构变形是指结构的_____发生改变,结构的位移是指结构某点_____发生改变,其位移又分为_____位移、_____位移。

19-52　如图所示的桁架,$EA=$常数,D、E两点的相对水平位移为_____。

19-53　图示桁架由于制造误差,AE长了1 mm,BE短了1 mm,点E的竖向位移为_____。

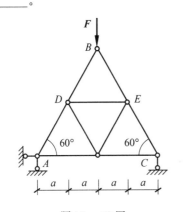
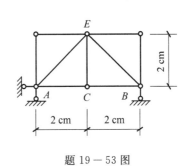

题 19-52 图

题 19-53 图

19-54　静定结构由于支座移动而产生的位移是_____位移。

19-55　图示结构C点的竖向位移Δ_{Cy}为_____。

19-56　位移计算时,虚拟单位广义力的原则是使外力功的值恰好等于_____值。

19-57　平面杆系结构位移计算的一般公式是_____。

19-58　平面杆系结构在温度变化作用下位移的计算公式是_____。

19-59　静定结构中的杆件在温度变化时只产生_____,不产生_____,在支座移动时只产生_____,不产生内力与_____。

19-60　计算刚架在荷载作用下的位移,一般只考虑_____变形的影响,当杆件较短粗时还应考虑_____变形的影响。

19-61　应用图乘法求杆件结构的位移时,图乘的杆段必须满足如下三个条件:(1)_____;(2)_____;(3)_____。

19-62　虚功原理应用条件是:力系满足_____条件;位移是_____的。

19-63　图乘公式$\dfrac{\sum\int \bar{M}M_P \mathrm{d}s}{EI}=\dfrac{\sum \pm A_\omega y_c}{EI}$中,当_____时取正号;当_____时取

负号。

19—64 虚位移原理是在给定力系与_____之间应用虚功方程；虚力原理是在_____与给定位移状态之间应用虚功方程。

19—65 图示为任一弹性结构承受外力 F_1 和 F_2 的两种状态，当 F_1 和 F_2 不相等时，则 Δ_{12} _____ Δ_{21}。

19—66 图示组合结构，当 h 与 l 同时增大 k 倍时，则点 C 挠度增加_____倍。

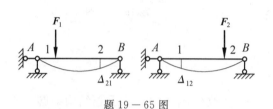

题 19—65 图

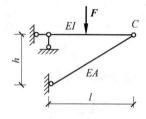

题 19—66 图

19—67 虚力原理中，_____是实际的，_____是虚设的，列出虚功方程后可求_____。

四、计算分析题

19—68 下列各图乘是否正确？如不正确应如何改正？

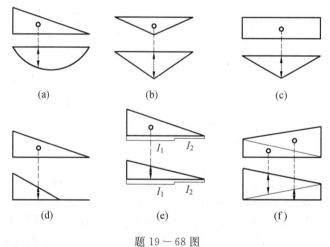

题 19—68 图

19—69 求图示梁 D 端的竖向位移 Δ_{Dy}。EI = 常数，$a = 2$ m。

19—70 求图示结构 E 点的竖向位移。EI = 常数。

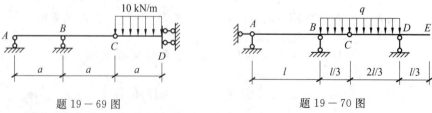

题 19—69 图　　　　　题 19—70 图

19—71 求图示刚架中 D 点的竖向位移。EI = 常数。

19—72 求图示刚架结点 C 的转角 θ_C。EI = 常数。

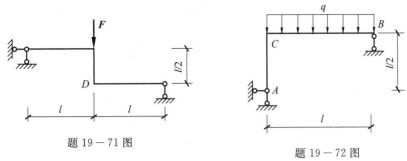

题 19－71 图

题 19－72 图

19－73 求图示刚架横梁中 D 点的竖向位移 Δ_{Dy}。$EI=$ 常数。

19－74 利用应变能法计算图示结构 A 点的竖向位移 Δ_{Ay}。

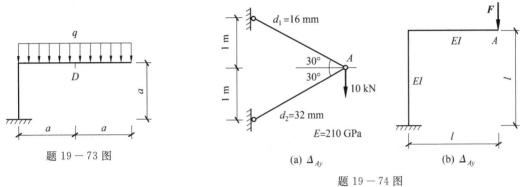

题 19－73 图

(a) Δ_{Ay}

(b) Δ_{Ay}

题 19－74 图

19－75 求图示刚架 B 点的水平位移。$EI=$ 常数。

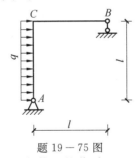

题 19－75 图

19－76 用图乘法计算图示结构指定截面的位移。

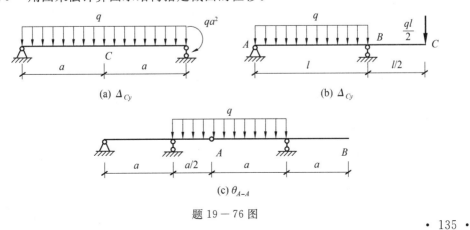

(a) Δ_{Cy} (b) Δ_{Cy}

(c) θ_{A-A}

题 19－76 图

19-77 用图乘法计算图示结构指定截面的位移。

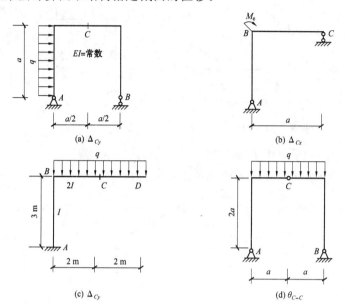

题 19-77 图

19-78 图示结构支座 A 和 B 发生位移,试求由此而产生的 C 左右截面相对转角及 C 点竖向位移。

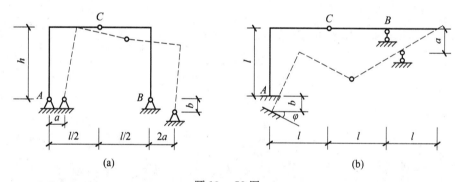

题 19-78 图

19-79 图示刚架各杆截面为矩形,截面高度为 h,已知材料的线膨胀系数为 α,试计算 D 点的竖向位移。

19-80 试求如图所示伸臂梁 A 端的角位移 φ_A 及 C 端的竖向位移 Δ_{Cy}。$EI = 5 \times 10^7 \, \text{N} \cdot \text{m}^2$。

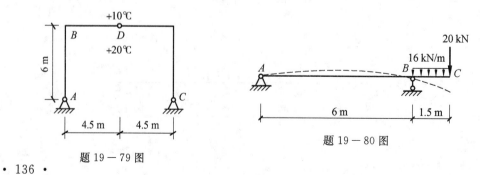

题 19-79 图

题 19-80 图

19-81 试求图示结构 B 点的水平位移。

19-82 试求图示结构 A 点的竖向位移 Δ_{Ay}。已知 $E=210\text{ GPa}, A=12\times10^{-4}\text{ m}^2, I=36\times10^{-6}\text{ m}^4$。

19-83 在图示桁架中,杆件 CD 由于制造误差,比原设计长度短 1 cm。试求因此所引起结点 G 的竖向位移 Δ_{Gy}。

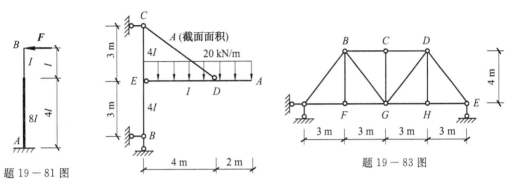

题 19-81 图   题 19-82 图   题 19-83 图

19-84 图示三铰刚架若内部温度升高 30℃,试求 C 点的竖向位移 Δ_{Cy}。各杆截面均为矩形,且高度 h 相同。线膨胀系数为 α。

19-85 试求图示刚架 C、D 两点的距离改变 Δ_{CD}。$EI=$常数。

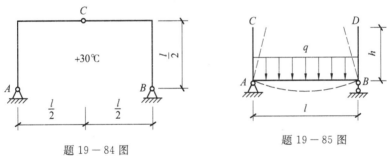

题 19-84 图   题 19-85 图

19-86 求图示刚架 A 点的竖向位移 Δ_{Ay}。$EI=$常数。

19-87 求图示外伸梁 C 点的竖向位移 Δ_{Cy},梁的 $EI=$常数。

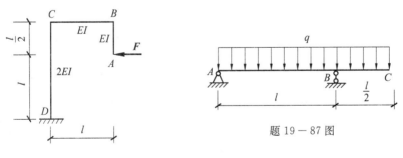

题 19-86 图   题 19-87 图

19-88 试求图示组合结构 D 点的竖向位移 Δ_{Dy}。

19-89 如图所示圆弧形曲梁,$EI=$常数。试求 B 点的水平位移。

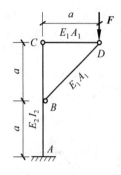

题 19-88 图

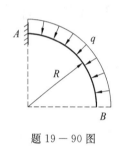

题 19-89 图

19-90 求图示结构 B 点水平位移 Δ_{Bx}。

19-91 图示桁架各杆截面均为 $A=2\times10^{-3}$ m^2,$E=210$ GPa,$F=40$ kN,$d=2$ m。试求:(1)C 点的竖向位移 Δ_{Cy};(2)角 ADC 的改变量。

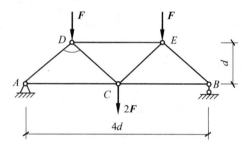

题 19-90 图

题 19-91 图

19-92 计算图示结构的最大挠度 Δ_{ymax}。

19-93 试求图示结构 C 点竖向线位移 Δ_{Cy},$EI=$ 常数。

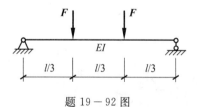

题 19-92 图

题 19-93 图

19-94 计算图示结构 B 点转角 φ_B。

19-95 试计算图示结构 C、D 两点距离改变。

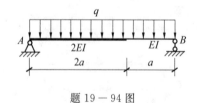

题 19-94 图

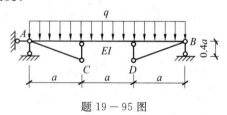

题 19-95 图

19-96 求图示结构 Δ_{Cx}、Δ_{Cy}、φ_D。

19-97 求图示刚架 C 左右截面相对转角 φ_C、CD 两点距离改变 Δ_{CD}。

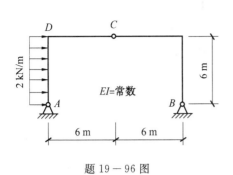
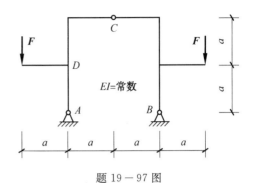

题 19－96 图

题 19－97 图

19－98　求图示刚架 AB 两点的相对位移 Δ_{AB}。

19－99　求图示刚架中铰 C 两侧截面的相对转角。

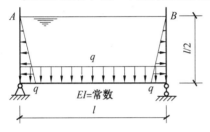
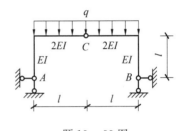

题 19－98 图

题 19－99 图

19－100　求图示结构 C 截面转角。已知：$q=10$ kN/m，$F=10$ kN，$EI=$ 常数。

19－101　求图示刚架 C 点的水平位移 Δ_{Cx}，各杆 $EI=$ 常数。

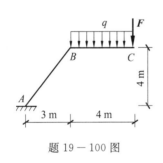
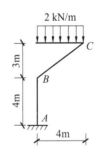

题 19－100 图

题 19－101 图

19－102　求图示刚架 B 的水平位移 Δ_{Bx}，各杆 $EI=$ 常数。

19－103　图示刚架施工时温度为 20℃，试求冬季当外侧温度为 －10℃，内侧温度为 0℃ 时 A 点的竖向位移 Δ_{Ay}。已知 $l=4$ m，线膨胀系数 $\alpha=1/10^5$，各杆均为矩形截面，高度 $h=0.4$ m。

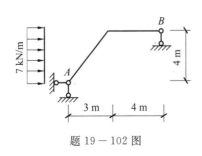
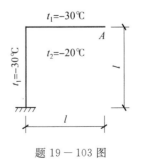

题 19－102 图

题 19－103 图

19-104 图示三铰刚架右边支座的竖向位移 $\Delta_{By}=0.06$ m,水平位移为 $\Delta_{Bx}=0.06$ m,已知 $l=12$ m,$h=8$ m。试求由此引起的 A 端转角 φ_A。

19-105 如图所示,求出结点 B 的竖向位移,其中杆 DE 两端铰结,其截面积为 $A=\dfrac{I}{a^2}$。

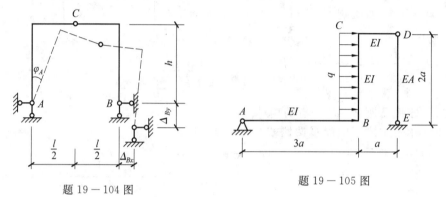

题 19-104 图　　　　题 19-105 图

19-106 如图所示,求图示结构结点 B 的水平位移 Δ_{Bx}。

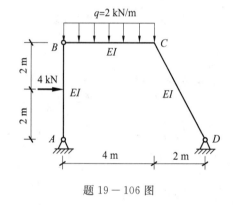

题 19-106 图

习题参考答案

一、是非题

19-1 √	19-2 √	19-3 √	19-4 √	19-5 ×
19-6 √	19-7 √	19-8 ×	19-9 √	19-10 √
19-11 ×	19-12 √	19-13 ×	19-14 ×	19-15 √

二、选择题

19-16 C	19-17 C	19-18 C	19-19 B	19-20 A
19-21 D	19-22 B	19-23 B	19-24 A	19-25 B
19-26 B	19-27 A	19-28 B	19-29 C	19-30 A
19-31 C	19-32 A	19-33 A	19-34 A	19-35 D
19-36 B	19-37 B	19-38 A	19-39 A	19-40 C
19-41 C	19-42 C	19-43 D	19-44 C	19-45 C

19-46　D　19-47　B　19-48　B　19-49　B　19-50　C

三、填空题

19-51　形状,位置,线,角

19-52　0

19-53　0

19-54　刚体

19-55　$\Delta_{Cy} = \dfrac{ql^3}{2EI}\left(\dfrac{l}{4} + \dfrac{a}{3}\right)$

19-56　位移

19-57　$\Delta_{Ki} = -\sum \bar{F}_R c + \sum \int \bar{F}_N du + \sum \int \bar{M} d\varphi + \sum \int \bar{F}_S \gamma ds$

19-58　$\Delta_{Kt} = \sum \alpha t A_{\omega \bar{F}_N} + \sum \dfrac{\alpha \Delta t}{h} A_{\omega \bar{M}}$

19-59　位移和变形,内力,位移,变形

19-60　弯曲,剪切

19-61　杆轴为直线;EI 为常量;M_P 与 $\bar{M}$ 两个弯矩图中,至少有一个是直线图形

19-62　平衡,弹性

19-63　A_ω 与 y_C 若在杆件的同侧,异侧

19-64　虚设位移状态,虚设力系

19-65　$\neq$

19-66　k

19-67　位移,力,位移

四、计算分析题

19-68　都不正确,改正略。

19-69　$\Delta_{Dy} = \dfrac{140}{EI}(\downarrow)$

19-70　$\Delta_{Ey} = \dfrac{-7ql^4}{432EI}(\uparrow)$

19-71　$\Delta_{Dy} = \dfrac{7Fl^3}{24EI}(\downarrow)$

19-72　$\theta_C = \dfrac{ql^3}{24EI}(\curvearrowright)$

19-73　$\Delta_{Dy} = \dfrac{65qa^4}{24EI}(\downarrow)$

19-74　(a) $\Delta_{Ay} = 0.59 \text{ mm}(\downarrow)$；(b) $\Delta_{Ay} = \dfrac{4Fl^3}{3EI}(\downarrow)$

19-75　$\Delta_{Bx} = \dfrac{3ql^4}{8EI}(\rightarrow)$

19-76　(a) $\Delta_{Cy} = \dfrac{qa^4}{24EI}(\uparrow)$；(b) $\Delta_{Cy} = \dfrac{ql^4}{24EI}(\downarrow)$；(c) $\theta_{A-A} = \dfrac{33qa^3}{128EI}$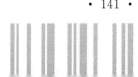

19—77　(a) $\Delta_{Cy} = \dfrac{qa^4}{32EI}(\downarrow)$; (b) $\Delta_{Cx} = \dfrac{M_e a^2}{3EI}(\rightarrow)$; (c) $\Delta_{Cy} = \dfrac{161q}{3EI}(\downarrow)$; (d) $\theta_{C-C} = \dfrac{qa^3}{EI}(\,)(\,)$

19—78　(a) $\Delta_{Cy} = \dfrac{b}{2} + \dfrac{la}{4h}(\downarrow)$, $\theta_{C-C} = -\dfrac{a}{h}(\,)(\,)$; (b) $\theta_{C-C} = 2\varphi + \dfrac{b-a}{l}(\,)(\,)$, $\Delta_{Cy} = b + \varphi l(\downarrow)$

19—79　$\Delta_{Dy} = 236.25\dfrac{\alpha}{h} + 140.625\alpha(\uparrow)$

19—80　$\varphi_A = -9.6\times^{-4}$ rad; $\Delta_{Cy} = 3.5$ mm$(\downarrow)$

19—81　$\Delta_{Bx} = \dfrac{11Fl^3}{2EI}(\leftarrow)$

19—82　$\Delta_{Ay} = 4.84$ cm$(\downarrow)$

19—83　$\Delta_{Gy} = 0.625$ cm$(\uparrow)$

19—84　$\Delta_{Cy} = 15\alpha l + 7.5\dfrac{\alpha l^2}{h}(\uparrow)$

19—85　$\Delta_{CD} = \dfrac{qhl^3}{12EI}(\rightarrow\leftarrow)$

19—86　$\Delta_{Ay} = \dfrac{Fl^3}{16EI}(\downarrow)$

19—87　$\Delta_{Cy} = \dfrac{ql^4}{128EI}(\downarrow)$

19—88　$\Delta_{Dy} = \dfrac{(1+2\sqrt{2})Fa}{E_1 A_1} + \dfrac{4Fa^3}{3E_2 I_2}(\downarrow)$

19—89　$\Delta_{Bx} = \dfrac{FR^3}{2EI}(\rightarrow)$

19—90　$\Delta_{Bx} = -\dfrac{qR^4}{2EI}(\leftarrow)$

19—91　(1) $\Delta_{Cy} = 3.521$ mm$(\downarrow)$; (2) $\varphi_{ADC} = 5.1564\times 10^{-4}$ rad(增大)

19—92　$\Delta_{ymax} = \dfrac{23Fl^3}{648EI}(\downarrow)$

19—93　$\Delta_{Cy} = \dfrac{680}{3EI}(\downarrow)$

19—94　$\varphi_B = -\dfrac{19qa^3}{24EI}$(逆时针)

19—95　$\Delta_{CD} = -\dfrac{11qa^4}{15EI}(\leftarrow\quad\rightarrow)$

19—96　$\Delta_{Cx} = \dfrac{486}{EI}(\rightarrow)$, $\Delta_{Cy} = -\dfrac{54}{EI}(\uparrow)$, $\varphi_D = \dfrac{27}{EI}$(顺时针)

19—97　$\Delta\varphi_C = -\dfrac{Fa^2}{6EI}(\,)$, $\Delta_{CD} = \dfrac{\sqrt{2}Fa^3}{24EI}(\,)$ 相互靠近

19—98　$\Delta_{AB} = -\dfrac{ql^4}{60EI}(\rightarrow\leftarrow)$ 靠拢

19—99　$\theta_{C-C} = \dfrac{ql^3}{2EI}(\,)(\,)$

19—100　$\varphi_C = \dfrac{1\,162}{EI}$(顺时针)

19—101　$\Delta_{Cx} = \dfrac{380}{EI}(\rightarrow)$

19—102　$\Delta_{Bx} = \dfrac{272.76}{EI}(\rightarrow)$

19—103　$\Delta_{Ay} = -5 \text{ mm}(\uparrow)$

19—104　$\varphi_A = 0.00875 \text{ rad}(顺时针)$

19—105　$\Delta_{By} = -\dfrac{qa^4}{2EI}(\uparrow)$

19—106　$\Delta_{Bx} = \dfrac{128}{9EI}(\leftarrow)$

第20章

压杆稳定

内容提要

一、基本概念

1. 稳定平衡与不稳定平衡

对于弹性压杆,当轴向压力小于某一极限值 F_{cr},即使有微小的侧向干扰力作用,暂时发生微小变形,但当干扰力除去后,压杆将恢复到原有直线形状的平衡,压杆的这种保持原有直线形状的平衡简称为稳定平衡。当轴向压力达到或超过这一极限值时,在侧向干扰作用下压杆的直线形状的平衡突然转变为新的曲线形状的平衡,则原有直线形状的平衡是不稳定的,简称为不稳定平衡。所以,压杆的稳定平衡与不稳定平衡的条件,分别是:

当 $F < F_{cr}$ 时,压杆直线形状的平衡是稳定平衡;

当 $F > F_{cr}$ 时,压杆直线形状的平衡是不稳定平衡;

当 $F = F_{cr}$ 时,压杆直线形状平衡处在稳定平衡与不稳定平衡的分界点。

2. 失稳

压杆丧失其直线形状的平衡,而过渡到曲线平衡的现象,称为丧失稳定或简称失稳。

3. 临界压力

使压杆不能再保持直线形状的平衡,开始由稳定平衡转变为不稳定平衡的轴向压力值。F_{cr} 称为临界压力(简称临界力)。

4. 柔度(长细比)

它是综合反映压杆约束条件(μ)、长度(l)、截面尺寸和形状(i)对临界应力 σ_{cr} 影响的一个参数,即柔度 $\lambda = \dfrac{\mu l}{i}$。

二、细长中心受压直杆临界力的欧拉公式

$$F_{cr} = \frac{\pi^2 EI}{(\mu l)^2}$$

表 20.1　压杆临界力及其计算公式

支承情况	两端铰支	一端固定另端自由	两端固定	一端固定另端铰支	两端固定但可沿横向相对移动
弹性曲线形状					
临界力 F_{cr}	$\dfrac{\pi^2 EI}{l^2}$	$\dfrac{\pi^2 EI}{(2l)^2}$	$\dfrac{\pi^2 EI}{(0.5l)^2}$	$\dfrac{\pi^2 EI}{(0.7l)^2}$	$\dfrac{\pi^2 EI}{l^2}$
计算长度 μl	l	$2l$	$0.5l$	$0.7l$	l
计算长度系数 μ	1	2	0.5	0.7	1

三、临界应力总图

将欧拉临界力 F_{cr} 除以压杆的横截面面积 A 可以得到临界应力 σ_{cr}，有

$$\sigma_{cr}=\frac{\pi^2 E}{\lambda^2}\quad(\sigma_{cr}\leqslant\sigma_P)$$

式中，$\lambda=\dfrac{\mu l}{i}$，为长细比或柔度；$i=\sqrt{\dfrac{I}{A}}$，为惯性半径或回转半径。

极限柔度　　　　　　$\lambda_P=\sqrt{\dfrac{\pi^2 E}{\sigma_P}}$

$\lambda\geqslant\lambda_P$ 时，用欧拉公式计算临界应力，$\lambda<\lambda_P$ 时用抛物线公式。

只有 $\lambda=0$ 的柱才有 $\sigma_{cr}=\sigma_s$ 即破坏属于强度问题，只要 $\lambda>0$，即使是短粗柱也都有 $\sigma_{cr}<\sigma_s$，因此都存在失稳问题。所以在结构课中一般研究柱受压构件时都要考虑稳定问题。

四、压杆稳定校核　φ 系数法

压杆的稳定条件：$\sigma=\dfrac{F_N}{A}\leqslant\varphi[\sigma]$ 或 $\dfrac{F_N}{A\varphi}\leqslant[\sigma]$

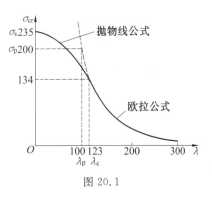

图 20.1

稳定性校核的步骤：

(1) 根据压杆的约束条件(支承情况)，确定长度系数 μ；

(2) 由式 $i=\sqrt{\dfrac{I}{A}}$ 和 $\lambda=\dfrac{\mu l}{i}$，计算压杆的柔度 λ；

(3) 计算临界力

首先计算材料的极限柔度 $\lambda_p = \pi\sqrt{\dfrac{E}{\sigma_P}}$,再根据柔度,选择合适的公式计算临界应力;

当 $\lambda \geqslant \lambda_p$ 时,用欧拉公式:

$$\sigma_{cr} = \dfrac{\pi^2 E}{\lambda^2}$$

当 $\lambda < \lambda_p$ 时,用经验公式:

$$\sigma_{cr} = a_1 - b_1 \lambda^2$$

(4) 计算临界压力

根据 $F_{cr} = \sigma_{cr} A$ 公式计算临界压力。

(5) 稳定性计算

$$\sigma = \dfrac{F_N}{A} \leqslant \varphi[\sigma]$$

式中,$[\sigma]$ 为材料的许用压应力;φ 为折减系数,它是柔度 λ 的函数,并与材料有关。已知 λ,直接查表得 φ,且 $\varphi \leqslant 1$。

五、提高压杆稳定性的措施

1. 选择合理的截面形状

从欧拉公式看出,截面的惯性矩 I 越大,临界压力 F_{cr} 越大。从经验公式又可看到,柔度 λ 越小,临界应力越高。由于 $\lambda = \dfrac{\mu l}{i}$,所以提高惯性半径 i 的数值就能减小 λ 的数值。可见,如不增加截面面积,尽可能地把材料放在离截面形心较远处,以取得较大的 I 和 i,就等于提高了临界压力。如压杆在各个纵向平面内的相当长度 μl 相同,应使截面对任一形心轴的 i 相等,或接近相等,这样,压杆在任一纵向平面内的柔度 λ 都相等或接近相等,于是在任一纵向平面内有相等或接近相等的稳定性。

2. 改变压杆的约束条件

改变压杆的支座条件直接影响临界力的大小。例如,长为 l、两端铰支的压杆,其 $\mu = 1$,$F_{cr} = \dfrac{\pi^2 EI}{l^2}$。若在这一压杆的中点增加一个中间支座,或者把两端改为固定端(见图 20.2),则相当长度变为 $\mu l = \dfrac{l}{2}$,临界压力变为

$$F_{cr} = \dfrac{\pi^2 EI}{\left(\dfrac{l}{2}\right)^2} = \dfrac{4\pi^2 EI}{l^2}$$

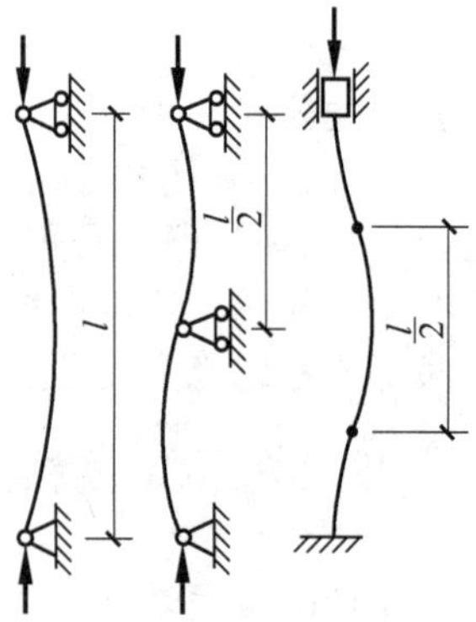

可见临界压力变为原来的 4 倍。增加压杆的约束,使其更不容易发生弯曲变形,都可以提高压杆的稳定性。

图 20.2

3. 合理选择材料

细长压杆($\lambda > \lambda_p$)的临界压力由欧拉公式计算,故临界压力的大小只与材料的弹性模量 E 有关。由于各种钢材的 E 大致相等,所以选用优质钢材或低碳钢并无很大差别。对中等柔度的压杆,无论是根据经验公式或理论分析,都说明临界应力与材料的强度有关。优质钢材在一定程度上可以提高临界应力的数值。至于柔度很小的短杆,本来就是强度问题,优质钢材的强度高,其优越性自然是明显的。

习 题

一、是非题

20—1（　）压杆的临界应力值与材料的弹性模量成正比。
20—2（　）欧拉公式适用于大柔度杆。
20—3（　）压杆的临界力与长度因数成反比。
20—4（　）稳定因数与柔度有关,柔度越大,稳定因数越小。
20—5（　）稳定因数是一个大于1的数。
20—6（　）两根材料、长度、截面面积和约束条件都相同的压杆,其临界压力也一定相同。
20—7（　）压杆的临界压力（或临界应力）与作用的荷载大小有关。
20—8（　）由于失稳或由于强度不足而使构件不能正常工作,两者之间的本质区别在于：前者构件的平衡是不稳定的,而后者构件的平衡是稳定的。
20—9（　）细长压杆的长度加倍,其他条件不变,则临界力变为原来的1/4；（　）长度减半,则临界力变为原来的4倍。

二、选择题

20—10　在稳定性计算中,若用欧拉公式算得一压杆的临界压力为 F_{cr},而实际上该压杆属于中柔度杆,则_____。
　A. 实际的临界压力 $= F_{cr}$
　B. 实际的临界压力 $> F_{cr}$,是偏于安全的
　C. 实际的临界压力 $> F_{cr}$,是偏于不安全的
　D. 实际的临界压力 $< F_{cr}$,是偏于不安全的

20—11　细长杆 AB 受轴向压力 F 作用如图,设杆的临界力为 F_{cr},则下列结论中_____是正确的。
　A. 若压杆 AB 的抗弯刚度 EI_{min} 的值增大,则临界力 F_{cr} 的值也随之增大,两者成正比关系
　B. 若压杆 AB 的长度 l 增大,则临界力 F_{cr} 的值减小,两者成反比
　C. 临界力 F_{cr} 的值与杆件横截面的形状尺寸有关,临界应力 $\sigma_{cr} = \dfrac{\pi^2 E}{\lambda^2}$ 的值与杆件横截面的形状尺寸无关
　D. 若细长杆的横截面积 A 减小,则临界应力 $\sigma_{cr} = \dfrac{\pi^2 E}{\lambda^2}$ 的值必随之增大

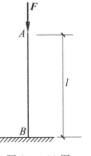

题 20—11 图

20—12　如上图,细长杆 AB 受轴向压力作用。设杆的临界力为 F_{cr},则下列结论中_____是正确的。
　A. 仅当 $F < F_{cr}$ 时,杆 AB 的轴线才保持直线,杆件只产生压缩变形
　B. 当 $F = F_{cr}$ 时,杆 AB 的轴线仍保持直线,杆件不出现弯曲变形
　C. 当 $F > F_{cr}$ 时,杆 AB 不可能保持平衡

D. 为保证杆 AB 处于稳定平衡状态,应使 $F \leqslant F_{cr}$

20—13 设 λ 和 σ_{cr} 分别表示压杆的长细比和临界应力,则下列结论_____是正确的。
A. σ_{cr} 的值必随 λ 值增大而增大
B. σ_{cr} 的值必随 λ 值增大而减小
C. 对于中长杆,σ_{cr} 与 λ 无关
D. 对于中长杆,采用细长杆的公式 $\left(\sigma_{cr} = \dfrac{\pi^2 E}{\lambda^2}\right)$ 来计算临界应力是偏向安全的

20—14 设 $[\sigma]$、$[\sigma_{cr}]$、σ_{cr} 分别表示压杆的强度许用应力、稳定许用应力和临界应力,则下列结论中正确的是_____。
(1) $[\sigma] \geqslant [\sigma_{cr}]$; (2) $[\sigma_{cr}] \geqslant [\sigma]$; (3) $[\sigma] = \varphi \sigma_{cr}$; (4) $[\sigma_{cr}] = \varphi [\sigma]$
A. (1),(2),(3)   B. (2),(3),(4)   C. (1),(4)   D. (2),(3)

20—15 设 φ 为压杆的折减系数,下列结论中正确的是_____。
(1) φ 值越大,表示压杆的稳定性越好;
(2) $\varphi = 1$ 表示杆不会出现失稳破坏;
(3) φ 值与压杆的长细比 λ 有关,与杆件材料的性质无关
A. (1),(2)   B. (2),(3)   C. (1),(3)   D. 全对

20—16 蒸汽机车的连杆,横截面为工字形,如图所示。横截面积 $A = 50 \text{ cm}^2$,惯性矩 $I_y = 400 \text{ cm}^4$,$I_z = 1\,000 \text{ cm}^4$。材料为 A3 钢,许用应力 $[\sigma] = 170 \text{ MPa}$。连杆在 xy 面(即摆动平面)内发生弯曲时,两端可认为铰支,在 xz 面内发生弯曲时,两端可认为固定支座;连杆所受最大轴向压力为 600 kN。下列结论中正确的是_____。
(1) 连杆在 xy 面内的长细比最大,$\lambda_{max} = 67.1$(折减系数 $\varphi = 0.804$);
(2) 连杆是安全的。
A. (1)   B. (2)   C. 全错   D. 全对

题 20—16 图

20—17 设 σ_{cr} 表示压杆的临界应力,则下列结论中正确的是_____。
(1) 细长杆的 σ_{cr} 值与杆件材料有关;
(2) 中长杆的 σ_{cr} 值与杆件材料无关;
(3) 各种压杆的 σ_{cr} 值均与杆件的长细比 λ 有关;
(4) 若杆件的实际应力 σ 值小于 $\dfrac{\pi^2 E}{\lambda^2}$,则杆件不会失稳
A. (1),(2)   B. (3),(4)   C. (1),(3)   D. (2),(4)

20—18 构架如图,杆 AD、BD、CD 均为细长杆,材料和横截面相同,抗弯刚度为 EI,内力(轴力)的绝对值分别用 F_{NAD}、F_{NBD}、F_{NCD} 表示,稳定安全系数为 n_{st},该构架的最大许可荷载 F_{max} 对应于下列哪种情况?_____。
A. $F_{NAD} = F_{NBD} = F_{NCD} = \dfrac{\pi^2 EI}{n_{st} L^2}$

B. $F_{NAD}=F_{NCD}<\dfrac{\pi^2 EI}{n_{st}L^2}\cos^2\beta, F_{NBD}=\dfrac{\pi^2 EI}{n_{st}L^2}$

C. $F_{NAD}=F_{NCD}=\dfrac{\pi^2 EI}{n_{st}L^2}\cos^2\beta, F_{NBD}<\dfrac{\pi^2 EI}{n_{st}L^2}$

D. $F_{NAD}=F_{NCD}=\dfrac{\pi^2 EI}{n_{st}L^2}\cos^2\beta, F_{NBD}=\dfrac{\pi^2 EI}{n_{st}L^2}$

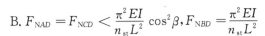

题 20-18 图

20-19 下列结论中正确的是_____。
(1) 若压杆中的实际应力不大于该压杆的临界应力,则杆件不会失稳;
(2) 受压杆件的破坏均由失稳引起;
(3) 压杆临界应力的大小可以反映压杆稳定性的好坏;
(4) 若压杆中的实际应力大于 $\sigma_{cr}=\dfrac{\pi^2 E}{\lambda^2}$,则该压杆必定破坏

    A. (1),(2)   B. (3),(4)   C. (1),(4)   D. (2),(3)

20-20 若 σ_{cr} 表示受压杆件的临界应力,则下列结论中_____是正确的。
    A. σ_{cr} 不应大于材料的比例极限 σ_p
    B. σ_{cr} 不应大于材料的弹性极限 σ_e
    C. σ_{cr} 不应大于材料的屈服极限 σ_s
    D. σ_{cr} 不应大于材料的屈服极限 σ_s(塑性材料)或强度极限 σ_b(脆性材料)

20-21 若 σ_{cr} 表示细长柱的临界应力,则下列结论中_____是正确的。
    A. σ_{cr} 与临界荷载和柱的横截面积有关,与柱体材料无关
    B. σ_{cr} 与柱的长细比 λ 有关,与柱的横截面积无关
    C. σ_{cr} 与柱体材料和横截面的形状尺寸有关,与其他因素无关
    D. σ_{cr} 的值不应大于柱体材料的比例极限 σ_p

20-22 三种压杆,其比例极限 σ_p 和弹性模量 E 分别为_____。
钢杆 ①:$\sigma_p'=220$ MPa,$E'=1.2\times 10^5$ MPa;
镍钢杆 ②:$\sigma_p''=490$ MPa,$E''=1.9\times 10^5$ MPa;
松木杆 ③:$\sigma_p'''=20$ MPa,$E'''=1.1\times 10^5$ MPa
上列三种压杆的 λ_p 值(λ_p 为细长柱的最小长细比)分别为 λ_p'、λ_p''、λ_p''',则下列结论中_____是正确的。
    A. $\lambda_p'>\lambda_p''>\lambda_p'''$ B. $\lambda_p'<\lambda_p''<\lambda_p'''$
    C. $\lambda_p''>\lambda_p'''>\lambda_p'$ D. $\lambda_p''<\lambda_p'<\lambda_p'''$

20-23 两根细长压杆如图,杆①为正方形截面,杆②为圆截面,两者材料相同,长度相同,且横截面积相同,若其临界荷载分别用 F_{cr}' 和 F_{cr}'' 表示。则下列结论中_____是正确的。
    A. $F_{cr}'>F_{cr}''$ B. $F_{cr}'<F_{cr}''$
    C. $F_{cr}'=F_{cr}''$ D. 压杆采用圆截面最为经济合理

20-24 图示①、②、③三种桁架,各杆的材料和横截面均相同,各竖杆的长度也相同,对于同一桁架,各斜杆长度相同。若用 F_{max}'、F_{max}''、F_{max}''' 分别表示桁架①、②、③在不出现失稳时的最大许可荷载,则下列结论中_____是正确的。
    A. $F_{max}'=F_{max}''=F_{max}'''$ B. $F_{max}'>F_{max}''>F_{max}'''$
    C. $F_{max}'<F_{max}''<F_{max}'''$ D. $F_{max}''<F_{max}'=F_{max}'''$

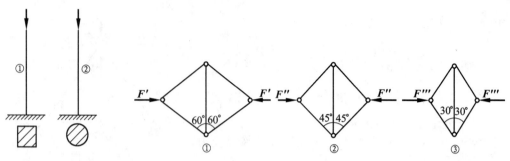

题 20-23 图

题 20-24 图

20-25 木桁架如图,杆 AB 和 AC 的长度 $L_{AB}=2.31$ m,$L_{AC}=4$ m,直径均为 $d=100$ mm,许用应力为 $[\sigma]$。下列结论中正确的是_____(当 $\lambda > 80$ 时,$\varphi=\dfrac{3\ 000}{\lambda^2}$)。

(1) 细长比 $\lambda_{AB}=92.4,\lambda_{AC}=160$;

(2) 折减系数 $\varphi_{AB}=0.351,\varphi_{AC}=0.117$;

(3) 杆中内力 $F_{NAB}=\sqrt{3}F_{NAC}$;

(4) 当荷载 F 由小增大时,杆 AB 首先破坏

A. (1),(2)   B. (3),4)   C. (1),(2),(3)   D. 全对

20-26 木托架如图,横梁 AB 的截面为矩形,高 $h=120$ mm,宽 $b=80$ mm;撑杆 CD 为圆截面,直径 $d=100$ mm,木材的许用应力 $[\sigma]=12$ MPa,荷载 $F=1.5$ kN,以下结论中正确的是_____(对于木材,当 $\lambda \geqslant 80$ 时,折减系数 $\varphi=\dfrac{3\ 000}{\lambda^2}$)。

(1) 杆 CD 的长细比 $\lambda=113,\varphi=0.235$;

(2) 杆 CD 中的实际应力 $\sigma=0.41$ MPa;

(3) 杆 CD 是安全的;

(4) 杆 AB 也是安全的

A. (1),(2)   B. (3),(4)   C. (1),(2),(3)   D. 全对

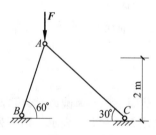 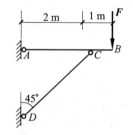

题 20-25 图   题 20-26 图

20-27 压杆下端固定,上端与水平弹簧相连,如图所示。试判断该杆长度系数 μ 值的范围。_____。

A. $\mu < 0.5$ B. $0.5 < \mu < 0.7$ C. $0.7 < \mu < 2$ D. $\mu > 2$

20-28 图示压杆上端自由,下端固接于弹性地基上,试判断该杆长度系数 μ 的值。_____。

A. $\mu < 0.7$ B. $0.7 < \mu < 1$ C. $1 < \mu < 2$ D. $\mu > 2$

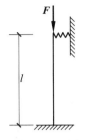
题 20-27 图

题 20-28 图

20-29 设细长压杆的下端固定,上端可沿水平和垂直方向产生位移,但不能转动,杆件在失稳前和失稳后的形状如图,则下列结论中正确的是_____。
(1) 杆件失稳时,支座 B 处支反力偶矩 M_B 的方向为逆时针;
(2) 杆件失稳时,支座 A 处支反力偶矩 M_A 的方向为逆时针;
(3) 支反力偶矩 M_A 与 M_B 的值相等,即 $M_A = M_B$;
(4) 杆件中央截面上弯矩为零
  A. (1),(2)   B. (3),(4)   C. 全对   D. 全错

20-30 四种不同支承情况的细长压杆,在失稳时的变形形式如图所示。通过相互对比,得出下列结论,其中正确的是_____。
(1) 对比(Ⅰ)、(Ⅲ)两种情况,可知在情况(Ⅲ)中,支反力偶矩 M_A 的方向为逆时针;
(2) 对比(Ⅱ)、(Ⅲ)两种情况,可知在情况(Ⅲ)中,支座 B 处有水平支反力,其方向为(→);
(3) 对比(Ⅰ)、(Ⅳ)两种情况,可知在情况(Ⅳ)中,支座 B 处支反力偶矩 M_B 的方向为顺时针;
(4) 对比(Ⅲ)、(Ⅳ)两种情况,可知在情况(Ⅳ)中,支座 B 处有水平支反力
  A. (1),(2)   B. (3),(4)   C. (1),(2),(3)   D. 全对

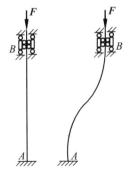
题 20-29 图

(Ⅰ) (Ⅱ)

(Ⅲ)

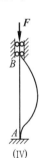
(Ⅳ)

题 20-30 图

20-31 两端固定的细长压杆,若失稳时的变形形式如图所示,则下列结论中正确的是_____。
(1) A、B 两端支反力偶矩 M_A 和 M_B 的值必定相等,即 $|M_A| = |M_B|$;
(2) 支反力偶矩 M_A 的方向为逆时针;
(3) 支反力偶矩 M_B 的方向为逆时针;
(4) 支座 A 和 B 处均有水平支反力
  A. (1),(2)   B. (1),(3)   C. (2),(4)   D. (3),(4)

20-32 一端固定一端铰支的压杆,失稳时的变形形式如图所示。关于支座反力的方

向,下列结论中_____是正确的。

A. B 处支反力 F_B 的方向为(←)

B. F_B 的方向为(→)

C. $F_B = 0$

D. 固定端 A 处支反力偶矩 M_A 的方向为顺时针

题 20—31 图　　　　题 20—32 图

20—33　图示两种构架中,横杆均视为刚性,各竖杆的横截面和长度均相同,材料均为 A3 钢,设 P 和 P' 分别表示这两种构架的最大许可荷载,则下列结论中正确的是 _____。

(1) $F > F'$;

(2) $F < F'$;

(3) F 值完全取决于杆 EF 的稳定性;

(4) F' 值完全取决于杆 $C'D'$ 的稳定性

A. (1)(3)　　　　B. (2)(4)　　　　C. (1)(4)　　　　D. (2)(3)

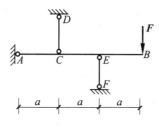 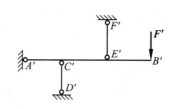

题 20—33 图

20—34　若在强度计算和稳定性计算中取相同的安全系数,则在下列说法中,_____ 是正确的。

A. 满足强度条件的压杆一定满足稳定性条件

B. 满足稳定性条件的压杆一定满足强度条件

C. 满足稳定性条件的压杆不一定满足强度条件

D. 不满足稳定性条件的压杆不一定满足强度条件

20—35　一方形横截面的压杆,若在其上钻一横向小孔(如图所示),则该杆与原来相比 _____。

A. 稳定性降低,强度不变

B. 稳定性不变,强度降低

C. 稳定性和强度都降低

D. 稳定性和强度都不变

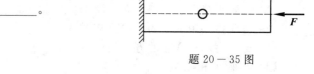

题 20—35 图

20—36　两端为球铰约束的压杆,截面形状如图所示。图中 O 点为形心,x、y 轴为形心轴，u、v 为主轴，α 为任意角，现可判断：

(1) _____所示截面的压杆，一定在 xz 平面内失稳。
A. 图(c)(e)(k)　　　　　　　　B. 图(d)(f)(i)(j)
C. 图(g)(h)　　　　　　　　　D. 所有

(2) _____所示截面的压杆，一定不会在 xy 平面内失稳。
A. 图(b)(c)　　　　　　　　　B. 图(b)(k)
C. 图(c)(e)　　　　　　　　　D. 图(d)(f)(g)(h)(i)(j)

(3) _____所示截面的压杆，可能在 x_1z 平面内失稳。
A. 图(d)(h)　　　　　　　　　B. 图(f)(i)
C. 图(b)(c)(e)(k)　　　　　　D. 图(g)(j)

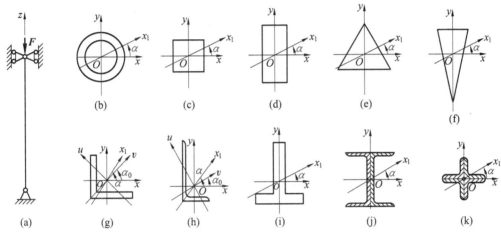

题 20－36 图

20－37　细长压杆，常用普通碳钢制造，而不用高强度优质钢，这是因为_____。
A. 它们的弹性模量相差不多　　　　B. 普通碳钢价格便宜
C. 普通碳钢的强度极限高　　　　　D. 高强度优质钢的比例极限低

20－38　图示 ABO 杆的全部边界条件是_____。

A. 当 $x=0$ 时，$y_1=0$；$y_1'=0$，当 $x=\dfrac{l}{2}$ 时，$y_1'=0$

B. 当 $x=0$ 时，$y_1=0$；当 $x=l$ 时，$y_2'=0$

C. 当 $x=\dfrac{l}{2}$ 时，$y_1=y_2=0$；当 $x=l$ 时，$y_2=\delta$

D. 当 $x=0$ 时，$y_1=0$；$y_1'=0$；当 $x=\dfrac{l}{2}$ 时，$y_1=y_2=0$；$y_1'=y_2'$；当 $x=l$ 时，$y_2=\delta$

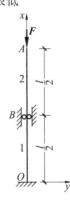

题 20－38 图

20－39　欧拉临界压力一般公式 $F_{cr}=\dfrac{\pi^2 EI}{(\mu l)^2}$ 成立的前提是_____。
A. 受弯构件
B. 强度极限内
C. 大于屈服极限
D. 压杆中的应力在比例极限内，或压杆的柔度在大柔度范围内

20—40 两根压杆的材料相同,支承情况一样,当杆长、截面的几何尺寸成比例增减时,则可说_____。
A. 两杆的临界压力相同
B. 比较又粗、又长的压杆的临界压力大
C. 比较又短、又细的压杆的临界压力大
D. 无法比较其临界压力的大小

20—41 直杆材料相同,截面相同,支承方式如图所示。在轴向压力作用下,它们的最大或最小柔度是_____。
A. λ_a 最大,λ_c 最小 B. λ_d 最大,λ_b 最小 C. λ_b 最大,λ_d 最小 D. λ_c 最大,λ_d 最小

20—42 图示工字钢压杆,截面型号为36a,惯性矩 $I_x=15\,760\ \text{cm}^4$,$I_y=552\ \text{cm}^4$,截面积 $A=76.3\ \text{cm}^2$,杆长 $l=3.5\ \text{m}$,材料弹性模量 $E=206\ \text{GPa}$,比例极限 $\sigma_p=200\ \text{MPa}$,屈服极限 $\sigma_s=240\ \text{MPa}$。按杆件的柔度,则该压杆属于_____。
A. 偏心受压构件   B. 大柔度杆   C. 中柔度杆   D. 短杆

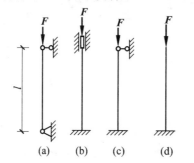

题 20—41 图   题 20—42 图

20—43 压杆两端在 xy、xz 平面内的约束情况相同,现有图示四种截面积相同、材料相同、长度相等的压杆,从提高抗失稳能力来看,截面形状最合理的是_____。
A. 图(a)   B. 图(b)   C. 图(c)   D. 图(d)

20—44 图示细长杆,长为 l,抗弯刚度为 EI,中间支座为等间隔,其临界压力为_____。
A. $F_{\text{cr}}=\dfrac{\pi^2 EI}{l^2}$ B. $F_{\text{cr}}=\dfrac{16\pi^2 EI}{l^2}$ C. $F_{\text{cr}}<\dfrac{\pi^2 EI}{l^2}$ D. $F_{\text{cr}}=\dfrac{4\pi^2 EI}{l^2}$

题 20—43 图   题 20—44 图

20—45 细长压杆的长度、截面及材料均相同,只是支承情况不同。第1根压杆的两端为铰支,第2根压杆是一端固定、一端自由,则第一根压杆的临界压力 $F_{1\text{cr}}$ 与第二根压杆的临界压力 $F_{2\text{cr}}$ 之比为_____。
A. $\dfrac{F_{1\text{cr}}}{F_{2\text{cr}}}=4$ B. $\dfrac{F_{1\text{cr}}}{F_{2\text{cr}}}=2$
C. $\dfrac{F_{1\text{cr}}}{F_{2\text{cr}}}=1$ D. $\dfrac{F_{1\text{cr}}}{F_{2\text{cr}}}=\dfrac{1}{4}$

20—46 图示两桁架中各杆的材料和截面均相同，设 F_1 和 F_2 分别为这两个桁架稳定的最大荷载，则正确的为_____。

A. $F_1 = F_2$ B. $F_1 < F_2$
C. $F_1 > F_2$ D. 不能断定 F_1 和 F_2 的关系

20—47 图(a)、(b)两根压杆，它们的支承情况相同，均为球铰连接，而且杆长、截面外径及材料也都相同。但图(a)压杆沿杆轴向开有一宽为 δ 的中间切槽；而图(b)压杆中间只钻了直径为 δ 的径向贯穿孔洞。当对两杆进行稳定计算时，它们的惯性矩应为_____。

A. $I_a = \dfrac{\pi d^4}{64} - \dfrac{\delta d^3}{12}$; $I_b = \dfrac{\pi d^4}{64}$

B. $I_a = \dfrac{\pi d^4}{64}$; $I_b = \dfrac{\pi d^4}{64} - \dfrac{\delta d^3}{12}$

C. $I_a = I_b = \dfrac{\pi d^4}{64} - \dfrac{d \delta^3}{12}$

D. $I_a = I_b = \dfrac{\pi d^4}{64} - \dfrac{\delta d^3}{12}$

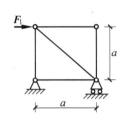 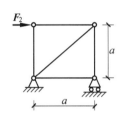 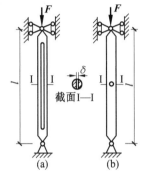

题 20—46 图　　　　题 20—47 图

20—48 如将中柔度杆误判为大柔度杆，把所得到的临界压力施加到构件上，将会使压杆_____。

A. 不发生失稳，并偏于安全 B. 屈服破坏
C. 刚度不足 D. 发生弹塑性失稳破坏

20—49 一钢丝与一圆截面细长直杆两端连接一起，由于钢丝稍短一些，连接后，直杆呈微弯状态，则钢丝所受的张力 T 为_____。设钢丝 l 长，直径 d，材料的弹性模量 E，许用应力 $[\sigma]$。

A. $T = \dfrac{\pi d^2 [\sigma]}{4}$　　B. $T = \dfrac{\pi^3 E d^4}{32 l^2}$　　C. $T = \dfrac{\pi^3 E d^4}{64 l^2}$　　D. $T > \dfrac{\pi^3 E d^4}{64 l^2}$

20—50 图示平面杆系结构。如果三根杆件均为细长杆，长度为 l，抗压刚度为 EA，但三根杆件的约束情况不完全相同。那么，此杆系丧失承载力的情况是_____。

A. 当 AC 杆的压力达到其临界压力时，杆系则丧失承载力
B. 当 AB 杆和 AD 杆的压力达到其临界压力时，杆系则丧失承载力
C. 三根杆中，有一根杆件的应力达到强度极限，杆系则丧失承载能力
D. 当三根杆件所承受的压力都达到各自的临界压力时，杆系才丧失承载力

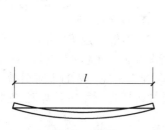

题 20—49 图　　　　　题 20—50 图

20—51　图示杆 AB 的抗弯刚度无限大($EI=\infty$),其一端为固定铰支承,另一端由弹性刚度为 k 的弹连接,则临界压力 F_{cr} 为_____。

A. $F_{cr}=\dfrac{\pi^2 EI}{l^2}$　　B. $F_{cr}=\dfrac{kl}{2}$　　C. $F_{cr}=kl$　　D. $F_{cr}=\infty$

20—52　两端为球形铰支的压杆,由两根 140 mm×140 mm×12 mm 角钢组成,用 $d=20$ mm 的铆钉连接,杆在削弱处的剖面图如图所示。杆长 $l=4.0$ m,材料为 A3 钢,弹性模量 $E=2.1\times 10^5$ MPa,许用应力 $[\sigma]=160$ MPa,稳定安全系数 $n_{st}=2$,则压杆的许用压力 $[F]$ 为_____。

A. 78.2 kN　　B. 62.7 kN　　C. 67.7 kN　　D. 70.4 kN

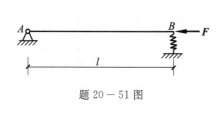

题 20—51 图

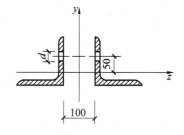

题 20—52 图

20—53　截面为 200 mm×125 mm×14 mm 不等边角钢的压杆,两端为球形铰连接,杆长 $l=3$ m,材料为 A3 钢,弹性模量 $E=206$ GPa,比例极限 $\sigma_p=200$ MPa。当压力 F 沿杆的轴线方向作用,最大压力为_____。

A. $F_{cr}=737.76$ kN　　　　　　B. $F_{cr}=917.42$ kN
C. $F_{cr}=1\,244.35$ kN　　　　　D. $F_{cr}=4\,575$ kN

20—54　图示压杆,在两个相互垂直的平面内(xy 平面和 xz 平面)的支承情况不同。当压杆在 xy 平面内失稳时,杆的两端视为铰支,在 xz 平面内失稳时,杆的两端视为固定端。压杆为组合截面,其截面积 $A=25.5$ cm^2,惯性矩 $I_y=110$ cm^4,$I_z=400$ cm^4。材料为铝合金,比例极限 $\sigma_p=175$ MPa,屈服极限 $\sigma_s=274$ MPa,弹性模量 $E=70$ GPa,则此杆的临界压力为_____。

A. $F_{cr}=307$ kN　　B. $F_{cr}=535.6$ kN　　C. $F_{cr}=84.4$ kN　　D. $F_{cr}=698.7$ kN

20—55　两根直径为 d 的细长杆,上、下端分别与刚性板固结,两杆轴线互相平行相距 $2d$,并与刚性板垂直。材料的弹性模量为 E,现在组合杆的中心线上作用压力 F,则此杆的临界应力 σ_{cr} 为_____。

A. $\sigma_{cr}=\dfrac{\pi^2 E d^2}{2l^2}$　　B. $\sigma_{cr}=\dfrac{\pi^2 E d^4}{16 l^2}$　　C. $\sigma_{cr}=\dfrac{\pi^2 E d^2}{32 l^2}$　　D. $\sigma_{cr}=\dfrac{\pi^2 E d^2}{64 l^2}$

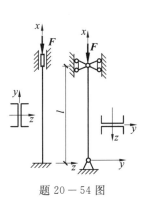
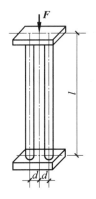

题 20-54 图

题 20-55 图

20-56 杆长为 1 m 的空心圆管,两端均为铰支。圆管的外径 $D=52$ mm,内径 $d=44$ mm,材料为 A3 钢,弹性模量 $E=200$ GPa,屈服极限 $\sigma_s=240$ MPa,比例极限 $\sigma_p=200$ MPa,在这种情况下压杆的临界荷载 F_{cr} 为_____。

A. 343.5 kN　　B. 708.4 kN　　C. 19.7 kN　　D. 143.6 kN

20-57 几何上相似(即杆件全部线尺寸成比例)、材料和支承情况完全相同的细长杆,承受轴向压力作用,则所有这些杆件在失稳时的临界应力相等,且可表达为_____。

A. $\sigma_{cr}=\dfrac{\sigma_s}{n}$　　B. $\sigma_{cr}=n_{st}\varphi[\sigma]$　　C. $\sigma_{cr}=\dfrac{\pi\sqrt{EI}}{\mu Al}\sqrt{F_{cr}}$　　D. $\sigma_{cr}=a-b\lambda$

20-58 图示结构 AB 段为圆截面杆,直径 $d=80$ mm,A 端固定,B 端为球铰连接;BC 段为正方形截面杆,边长 $a=70$ mm,C 端也为球铰连接。两杆材料相同,弹性模量 $E=206$ GPa,比例极限 $\sigma_p=200$ MPa,长度 $l=3$ m,稳定安全系数 $n_{st}=2.5$,则结构的许用荷载 $[F]$ 为_____。

A. 16.5 kN　　B. 18.1 kN　　C. 42 kN　　D. 34.6 kN

20-59 图示一自制简易起重机,其压杆 BD 为 20 号槽钢,材料为 A3 钢。起重机的最大起重量是 $G=40$ kN,则压杆的安全系数 n 为_____。材料的弹性模量 $E=200$ GPa,比例极限 $\sigma_p=200$ MPa,屈服极限 $\sigma_s=240$ MPa。

A. $n=8.57$　　B. $n=6.5$　　C. $n>7$　　D. $n=7.38$

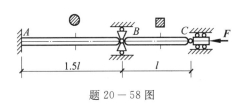

题 20-58 图

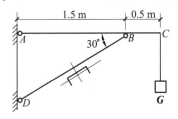

题 20-59 图

20-60 图示杆系 BCD,在结点 C 处受荷载 F 的作用,其方位 $0\leqslant\theta\leqslant\dfrac{\pi}{2}$。已知 BC、CD 杆的直径分别为 $d_1=20$ mm,$d_2=30$ mm,长度为 $l_1=l_2=1$ m,材料的屈服极限均为 $\sigma_s=240$ MPa,比例极限均为 $\sigma_p=196$ MPa,弹性模量均为 $E=200$ GPa,屈服安全系数 $n=2.0$,稳定安全系数 $n_{st}=2.5$,这种情况下,荷载 F 的允许值 $[F]$ 为_____。

A. 31.4 kN　　　　B. 37.7 kN　　　　C. 44.4 kN　　　　D. 75.4 kN

20-61　一图示铰结杆系 ABC，杆 AB 和杆 BC 均为细长杆，且截面积相同，材料一样，两杆相互垂直，杆 AB 与水平线夹角 β，当压力 F 为最大时，则力 F 与杆 AB 轴线夹角 θ 应为_____（规定 $0 \leqslant \theta \leqslant \dfrac{\pi}{2}$）。

A. $\theta = 45°$
B. $\theta = \arctan(\cot^2\beta)$
C. $\theta = \text{arccot}^2\beta$
D. $\theta = \pi + \arctan(\cot^2\beta)$

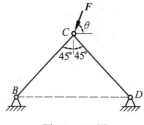

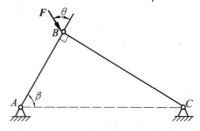

题 20-60 图　　　　　　　　　　　题 20-61 图

20-62　在上题杆系中，如果杆 AB 和杆 BC 截面均为 $d=8$ cm 的圆截面，$\beta=60°$，支座 B、C 间的距离为 4 m。材料为 A3 钢，弹性模量为 $E=210$ GPa。当力 F 与杆 AB 轴线夹角为 $\theta_1 = 30°$ 时，则力 F 的临界值是_____。

A. $F_{cr} = 694.5$ kN　　B. $F_{cr} = 263.5$ kN　　C. $F_{cr} = 104.2$ kN　　D. $F_{cr} = 119.8$ kN

20-63　两根以铰链连接的细长圆柱 AB、AC。如果杆长为 l，截面直径为 D，材料的弹性模量为 E，屈服极限为 σ_s，强度极限为 σ_b。当保持支座 B、C 间距离不变，那么，结构在力 P 作用下，欲使结构用料最省的杆直径 $D_{\min}$ 为_____。

A. $D_{\min} = 0.95\left(\dfrac{F}{\sigma_b}\right)^{\frac{1}{2}}$
B. $D_{\min} = \left(\dfrac{F}{\sigma_s}\right)^{\frac{1}{2}}$
C. $D_{\min} = \dfrac{13}{40}a^{\frac{1}{2}}\left(\dfrac{F}{E}\right)^{\frac{1}{4}}$
D. $D_{\min} = 1.3a^{\frac{1}{2}}\left(\dfrac{F}{E}\right)^{\frac{1}{4}}$

20-64　图示一铰结钢桁架，各杆均为圆截面杆，直径 $d=6$ cm，材料为 A3 钢，弹性模量 $E=200$ GPa。当柔度 $0 \leqslant \lambda \leqslant 123$ 时，压杆的临界应力按如下公式计算：$\sigma_{cr} = 235 - 0.00666\lambda^2$（MPa）。这时桁架的最大荷载 $F_{\max}$ 是_____。

A. $F_{\max} = 247.8$ kN
B. $F_{\max} = 376.8$ kN
C. $F_{\max} = 235.5$ kN
D. $F_{\max} = 284.1$ kN

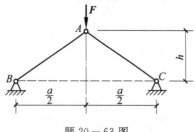

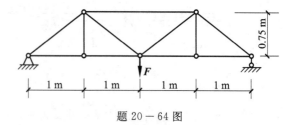

题 20-63 图　　　　　　　　　　　题 20-64 图

20-65　一两端铰支的压杆，由两根 22a 号槽钢组合在一起。组合杆长 $l=12$ m，为提高压杆的承压能力，设计时采取两个措施，使槽钢相隔距离 b；同时沿压杆轴向相隔距离 h 连接隔板，单根槽钢在连接处视为铰结，此时 b、h 应为_____才合理。

A. $b = 162.3$ mm, $h = 6$ m　　　　B. $b = 125.6$ mm, $h = 3$ m

C. $b=168$ mm, $h=1.5$ m　　　　　　　D. $b=83.8$ mm, $h=0.75$ m

20-66　结构 ACB 上所受荷载与杆 CB 轴线垂直,荷载情况如图所示。杆材料均为 A5 钢,弹性模量 $E=2.1\times10^5$ MPa,比例极限 $\sigma_p=240$ MPa,许用应力 $[\sigma]=200$ MPa,杆截面直径均为 $d=5$ cm,稳定安全系数 $n_{st}=8$,此结构允许的 P 值为_____。

A. $[F]=6.94$ kN　　B. $[F]=15.9$ kN　　C. $[F]=39.75$ kN　　D. $[F]=127.2$ kN

20-67　由三根钢管构成的空间支架,如图所示。钢管外径为 30 mm,内径为 22 mm,长度为 2.5 m,弹性模量 $E=210$ GPa。支架顶点为球铰连接。若支架的稳定安全系数为 3,则许可荷载为_____。

A. $[F]=22.5$ kN　　B. $[F]=9.4$ kN　　C. $[F]=7.5$ kN　　D. $[F]=3.1$ kN

20-68　图示圆弧曲杆 AB,半径 $R=1$ m。曲杆与直杆 BC 组成一托架,连接点 A、B、C 均为球铰结。BC 杆为 40 mm×80 mm 的木柱,稳定安全系数 $n_{st}=3$,材料的弹性模量 $E=11$ GPa,其最大荷载 F_{max} 为_____。

A. $F_{max}=10.38$ kN　B. $F_{max}=3.46$ kN　C. $F_{max}=9.88$ kN　D. $F_{max}=7.41$ kN

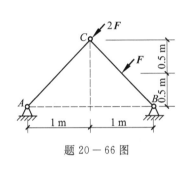
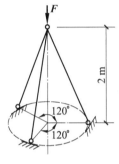
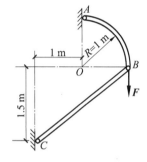

题 20-66 图　　　　　　　　　题 20-67 图　　　　　　　题 20-68 图

20-69　材料相同的悬臂梁 AB 与两端铰支的杆件 CD 相连接,如图所示。设梁 AB 的惯性矩 $I=4.5$ cm^4,杆 CD 的直径 $d=1$ cm,梁和杆的长度为 $l=100$ cm,材料的弹性模量 $E=210$ GPa,为保证此结构正常工作,许用荷载应为_____。

A. $[F]=4$ kN　　B. $[F]=67.8$ kN　　C. $[F]=205$ kN　　D. $[F]=413$ kN

20-70　10 号工字钢梁的 C 端固定,A 端铰于空心钢管 AB 上。钢管的内径和外径分别为 30 mm 和 40 mm。B 端亦为铰支,梁及钢管同为 A3 钢。当重为 300 N 的重物自高度 10 mm 处下落于梁的 A 端时,该系统的安全情况是_____。钢材的许用应力 $[\sigma]=160$ MPa,杆规定稳定安全系数 $n_{st}=2.5$。

A. 系统安全　　　　　　　　　　　　B. 系统强度够,稳定性不够

C. 系统强度够,刚度不够　　　　　　D. 系统强度、稳定性都不够

20-71　受力如图所示结构,水平梁 ABCD 可视为刚性杆,杆 1 和杆 2 均采用 A3 钢,其比例极限 $\sigma_p=200$ MPa,屈服极限 $\sigma_s=240$ MPa,强度极限 $\sigma_b=400$ MPa,弹性模量 $E=200$ GPa。杆 1 的直径 $d_1=1$ cm,杆 2 的直径 $d_2=2$ cm,杆 1 和杆 2 的长度均为 $l=1$ m,各杆的安全系数均为 2,此结构的最大许用荷载为_____。

A. $[F]=2.98$ kN　　B. $[F]=12.6$ kN　　C. $[F]=14.5$ kN　　D. $[F]=1.45$ kN

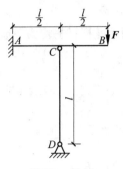
题 20—69 图

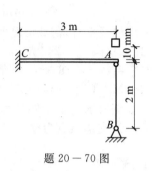
题 20—70 图

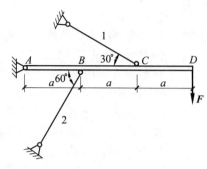
题 20—71 图

20—72 图示一结构,由两根悬臂梁与杆 BC 连接而成。设两梁的截面相同,主惯性矩为 I,杆 BC 的横截面积为 A。梁和杆的材料相同,弹性模量为 E。若在 AB 梁上作用有均布荷载 q,则压杆 BC 在主平面内丧失稳定时的临界荷载集度 q_{cr} 为_____。设 BC 杆的临界应力 σ_{cr} 为柔度 λ 的函数,即 $\sigma_{cr}=\sigma_{cr}(\lambda)$。

A. $q_{cr}=A\sigma_{cr}(\lambda)$ 　　　　　　B. $q_{cr}=\dfrac{I}{2a^3}\sigma_{cr}(\lambda)$

C. $q_{cr}=\dfrac{I+4a^2A}{2a^3}\sigma_{cr}(\lambda)$ 　　D. $q_{cr}=\dfrac{I+3a^2A}{2a^3}\sigma_{cr}(\lambda)$

20—73 起重机支柱由四个等边角钢组成,横截面形状如图所示,$a=40$ cm,支柱长度 $l=8$ m,两端铰支,支柱的最大压力为 200 kN,材料的许用应力 $[\sigma]=160$ MPa,则等边角钢的型号是_____。

A. $50\times50\times5$ mm³ 　　　　　B. $45\times45\times4$ mm³

C. $50\times50\times4$ mm³ 　　　　　D. $45\times45\times3$ mm³

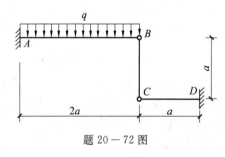
题 20—72 图

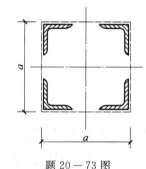
题 20—73 图

20—74 如图所示轴心受压杆件,两端为球铰支承,材料为 Q235 钢,$E=2\times10^5$ MPa,截面为矩形($h\times b=200\times100$ mm²),则稳定计算中长细比应取_____。

A. $\sqrt{12}\,\dfrac{l}{h}$ 　　　　B. $\sqrt{12}\,\dfrac{l}{b}$

C. $\dfrac{\sqrt{12}}{2}\,\dfrac{l}{h}$ 　　D. $0.7\sqrt{12}\,\dfrac{l}{b}$

20—75 用四个等肢角钢拼接成的轴压杆件,截面形式如下列各项所示,其承载能力最大的是_____。

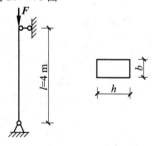
题 20—74 图

 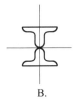

A.　　　　　　　　B.　　　　　　　　C.　　　　　　　　D.

题 20—75 图

20—76　如图所示，桁架由材质、截面形状、尺寸相同的细长杆组成，承受荷载 F 作用，则 F 的临界值为_____。

A. $\dfrac{\pi^2 EI}{l^2}$　　　　B. $\dfrac{\pi^2 EI}{2l^2}$　　　　C. $\dfrac{\sqrt{2}\pi^2 EI}{4l^2}$　　　　D. $\dfrac{\sqrt{2}\pi^2 EI}{l^2}$

20—77　图示构架，横杆 AB 视为刚性，竖杆 ① 和 ② 均为细长杆，长为 L，抗弯刚度为 EI。若杆中轴力的绝对值分别用 F_{N1} 和 F_{N2} 表示，稳定安全系数均为 n_{st}，则下列结论中正确的是_____。

(1) 当杆 ①、② 未失稳时，$F_{N1} = \dfrac{4}{5}F, F_{N2} = \dfrac{8}{5}F$；

(2) 构架失稳前和失稳后，始终保持 $F_{N2} = 2F_{N1}$；

(3) 构架的最大许可荷载 $F_{\max} = \dfrac{5\pi^2 EI}{8 n_{st} L^2}$；

(4) 构架的最大许可荷载 $F_{\max} = \dfrac{3\pi^2 EI}{4 n_{st} L^2}$

A.(1)(2)　　　　B.(1)(4)　　　　C.(1)(2)(3)　　　　D.(1)(3)

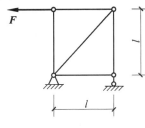 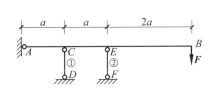

题 20—76 图　　　　　　　　题 20—77 图

20—78　关于提高钢制大柔度压杆承载能力的方法，下列各项最正确的是_____。
A. 减小杆长，减小长度系数，使压杆沿截面两形心主轴方向的柔度相等
B. 增加横截面面积，减小杆长
C. 增加惯性矩，减小杆长
D. 采用高强度钢

20—79　若将圆截面的细长压杆改变为面积相同的正方形截面，材料、杆长和杆端约束保持不变，则其临界力为原压杆的_____。
A. 2　　　　　　　B. 1.5　　　　　　　C. $\pi/3$　　　　　　　D. 0.7

20—80　压杆如图所示，材料为 A3 钢，在正视图(a)的平面内弯曲时，两端可视为铰支，在俯视图(b)的平面内弯曲时，两端可视为固定，则此杆的临界荷载 F_{cr} 为_____。
A. 168.46 kN　　　B. 278.56 kN　　　C. 355.31 kN　　　D. 507.06 kN

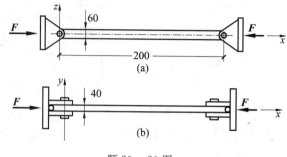

题 20—80 图

三、填空题

20—81 提高压杆稳定的措施有_____，_____。

20—82 由图(a)两种截面组成图(b)所示结构。则 AB 应选择_____截面，AC 应选择_____截面形状较合理。

20—83 下列三个构件截面尺寸、材料、荷载均相同，_____压杆最安全。

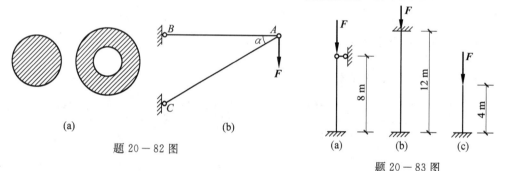

题 20—82 图

题 20—83 图

20—84 根据临界应力总图，$\lambda \geqslant \lambda_p$ 的压杆称为_____，其临界应力计算公式为_____，$\lambda_s \leqslant \lambda < \lambda_p$ 的压杆称为_____，其临界应力计算公式为_____。$\lambda < \lambda_s$ 的压杆称为_____，其临界应力计算公式为_____。

20—85 在杆件长度、材料、约束条件和横截面面积等条件均相同的情况下，压杆采用图_____所示的截面形状，其稳定性最好；而采用图_____所示的截面形状，其稳定性最差。

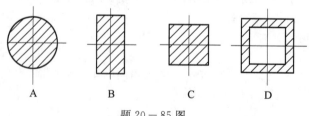

题 20—85 图

四、计算分析题

20—86 两端铰支的木制压杆，杆长 $L=3\ \mathrm{m}$，横截面为矩形 $b \times h = 7 \times 12\ \mathrm{cm}^2$。材料为 TC17 柏木，按木结构设计规范：

$$\lambda \leqslant 75, \varphi = \frac{1}{1+(\frac{\lambda}{80})^2}; \lambda > 75, \varphi = \frac{3\,000}{\lambda^2}$$

$[\sigma] = 10$ MPa, $E = 10$ GPa, 试求压杆的许可荷载。

20－87 简易起重架由两圆钢杆组成, 如图所示, 杆 AB 的直径 $d_1 = 30$ mm, 杆 AC 的直径 $d_2 = 20$ mm, 两杆材料均为 Q235 钢, $E = 200$ GPa, $\sigma_s = 240$ MPa, 规定的强度安全系数 $n = 2$, 稳定安全系数 $n_{st} = 3$, 试确定起重架的最大起重量 F_{max}。

20－88 材料试验机的示意图如图(a)所示。四根立柱长度 $l = 3$ m, 材料为 Q235 钢, $E = 210$ GPa。若试验机的最大荷载 $P_{max} = 1\,000$ kN, 立柱失稳后的变形曲线如图(b)所示。规定的稳定安全系数 $n_{st} = 4$, 试按稳定条件设计立柱的直径。

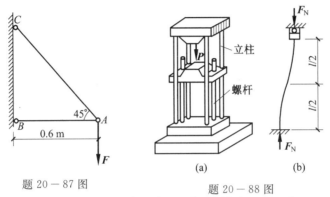

题 20－87 图

题 20－88 图

20－89 图示空心圆截面压杆, 两端固定, 压杆材料为 Q235 钢, $E = 200$ GPa, $\sigma_s = 235$ MPa, $\lambda_p = 100$。设截面的内外径之比 $\alpha = d/D = 1/2$。试求:(1) 压杆为大柔度杆时, 杆长与外径 D 的最小比值, 以及此时的临界力; (2) 若改此压杆为实心圆截面杆, 而杆的材料、长度、杆端约束及临界力不改变, 求此杆与空心圆截面杆的重量比。

20－90 图示结构中杆 AC 与 CD 均由 Q235 钢制成, C、D 两处均为球铰。已知 $d = 20$ mm, $b = 100$ mm, $h = 180$ mm; $E = 200$ GPa, $\sigma_s = 235$ MPa; 强度安全因数 $n = 2.0$, 稳定安全因数 $n_{st} = 3.0$。试确定该结构的许可荷载。

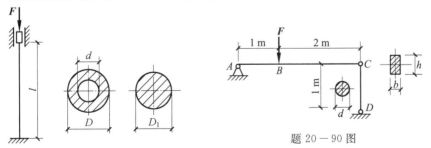

题 20－89 图

题 20－90 图

20－91 两端铰支、强度等级为 TC13 的木柱截面为 150 mm×150 mm 的正方形, 长度 $L = 3.5$ m, 强度许用应力 $[\sigma] = 10$ MPa。按木结构规范: $\lambda \leqslant 91, \varphi = \frac{1}{1+\left(\frac{\lambda}{65}\right)^2}; \lambda > 91, \varphi = \frac{2\,800}{\lambda^2}$, 试求木柱的许可荷载。

20－92 如果杆分别由下列材料制成:

(1) 比例极限 $\sigma_p=220$ MPa，弹性模量 $E=190$ GPa 的钢；

(2) $\sigma_p=490$ MPa，$E=215$ GPa，含镍 3.5% 的镍钢；

(3) $\sigma_p=20$ MPa，$E=11$ GPa 的松木。

试求可用欧拉公式计算临界力压杆的最小柔度。

20-93 一两端为球形铰支的细长杆，已知杆长 $l=1$ m。材料的弹性模量 $E=200$ GPa，若其横截面为：(1) 直径 $d=25$ mm 圆形；(2) 高 $h=40$ mm，宽 $b=20$ mm 的矩形，试用欧拉公式计算其临界荷载。

20-94 图示托架中，CD 杆视为刚性杆，AB 杆直径 $d=40$ mm，长度 $l=800$ mm，材料为 Q235 钢。试求：(1) 托架的临界荷载 F_{cr}；(2) 若已知 $F=60$ kN，AB 杆规定的稳定因数 $n_{st}=2$，试校核托架的稳定性。

20-95 图示托架，如长度 l 和细长压杆 AB 的截面保持不变，试根据稳定性计算 α 为何值时托架承载能力最大？

20-96 如图所示截面面积为 12 cm×20 cm 的矩形木柱，长度 $l=700$ cm，两端为销轴连接。在最大刚度平面弯曲时可视为两端铰支（图 20.96(a)）；在最小刚度平面内弯曲时可视为两端固定（图 20.96(b)）。木材的 $\sigma_p=20$ MPa，$E=10$ GPa，求木柱的临界力和临界应力。

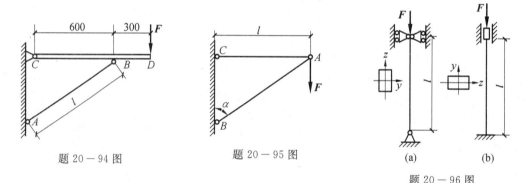

题 20-94 图　　题 20-95 图　　(a)　(b)

题 20-96 图

20-97 图示结构中钢梁 AB 为 16 号工字钢，立柱 BC 为圆环截面，$D=100$ mm，$d=90$ mm，梁与柱的材料均为 Q235 钢，$[\sigma]=170$ MPa，试验算梁柱是否安全。柱两端均按球铰考虑。

20-98 图示结构 $ABCD$ 由三根直径均为 d 的圆截面钢杆组成，在 B 点铰支，而在 A 点和 C 点固定，D 为铰结点，$l/d=10\pi$。若结构由于杆件在平面 $ABCD$ 内弹性失稳而丧失承载能力，试确定作用于结点 D 处的荷载 F 的临界值。

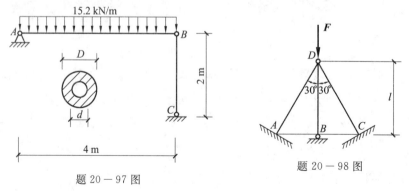

题 20-97 图　　题 20-98 图

20—99　下端固定、上端铰支、长 $L=4$ m 的压杆,由两根 10 号槽钢焊接而成,如图所示,并符合钢结构设计规范中实腹式 b 类截面中心受压杆的要求。已知杆的材料为 Q235 钢,强度许用应力 $[\sigma]=170$ MPa,试求压杆的许可荷载。

20—100　图示结构由钢曲杆 AB 和强度等级为 TC13 的木杆 BC 组成。已知结构所有的连接均为铰连接,在 B 点处承受竖直荷载 $F=1.3$ kN,木材的强度许用应力 $[\sigma]=10$ MPa。试校核杆 BC 的稳定性。

20—101　某桁架的受压弦杆长 4 m,由缀板焊成一体,并符合钢结构设计规范中实腹式 b 类截面中心受压杆的要求,截面形式如图所示,材料为 Q235 钢,$[\sigma]=170$ MPa。若按两端铰支考虑,试求杆所能承受的许可压力。

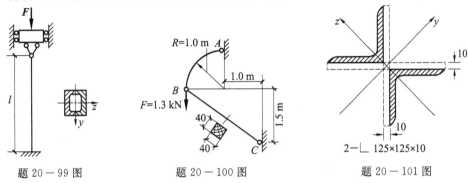

题 20—99 图　　　　题 20—100 图　　　　题 20—101 图

习题参考答案

一、是非题

20—1　×　20—2　√　20—3　×　20—4　√　20—5　×
20—6　×　20—7　×　20—8　√　20—9　√×

二、选择题

20—10　B　20—11　A　20—12　A　20—13　B　20—14　C　20—15　A
20—16　D　20—17　C　20—18　D　20—19　B　20—20　D　20—21　D
20—22　D　20—23　A　20—24　B　20—25　C　20—26　D　20—27　C
20—28　D　20—29　C　20—30　C　20—31　A　20—32　B　20—33　D
20—34　B　20—35　B　20—36　(1)B(2)D(3)C　20—37　A　20—38　D
20—39　D　20—40　C　20—41　B　20—42　C　20—43　C　20—44　B
20—45　A　20—46　B　20—47　A　20—48　D　20—49　C　20—50　D
20—51　C　20—52　C　20—53　A　20—54　A　20—55　C　20—56　D
20—57　C　20—58　A　20—59　B　20—60　B　20—61　C　20—62　D
20—63　C　20—64　C　20—65　B　20—66　B　20—67　C　20—68　B
20—69　D　20—70　B　20—71　A　20—72　D　20—73　B　20—74　B
20—75　C　20—76　C　20—77　B　20—78　A　20—79　C　20—80　C

三、填空题

20—81 改善支承情况，选择合理截面

20—82 圆，环形

20—83 (a)

20—84 大柔度杆，$\sigma_{cr} = \dfrac{\pi^2 E}{\lambda^2}$，中柔度杆，$\sigma_{cr} = a_1 - b_1\lambda^2$，小柔度杆，$\sigma_{cr} = \sigma_s$

20—85 D，B

四、计算分析题

20—86 $[F] = 11.4$ kN

20—87 $F_{max} = 26.7$ kN

20—88 $d \geqslant 97$ mm

20—89 (1)65，$F_{cr} = 47.4 D^2 \times 10^3$ kN；(2)2.35

20—90 $[F] = 15.5$ kN

20—91 $\lambda = 80.8$，$\varphi = 0.393$，$[F] = 88.4$ kN

20—92 (1)$\lambda_p = 92.3$；(2)$\lambda_p = 65.8$；(3)$\lambda_p = 73.7$

20—93 (1)$F_{cr} = 37.8$ kN；(2)$F_{cr} = 52.6$ kN

20—94 (1)$F_{cr} = 109$ kN；(2) 不满足稳定条件

20—95 $\alpha = 54.7°$

20—96 木柱在最大刚度平面内失稳；$\sigma_{cr} = 6.73$ MPa；$F_{cr} = 161$ kN

20—97 梁 $\sigma_{max} = 215.6$ MPa $> [\sigma]$，柱 $\dfrac{F_N}{\varphi A} = 50$ MPa $< [\sigma]$

20—98 $F_{cr} = 36.1 \dfrac{EI}{l^2}$

20—99 $[F] = 302.4$ kN

20—100 $\sigma = 0.58$ MPa $< \varphi[\sigma] = 0.6$ MPa

20—101 $[F] = 556.9$ kN

第21章 力法解超静定结构

内容提要

一、力法的基本思想

超静定结构的几何特征是几何不变且有多余约束；其静力特征是，单靠平衡条件还不能确定全部反力和内力。力法就是以多余约束力为基本未知量，以去掉多余约束后得到的静定结构作为基本结构，利用基本体系在荷载和多余约束力共同作用下的变形条件建立力法方程，从而求解多余未知力。求得多余约束力后，超静定问题就转化为静定问题，可用平衡条件求解所有未知力。

二、力法计算超静定结构的步骤

确定基本未知量→选择基本体系→建立力法方程。具体如下：

1. 确定基本未知量和选择力法的基本体系。一般用去掉多余约束使原结构变为静定结构的方法。多余约束中去掉的多余约束力即为基本未知量；去掉多余约束得到的静定结构即为基本结构；将多余未知力和原荷载（或支座移动、温度变化等）作用在基本结构上即得力法的基本体系。所以，基本未知量和基本体系是同时选定的。同一超静定结构可以选多种基本体系，尽量选择计算简单的基本体系，但必须保证基本结构是几何不变且无多余约束的静定结构。这是力法计算中至关重要的一环。

2. 力法基本方程的建立。基本体系在荷载（或支座移动、温度变化等）及多余未知力作用下，沿多余未知力方向的位移应与原结构在相应处的已知位移相等，据此列出力法基本方程。

3. 力法基本方程中系数和自由项的计算。力法基本方程中的系数、自由项都是基本结构（静定结构）上的位移，可用结构位移计算的方法计算。计算时，应先分别计算基本结构在单位力和荷载作用下的内力。

4. 超静定结构的内力计算和内力图的绘制。在求得多余约束力后，可用静力平衡或内力叠加公式计算超静定结构的内力，并绘制内力图。对梁和刚架来说，一般先计算杆端弯矩，绘制弯矩图，然后计算杆端剪力、绘制剪力图，最后计算杆端轴力、绘制轴力图。

5. 对称性的利用和简化。应充分利用结构的对称性质，选择对称的基本体系进行计算。在荷载对称或反对称作用时，也可用半边结构的计算简图进行简化。

6.超静定结构的位移计算和变形条件的校核。采用单位荷载计算超静定结构位移时,单位力可加在任一基本结构上。变形条件的校核,可取原结构中一已知位移条件校核。

三、超静定结构的特性

1.仅在荷载作用下,超静定结构的内力状态与各杆刚度的相对比值有关。
2.超静定结构在温度改变、支座移动、制造误差等因素影响下,一般会产生内力和位移且结构内力与各杆刚度的绝对值成正比。
3.因为超静定结构有多余联系,与静定结构相比具有较多的安全贮备。

四、对称性的利用

对称结构在对称荷载作用下产生对称的内力与变形;对称结构在反对称荷载作用下产生反对称的内力与变形。
"正、反对称"的含义是:
(1)指对称结构而言(非对称结构是无所谓正、反对称的力的)。
(2)指对称结构的对称轴而言(而不是对其他任何直线)。
(3)指对称轴两边处于对称位置的两个力(或两组力)而言(而不是非对称位置上的两个力)。
(4)必需(也只需)二力大小相等且将结构的一半绕对称轴转 180°后,二力作用点、作用线重合而指向相同(正对称)或相反(反对称)。
(5)对剪力,是指其力的实际指向,而不是指其正负号。
(6)利用结构对称性取半结构(或 1/4 结构)进行计算时,其半结构分开处的约束支座是根据其变形条件确定的。

五、变形曲线与弯矩图关系

1.弯矩图的受拉边是变形曲线的凸出边;
2.受拉边变换处,变形曲线有反弯点(拐点);
3.弯矩图为零的直杆,仍保持直线;
4.支座处满足已知的位移条件;
5.刚结点处各杆端夹角保持不变;
6.受弯直杆轴向变形忽略不计,即杆长度保持不变。

习　　题

一、是非题

21—1 (　　)力法只能解超静定结构,不能解静定结构。
21—2 (　　)用力法解荷载作用下刚架结构,其力法方程右端项不一定等于零。
21—3 (　　)在温度变化或支座移动因素作用下,静定与超静定结构都有变形。
21—4 (　　)在温度变化与支座移动因素作用下,静定与超静定结构都有内力。
21—5 (　　)两端是固定端支座的单跨水平梁在竖向荷载作用下,若考虑轴向变形,则该梁轴力不为零。

21—6 （　）在荷载作用下，超静定结构的内力与 EI 的绝对值大小有关。

21—7 （　）支座移动、温度改变引起的超静定结构内力与 EI 的绝对值大小无关。

21—8 （　）n 次超静定结构，任意去掉 n 个多余约束均可作为力法基本结构。

21—9 （　）图示梁的超静定次数是 $n=4$。

21—10 （　）图示结构的超静定次数是 $n=3$。

题 21—9 图　　　　　　　题 21—10 图

21—11 （　）力法典型方程的实质是沿基本未知量方向的位移协调方程。

21—12 （　）用力法解超静定结构时，可以取超静定结构为基本体系。

21—13 （　）图(a)结构力法基本体系如图(b)。自由项 $\Delta_{1P}=-\dfrac{ql^4}{8EI_2}$。

21—14 （　）图示结构选切断水平杆为力法基本体系时，其 $\delta_{11}=\dfrac{2h^3}{3EI}$。

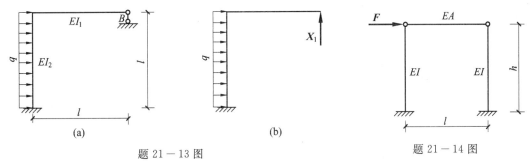

题 21—13 图　　　　　　　题 21—14 图

21—15 （　）图(b)所示结构可作图(a)所示结构的基本体系。

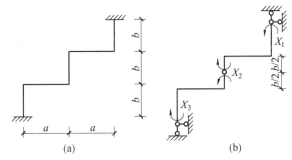

题 21—15 图

21—16 （　）用力法计算、校核最后内力图时只要满足平衡条件即可。

21—17 （　）图示结构用力法求解，切断杆件 2、4 后的体系作为基本结构。

21—18 （　）图示结构的超静定次数为 4。

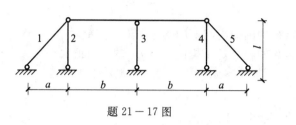
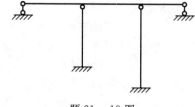

题 21—17 图 题 21—18 图

21—19 （　）用力法求解时，基本结构的选取是不唯一的。

21—20 （　）超静定结构在荷载作用下的反力和内力，只与各杆件刚度的相对数值有关。

21—21 （　）力法方程的物理意义是多余未知力作用点沿力方向的平衡方程。

21—22 （　）图示桁架各杆 EA 相同，在所示荷载作用下，求得 BD 杆内力为零。

21—23 （　）图示为某超静定刚架对应的力法基本体系，其力法方程的主系数 $\delta_{22} = \dfrac{36}{EI}$。

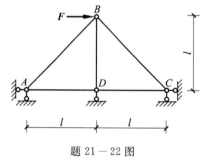
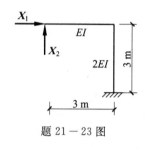

题 21—22 图 题 21—23 图

21—24 （　）用力法求解时，基本结构必须是静定结构。

21—25 （　）图(a)所示对称刚架，在对称荷载作用下可取图(b)所示半刚架来计算。

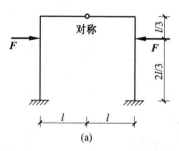
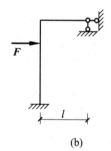

题 21—25 图

21—26 （　）图(a)结构取图(b)为力法基本结构，则其力法方程为 $\delta_{11}X_1 = c$。

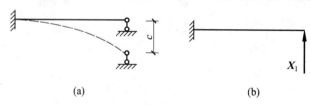

题 21—26 图

21—27 （　　）图(a)所示梁的 M 图如图(b)所示。

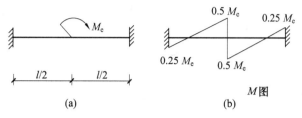

题 21—27 图

21—28 （　　）图(a)所示结构的 M 图如图(b)所示。

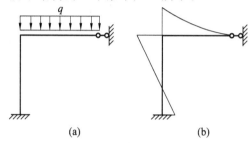

题 21—28 图

21—29 （　　）图示桁架当下弦杆温度上升时，中段下弦杆受拉。

21—30 （　　）图示结构的 EI、EA 均为常数，则 C 截面的弯矩为零。

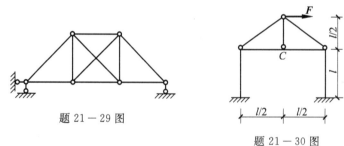

题 21—29 图

题 21—30 图

21—31 （　　）图(a)超静定结构发生支座移动，用图(b)作基本结构时，其力法方程中的自由项为零。

$$\delta_{11}X_1+\cdots+\delta_{13}X_3+\Delta_{1c}=0.02$$
$$\delta_{21}X_1+\cdots+\delta_{23}X_3+\Delta_{2c}=-0.01$$
$$\delta_{31}X_1+\cdots+\delta_{33}X_3+\Delta_{3c}=0$$

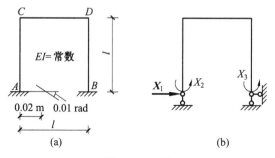

题 21—31 图

21—32 （　）设有静定与超静定两个杆件结构，二者除了支承情况不同外，其余情况完全相同，则在同样的荷载作用下超静定杆件的变形比静定的大。

21—33 （　）如果要降低超静定结构中某些杆截面弯矩的10%，可把该杆惯性矩增大10%。

二、选择题

21—34 在力法方程 $\sum \delta_{ij} X_j + \Delta_{ic} = \Delta_i$ 中_____。
A. $\Delta_i = 0$　　　　B. $\Delta_i > 0$　　　　C. $\Delta_i < 0$　　　　D. 前三种答案都有可能

21—35 力法方程是沿基本未知量方向的_____。
A. 力的平衡方程　　　　　　　　B. 位移为零方程
C. 位移协调方程　　　　　　　　D. 力的平衡及位移为零方程

21—36 图中取 A 支座反力为力法的基本未知量 X_1，当 I_1 增大时，柔度系数 δ_{11} _____。
A. 变大
B. 变小
C. 不变
D. 或变大或变小，取决于 I_1/I_2 的值

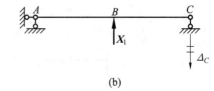

题 21—36 图

21—37 超静定结构在荷载作用下的内力和位移计算中，各杆的刚度应为_____。
A. 均用相对值
B. 均必须用绝对值
C. 内力计算用绝对值，位移计算用相对值
D. 内力计算可用相对值，位移计算须用绝对值

21—38 在超静定结构计算中，一部分杆考虑弯曲变形，另一部分杆考虑轴向变形，则此结构为_____。
A. 梁　　　　B. 桁架　　　C. 横梁刚度为无限大的排架　　　D. 组合结构

21—39 图(a)所示连续梁，在支座移动下若取图(b)所示基本体系，则其力法典型方程为_____。
A. $\delta_{11} X_1 + \Delta_{1C} = 0$　　　　　　　B. $\delta_{11} X_1 + \Delta_{1C} = \Delta_B$
C. $\delta_{11} X_1 = -\Delta_B$　　　　　　　　D. $\delta_{11} X_1 + \Delta_{1C} = -\Delta_B$

题 21—39 图

21—40 图(a)所示梁，取图(b)中所示基本结构，则其力法典型方程为_____。
A. $\delta_{11} X_1 + \delta_{12} X_2 = 0, \delta_{21} X_1 + \delta_{22} X_2 = -\varphi$
B. $\delta_{11} X_1 + \delta_{12} X_2 = \varphi, \delta_{21} X_1 + \delta_{22} X_2 = 0$
C. $\delta_{11} X_1 + \delta_{12} X_2 = 0, \delta_{21} X_1 + \delta_{22} X_2 = \varphi$
D. $\delta_{11} X_1 + \delta_{12} X_2 = 0, \delta_{21} X_1 + \delta_{22} X_2 = 0$

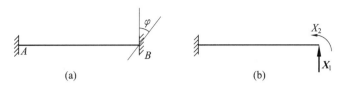

题 21－40 图

21－41 图(a)结构,取图(b)为力法基本体系,EI＝常数,δ_{11} 为 _____。

A. $\dfrac{2l}{3EI}$ B. $\dfrac{l}{2EI}$ C. $\dfrac{l}{EI}$ D. $\dfrac{4l}{3EI}$

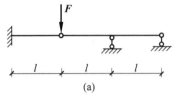 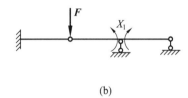

(a)　　　　　　　　　　　(b)

题 21－41 图

21－42 图中取 A 的竖向和水平支座反力为力法的基本未知量 X_1(向上) 和 X_2(向左),则柔度系数 _____。

A. $\delta_{11} > 0, \delta_{22} < 0$ B. $\delta_{11} < 0, \delta_{22} > 0$
C. $\delta_{11} < 0, \delta_{22} < 0$ D. $\delta_{11} > 0, \delta_{22} > 0$

21－43 图中取 A 支座反力为力法的基本未知量 X_1(向右为正),EI_1＝常数,$EI_2 = \infty$,则 _____。

A. $X_1 > 0$ B. $X_1 < 0$
C. $X_1 = 0$ D. X_1 方向不定,取决于 I_1 值

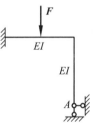 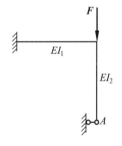

题 21－42 图　　　　题 21－43 图

21－44 图示(a)结构的最后弯矩图为 _____。

A. 图(b) B. 图(c) C. 图(d) D. 都不对

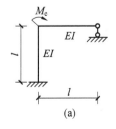 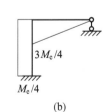 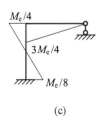 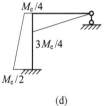

(a)　　　　(b)　　　　(c)　　　　(d)

题 21－44 图

21—45 图示结构中弹簧的柔度 f 由小变大时,固定 A 端的反力偶 M_A 为_____。
A. 由小变大 B. 由大变小
C. 不变化   D. M_A 反向

21—46 图(a)结构最后弯矩图的形状为_____。
A. 图(b)   B. 图(c)
C. 图(d)   D. 都不对

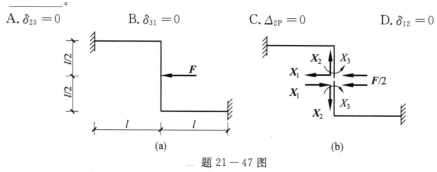

题 21—45 图

题 21—46 图

21—47 图(a)所示结构,EI = 常数,取图(b)为力法基本体系,则下述结果中错误的是_____。
A. $\delta_{23}=0$ B. $\delta_{31}=0$ C. $\Delta_{2P}=0$ D. $\delta_{12}=0$

题 21—47 图

21—48 图示结构 E = 常数,在给定荷载作用下若使 A 支座反力为零,则应使_____。
A. $I_2=I_3$ B. $I_2=4I_3$ C. $I_2=2I_3$ D. $I_3=4I_2$

21—49 图(a)所示结构取图(b)为力法基本体系,EA、EI 均为常数,则基本体系中沿 X_1 方向的位移 Δ_1 等于_____。
A. 0   B. $\dfrac{EA}{l}$ C. $\dfrac{-X_1 l}{EA}$ D. $\dfrac{X_1 l}{EA}$

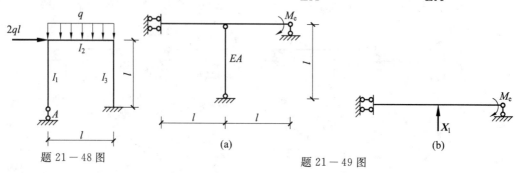

题 21—48 图

题 21—49 图

21－50　图示梁用力法计算时，计算最简单的基本体系为图_____。

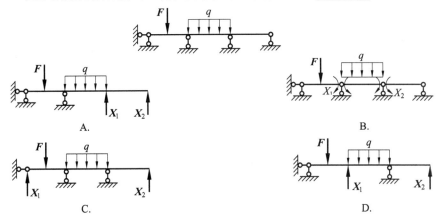

题 21－50 图

21－51　力法典型方程的物理意义是_____。
A. 结构的平衡条件　　　　　　　B. 结点的平衡条件
C. 结构的变形协调条件　　　　　D. 结构的平衡条件及变形协调条件

21－52　图示等截面梁正确的 M 图是_____。

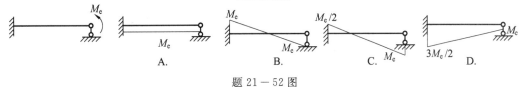

题 21－52 图

21－53　图示等截面梁正确的 M 图是_____。

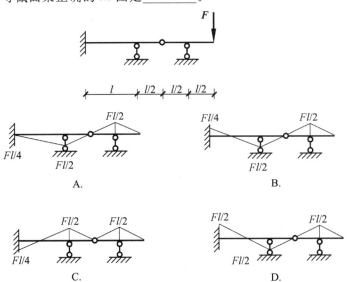

题 21－53 图

21－54　图(a)结构取图(b)为力法基本体系,EI＝常数,δ_{22} 为 _____。

A. $\dfrac{2l^3}{EI}$ B. $\dfrac{5l^3}{3EI}$ C. $\dfrac{l}{3EI}$ D. $\dfrac{4l^3}{3EI}$

21－55　图(a)结构取图(b)为力法基本体系,E＝常数,$A=\dfrac{I}{l^2}$,δ_{11} 为 _____。

A. $\dfrac{l}{3EI}$ B. $\dfrac{4l}{3EI}$ C. $\dfrac{7l}{3EI}$ D. $\dfrac{9l}{3EI}$

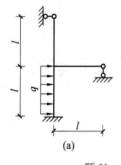
(a)　　(b)

题 21－54 图

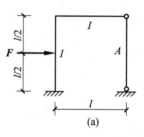
(a)

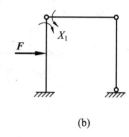
(b)

题 21－55 图

21－56　图示结构的正确 M 图(EI 为常数)为 _____。

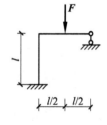

A.

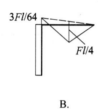
B.

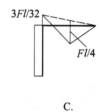
C.

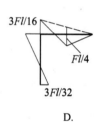
D.

题 21－56 图

21－57　图示为超静定桁架的基本结构及多余力 $X_1=1$ 作用下的各杆内力,EA＝常数,则 δ_{11} 为 _____。

A. $\dfrac{d(0.5+1.414)}{EA}$ B. $\dfrac{d(1.5+1.414)}{EA}$

C. $\dfrac{d(2.5+1.414)}{EA}$ D. $\dfrac{d(1.5+2.828)}{EA}$

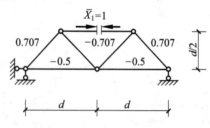

题 21－57 图

21－58　用力法计算图示结构时,使其典型方程中副系数全为零的力法基本体系是图 _____。

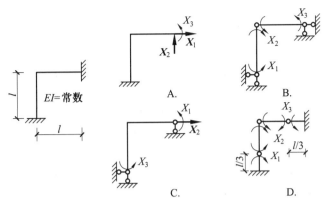

题 21-58 图

21-59 用力法计算图示结构时,使其典型方程中副系数为零的力法基本结构是图 _____。

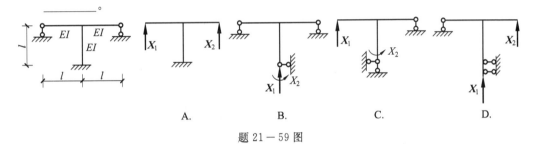

题 21-59 图

21-60 用力法计算图示结构时,使其典型方程中副系数为零的力法基本结构是图 _____。

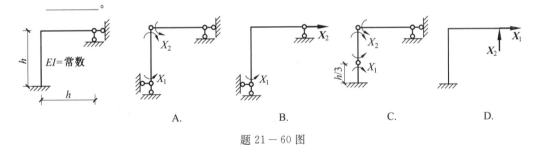

题 21-60 图

21-61 求图示结构的 Δ_{cx} 时,欲使计算最简便,所选用的虚拟力状态应是 _____。

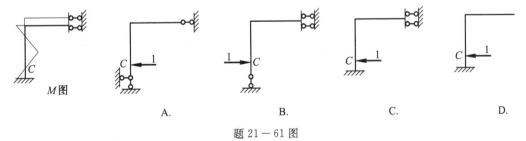

题 21-61 图

21-62 图示对称刚架具有两根对称轴,利用对称性简化后的计算简图为 _____。

21-63 图示对称结构,其半结构计算简图为 _____。

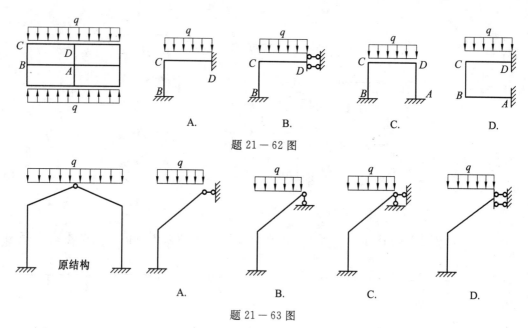

题 21-62 图

题 21-63 图

21-64　图示对称结构 $EI=$ 常数,中点截面 C 及 AB 杆内力应满足_____。

A. $M \neq 0, F_S = 0, F_N = 0, F_{NAB} \neq 0$　　B. $M = 0, F_S \neq 0, F_N = 0, F_{NAB} \neq 0$

C. $M = 0, F_S \neq 0, F_N = 0, F_{NAB} = 0$　　D. $M \neq 0, F_S = 0, F_N = 0, F_{NAB} = 0$

21-65　图(a)结构取图(b)为力法基本体系,则基本体系中沿 X_1 方向的位移 Δ_1 等于_____。

A. 0　　　　B. k　　　　C. $-\dfrac{X_1}{k}$　　　　D. $\dfrac{X_1}{k}$

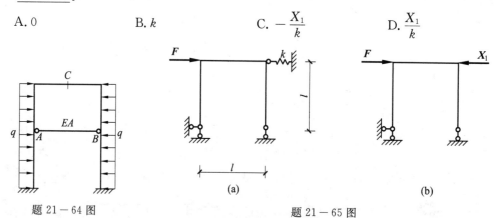

题 21-64 图　　　　题 21-65 图

21-66　图(a)结构取图(b)为力法基本体系,则基本体系中沿 X_1 方向的位移 Δ_1 为_____。

A. 0　　　　B. k　　　　C. $-\dfrac{X_1}{k}$　　　　D. $\dfrac{X_1}{k}$

21-67　图(a)所示结构 $EI=$ 常数,取图(b)为力法基本体系,则 $\delta_{11}X_1 + \Delta_{1c}$ 和 Δ_{1c} 分别等于_____。

A. $\Delta, \dfrac{\Delta}{4}$　　B. $-\Delta, \dfrac{\Delta}{4}$　　C. $\Delta, -\dfrac{\Delta}{4}$　　D. $-\Delta, -\dfrac{\Delta}{4}$

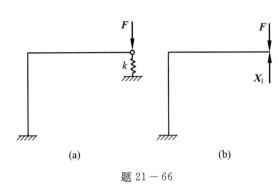
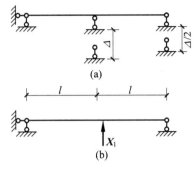

题 21-66 图　　　　　　　　　题 21-67 图

21-68　图(a)所示梁，取图(b)所示基本结构，则其力法典型方程为_____。

A. $\delta_{11}X_1+\delta_{12}X_2=0,\delta_{21}X_1+\delta_{22}X_2=-\varphi$

B. $\delta_{11}X_1+\delta_{12}X_2=\varphi,\delta_{21}X_1+\delta_{22}X_2=0$

C. $\delta_{11}X_1+\delta_{12}X_2=0,\delta_{21}X_1+\delta_{22}X_2=\varphi$

D. $\delta_{11}X_1+\delta_{12}X_2=0,\delta_{21}X_1+\delta_{22}X_2=0$

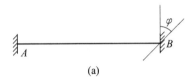

题 21-68 图

21-69　图示连续梁的正确 M 图为_____。

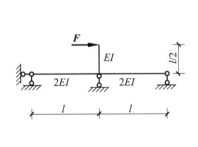
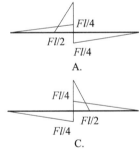
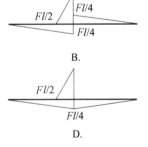

题 21-69 图

21-70　图示结构（$EI=$ 常数）的正确 M 图为_____。

21-71　图示结构的正确 M 图为_____。

21-72　图示结构利用对称性的半结构为_____。

21-73　图示结构利用对称性可取的计算简图为_____。

21-74　图示结构各杆截面相同，EI 和线膨胀系数 α 均为常数，其 M 图为_____。

21-75　图示结构各杆 EI、EA 值均相同，上横梁弯矩最大者为_____。

21-76　图示桁架 K 点最小竖向位移为_____。

21-77　图示框架横梁跨中弯矩最大者为_____，最小者为_____。

21-78　假定杆件截面相同，跨中挠度最大者为_____。

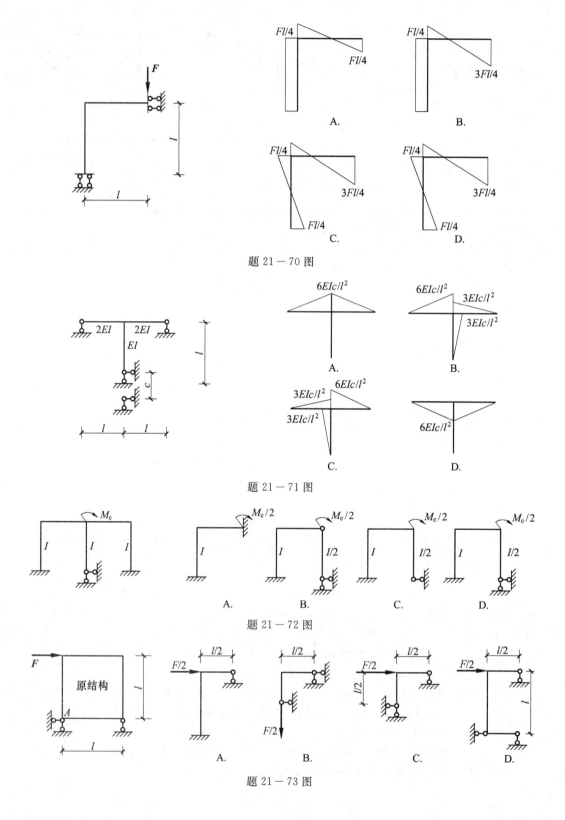

题 21-70 图

题 21-71 图

题 21-72 图

题 21-73 图

第 21 章 力法解超静定结构

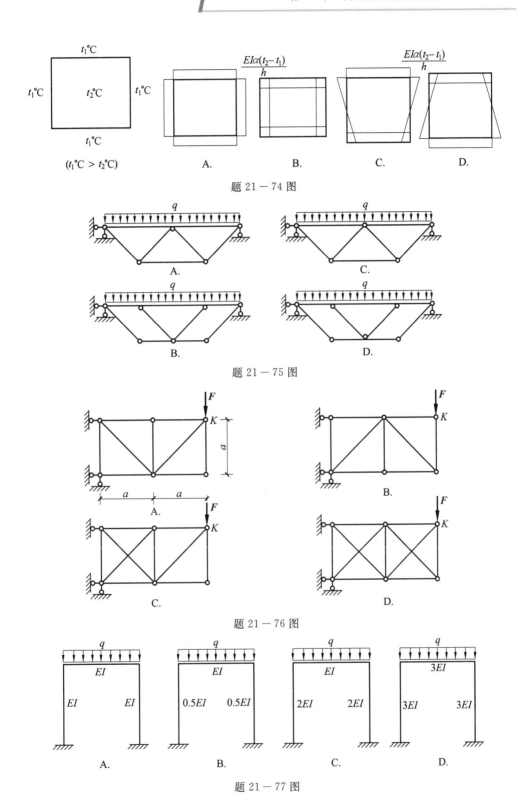

题 21-74 图

题 21-75 图

题 21-76 图

题 21-77 图

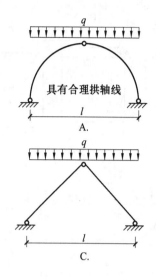
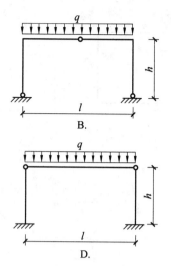

题 21-78 图

三、填空题

21-79 力法方程中柔度系数 δ_{ij} 代表_____,自由项 Δ_{iP} 代表_____。

21-80 力法方程等号左侧各项代表_____,右侧代表_____。

21-81 超静定刚架采用力法求解,在荷载作用下,若各杆 EI 同时增加 n 倍,则 δ_{ij} 值_____倍,Δ_{iP} 值_____倍,X_i 值_____。

21-82 力法方程中的主系数的符号必为_____,副系数和自由项可能为_____。

21-83 图示结构的超静定次数为_____。

21-84 图(a)结构为_____次超静定,图(b)为_____次超静定。

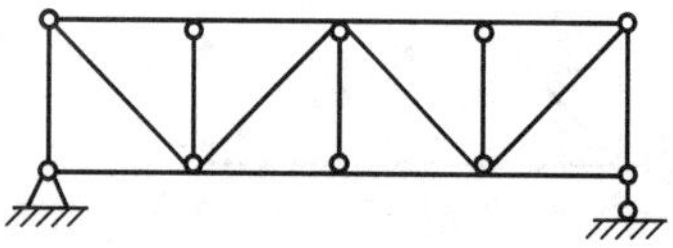

题 21-83 图

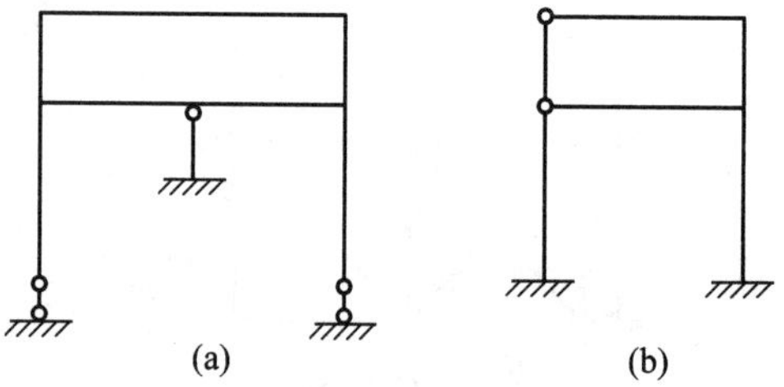

题 21-84 图

21-85 图示结构的超静定次数为_____。

21-86 图示结构为_____次超静定结构。

21-87 图示对称结构在正对称荷载作用下,铰 C 左侧截面的位移分量中,_____为零,_____不为零。

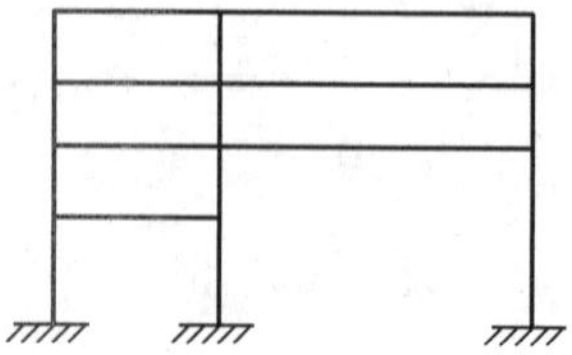

题 21-85 图 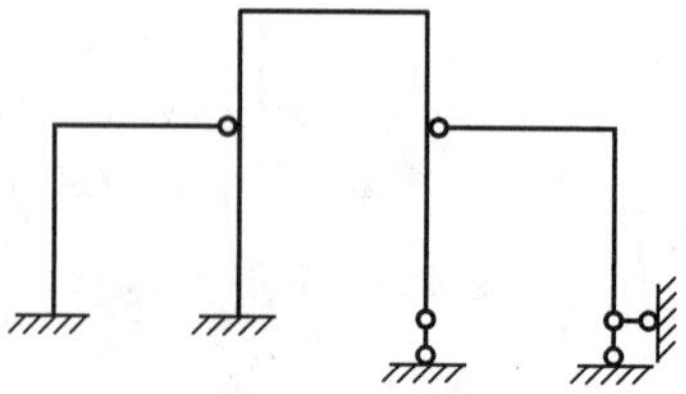　　题 21-86 图 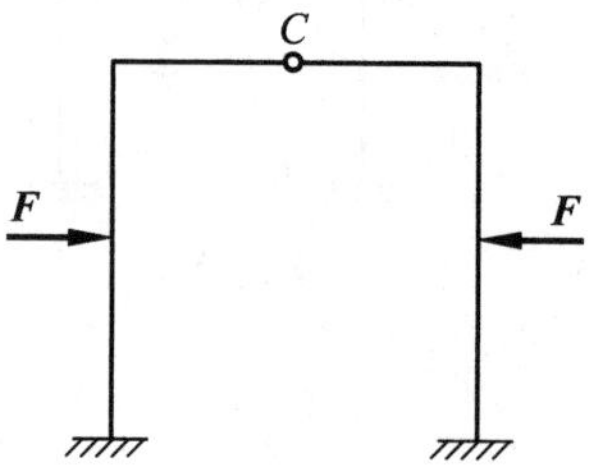　　题 21-87 图

21－88　图示为五跨连续梁用力法求解时的基本体系和基本未知量，其系数 δ_{ij} 中为零的是________，________，________。

21－89　图示结构的超静定次数为________。

题 21－88 图

题 21－89 图

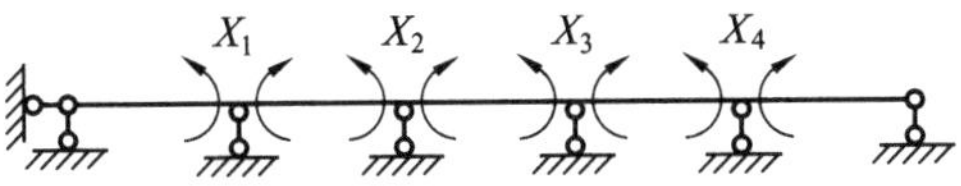

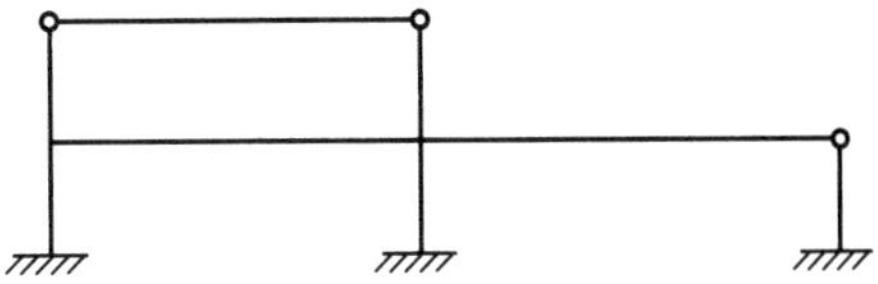

21－90　图示结构的超静定次数为________。

21－91　图(a)结构，EI＝常数，图(b)为力法基本体系，典型方程中的 Δ_{1P} 为________。

题 21－90 图

(a)　　(b)

题 21－91 图

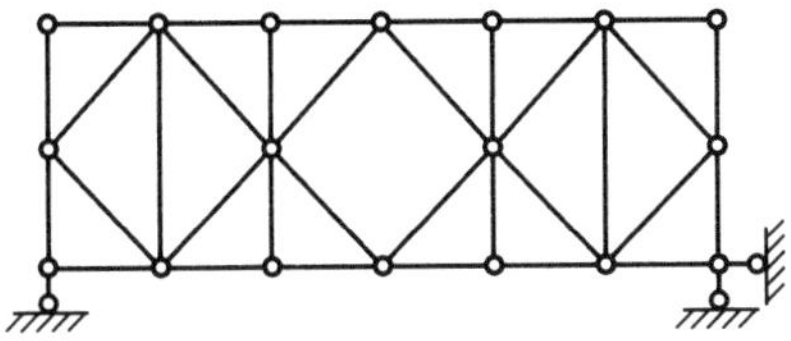

21－92　图示结构与力法基本体系，EI＝常数，力法方程中的自由项 Δ_{1P}＝________。

(a)　　(b)

题 21－92 图

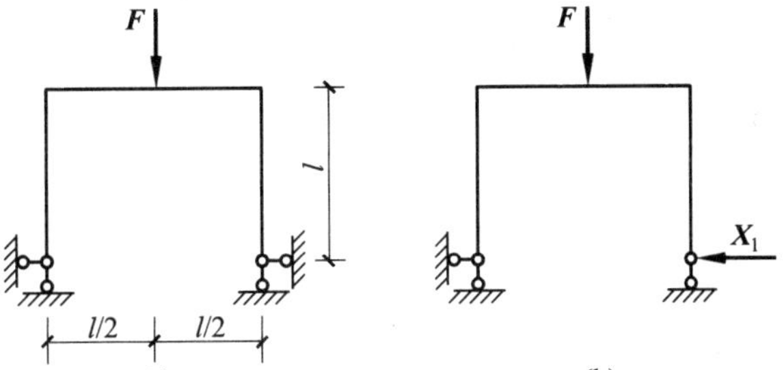

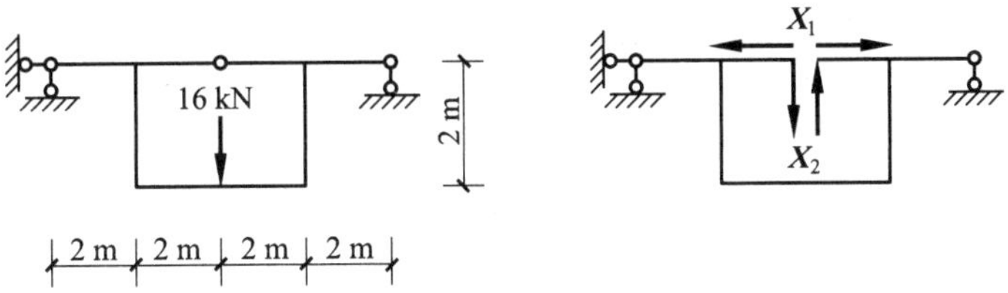

21－93　图(a)结构，EA＝常数，力法基本结构如图(b)，力法典型方程中的自由项 Δ_{1P} 为________。

(a)　　(b)

题 21－93 图

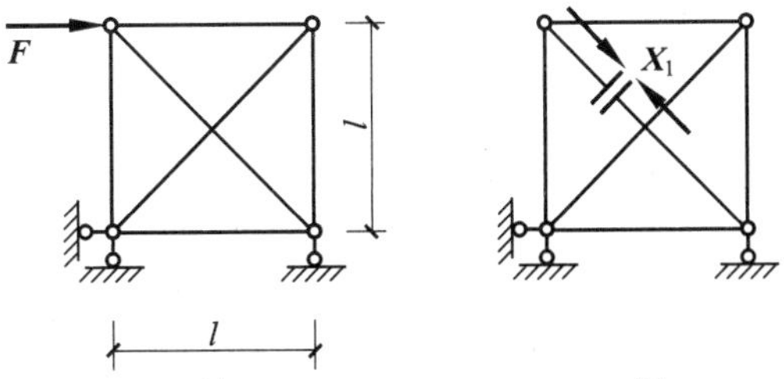

21－94　对于对称结构，应充分利用其对称性质，选择________的基本体系进行计算。

21－95　图(a)所示结构，取图(b)为力法基本体系，则 δ_{11}＝________。

21－96　图(a)所示结构，若取图(b)所示基本体系，则在力法方程中的副系数________等于零，自由项________等于零。

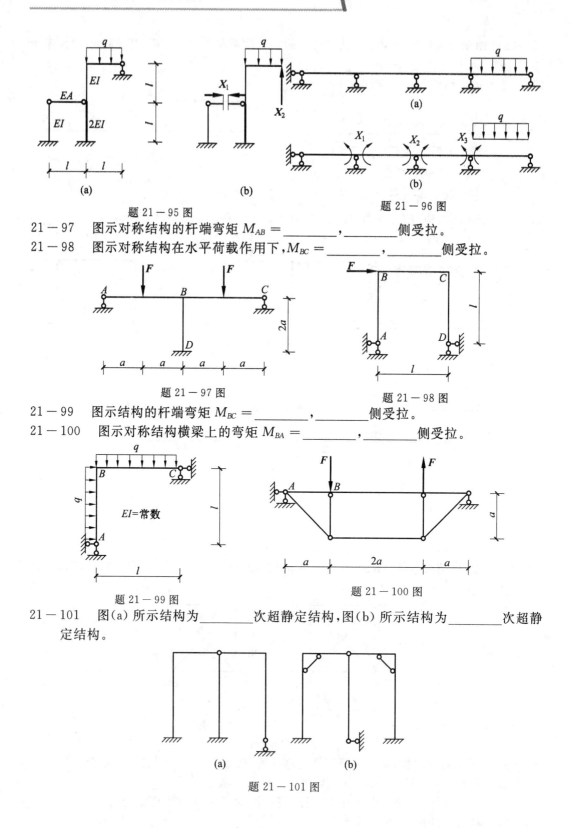

题 21－95 图　　题 21－96 图

21－97　图示对称结构的杆端弯矩 $M_{AB}=$ _____，_____侧受拉。

21－98　图示对称结构在水平荷载作用下，$M_{BC}=$ _____，_____侧受拉。

题 21－97 图　　题 21－98 图

21－99　图示结构的杆端弯矩 $M_{BC}=$ _____，_____侧受拉。

21－100　图示对称结构横梁上的弯矩 $M_{BA}=$ _____，_____侧受拉。

题 21－99 图　　题 21－100 图

21－101　图（a）所示结构为_____次超静定结构，图（b）所示结构为_____次超静定结构。

题 21－101 图

21-102 图(a)结构取图(b)为力法的基本体系($k = 3EI/2l^2$),则 δ_{11} = _____。

21-103 图示为力法的基本体系,则 δ_{11} = _____。

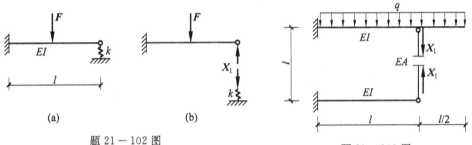

题 21-102 图   题 21-103 图

21-104 用力法计算图(a)结构,图(b)为基本结构,已知各杆线膨胀系数 α,矩形截面高 h 相同,典型方程中自由项 Δ_{1t} = _____,Δ_{2t} = _____。

21-105 图(a)结构中支座 B 下沉 a,力法基本结构如图(b),Δ_{1c} = _____。

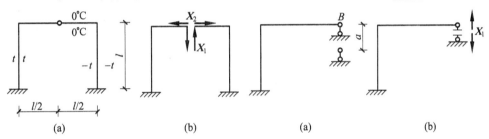

题 21-104 图   题 21-105 图

21-106 图(a)所示结构取图(b)为力法基本体系,EI = 常数,则力法典型方程为 _____,系数项 δ_{11} 为 _____,自由项 Δ_{1c} 为 _____。

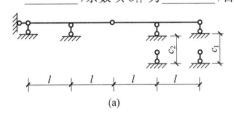 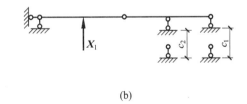

题 21-106 图

21-107 图示结构 EI = 常数,在给定荷载作用下,F_{SAB} = _____。

21-108 图示结构 EA = 常数,则杆 1 的轴力 F_{N1} = _____。

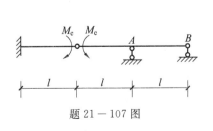 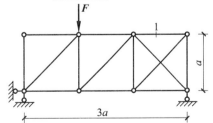

题 21-107 图   题 21-108 图

21-109 图示结构 EI = 常数,不考虑链杆的轴向变形,则 F_{NAB} = _____。

21-110 图(a)所示桁架 EA = 常数,材料的线膨胀系数为 α,当各杆温度升高 t ℃,取图

(b)中所示的基本体系计算,其力法方程为_____。

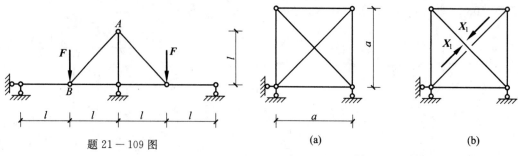

题 21－109 图　　　题 21－110 图

21－111　图(a)结构取图(b)为力法基本结构,则 $\Delta_{1c}=$ _____。

21－112　图示超静定桁架在荷载作用下,杆件 CD 的轴力 $F_N=$ _____,设各杆 $EA=$ 常数。

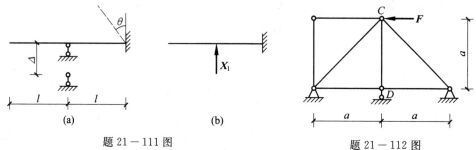

题 21－111 图　　　题 21－112 图

21－113　图(a)结构取图(b)为力法基本结构,已求得 $X_1=0.57$ kN·m, $X_2=13.11$ kN, $X_3=-13.66$ kN,则 $M_{AC}=$ _____,_____侧受拉。$EI=$ 常数。

21－114　图(b)为图(a)结构的 M 图,则 B、C 两点的相对转角 $\varphi_{BC}=$ _____。

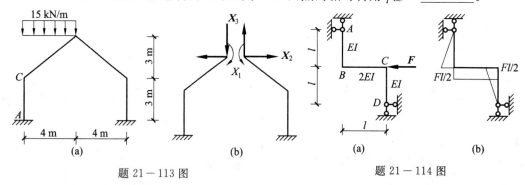

题 21－113 图　　　题 21－114 图

四、计算分析题

21－115　确定下列图示结构的超静定次数,给出一种力法的基本结构,并标出基本未知力。

21－116　已知各杆的 EA 相同,用力法计算并求图示桁架的内力。

21－117　试作图示超静定梁的 M、F_S 图。

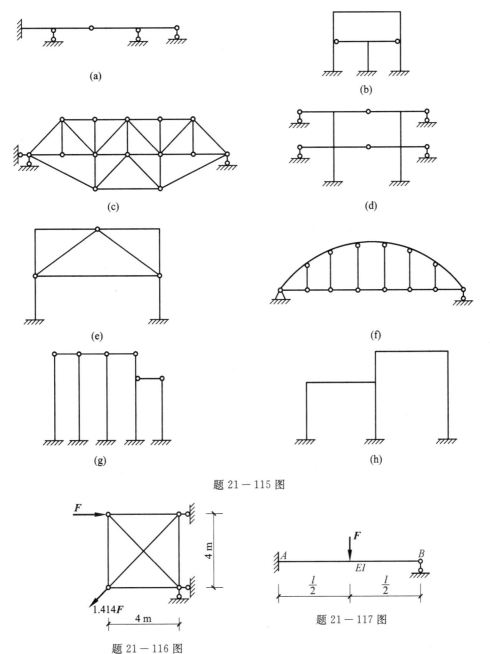

题 21－115 图

题 21－116 图

题 21－117 图

21－118　作图示刚架的 M 图。$EI =$ 常数。
21－119　用力法计算如图所示结构，并作 M 图。

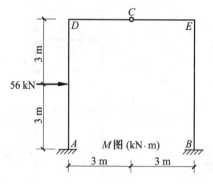
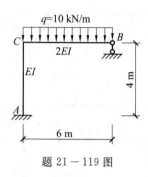

题 21—118 图

题 21—119 图

21—120　用力法计算图示结构并绘出 M 图。EI = 常数。

21—121　用力法计算如图所示结构，并作 M 图。

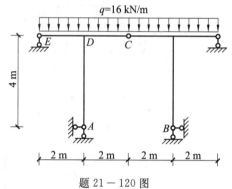
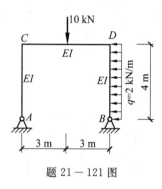

题 21—120 图

题 21—121 图

21—122　试计算图示排架，作 M 图。

21—123　已知 EA、EI 均为常数，试用力法计算并作图示对称结构的 M 图。

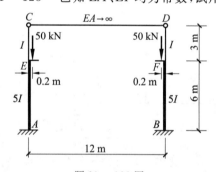
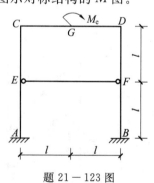

题 21—122 图

题 21—123 图

21—124　用力法计算如图所示结构，并作 M 图。

21—125　用力法计算如图所示结构，并作 M 图。

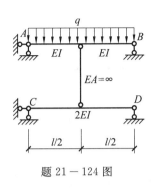

题 21-124 图

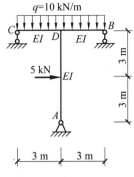

题 21-125 图

21-126 已知 $EI=$ 常数，各杆为矩形截面，截面高度 $h=l/10$，线膨胀系数为 α，$t_1=10\ ℃$，$t_2=30\ ℃$。用力法计算并作图示结构的 M 图。

21-127 已知 $EI=$ 常数。试用力法计算并求解图示结构由于 AB 杆的制造误差（短 Δ）所产生的 M 图。

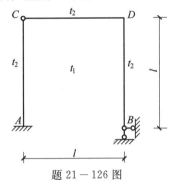

题 21-126 图

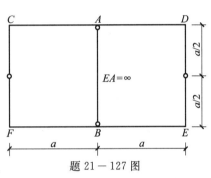

题 21-127 图

21-128 梁的支座发生位移如图所示，试分别绘制图(a)、(b) 的 M 图。

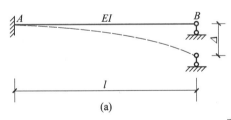

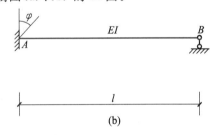

题 21-128 图

21-129 用力法计算如图所示结构，并作 M 图。

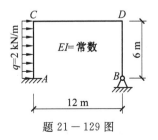

题 21-129 图

21—130 试用力法计算图示梁,并绘制 M 图。

21—131 试用力法计算图示梁,并绘制 M 图。

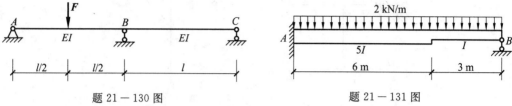

题 21—130 图   题 21—131 图

21—132 试用力法分析图示刚架,绘制 M、F_S、F_N 图。

21—133 图示刚架 $E=$ 常数,$n=\dfrac{5}{2}$,试作 M 图,并讨论当 n 增大和减小时 M 图如何变化。

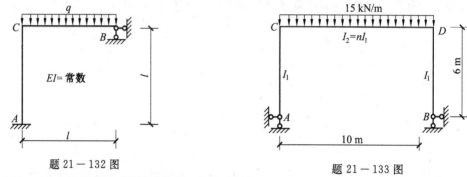

题 21—132 图   题 21—133 图

21—134 用力法计算如图所示结构,并作 M 图。

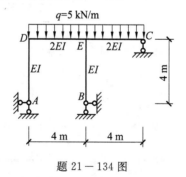

题 21—134 图

21—135 试用力法分析图示刚架,绘制 M 图。

21—136 试用力法分析图示刚架,绘制 M 图。

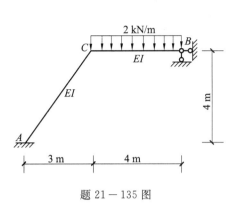

题 21-135 图

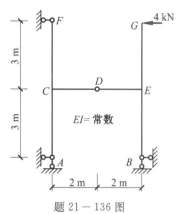

题 21-136 图

21-137　试求图示超静定桁架各杆的内力。各杆 EA 相同。

21-138　试求图示超静定桁架各杆的内力。各杆 EA 相同。

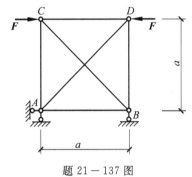

题 21-137 图

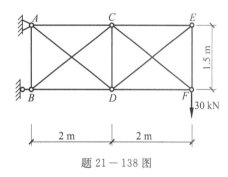

题 21-138 图

21-139　试分析图示组合结构的内力,绘出受弯杆的弯矩图,并求出各杆的轴力,已知上弦横梁的 $EI=1\times10^4$ kN·m^2,腹杆和下弦的 $EA=2\times10^5$ kN。

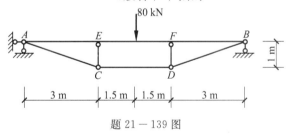

题 21-139 图

21-140　试分析图示对称结构,绘制 M、F_S、F_N 图。

21-141　试绘制图示对称结构的 M 图。

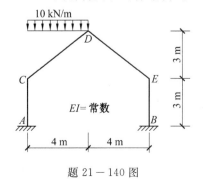

题 21-140 图

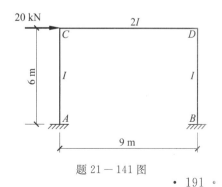

题 21-141 图

21-142 试绘制图示对称结构的 M 图。

21-143 试绘制图示对称结构的 M 图。

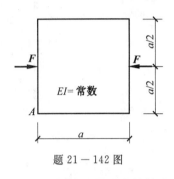

题 21-142 图

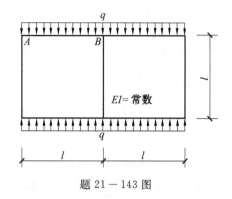

题 21-143 图

21-144 试绘制图示对称结构的 M 图。

21-145 试作图示刚架的 M 图。(提示:支座反力是静定的,可将支座去掉代替以反力并视为荷载。结构有竖直、水平两个对称轴,荷载对竖轴是正对称的。将荷载对水平轴分解为正反对称两组,正对称组作用下 M 为零(忽略轴向变形时),不需求解;反对称时只有一个多余未知力)。

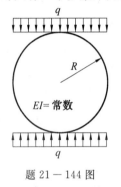

题 21-144 图

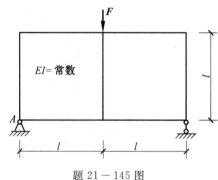

题 21-145 图

21-146 结构的温度改变如图所示,$EI=$ 常数,截面对称于形心轴,其高度 $h=\dfrac{l}{10}$,材料的线膨胀系数为 α。(1) 作 M 图;(2) 求杆端 A 的角位移。

21-147 图示结构的支座 B 发生了水平位移 $a=30$ mm(右),$b=40$ mm(下),$\varphi=0.01$ rad(顺时针),已知各杆的 $I=6\,400$ cm^4,$E=210$ GPa。试:(1) 作 M 图;(2) 求 D 点竖向位移及 F 点水平位移。

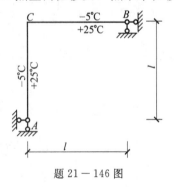

题 21-146 图

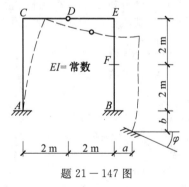

题 21-147 图

21—148　图示连续梁为一工字钢制成，温度变化为 $t_1=20℃,t_2=0℃$，钢的 $\alpha=1\times 10^{-5}/℃, E=210\ \text{GPa}$。试求梁内最大正应力，并讨论若加大工字钢号码能否达到降低应力的目的？

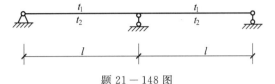

题 21—148 图

21—149　图示连续梁为 28a 号工字钢，$I=7\ 114\ \text{cm}^4, E=210\ \text{GPa}, l=10\ \text{m}, F=50\ \text{kN}$，若欲使梁内最大正、负弯矩的绝对值相等，试问应将中间支座升高或降低多少。

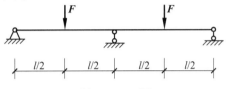

题 21—149 图

21—150　试作图示梁的 M 图，并求 C 点竖向位移。已知 $EI=$ 常数，弹性支座的刚度 $k=\dfrac{EI}{a^3}$。

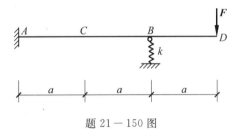

题 21—150 图

习题参考答案

一、是非题

21—1　√　21—2　√　21—3　×　21—4　×　21—5　×　21—6　×
21—7　×　21—8　×　21—9　√　21—10　×　21—11　√　21—12　√
21—13　×　21—14　×　21—15　×　21—16　×　21—17　×
21—18　×　21—19　√　21—20　√　21—21　×　21—22　√
21—23　×　21—24　×　21—25　×　21—26　×　21—27　√
21—28　√　21—29　×　21—30　√　21—31　√　21—32　×
21—33　×

二、选择题

21—34　D　21—35　C　21—36　B　21—37　D　21—38　D　21—39　D
21—40　A　21—41　C　21—42　D　21—43　A　21—44　A　21—45　A

21—46　A　21—47　D　21—48　D　21—49　C　21—50　B　21—51　C
21—52　C　21—53　B　21—54　D　21—55　C　21—56　B　21—57　B
21—58　D　21—59　B　21—60　C　21—61　D　21—62　A　21—63　A
21—64　C　21—65　C　21—66　C　21—67　D　21—68　A　21—69　A
21—70　B　21—71　D　21—72　D　21—73　C　21—74　B　21—75　B
21—76　D　21—77　BC　21—78　D

三、填空题

21—79　基本体系中由于 $X_j=1$ 引起沿 X_i 方向位移,基本体系中由于荷载作用引起沿 X_i 方向的位移

21—80　基本体系沿基本未知力方向的位移,原结构沿基本未知力方向的位移

21—81　减小 n,减小 n,不变

21—82　正,正、负或零

21—83　6

21—84　4,3

21—85　21 次

21—86　4

21—87　水平位移,竖向位移和角位移

21—88　$\delta_{13},\delta_{14},\delta_{24}$

21—89　6 次

21—90　1 次

21—91　$\dfrac{-Fl^3}{8EI}$

21—92　$\dfrac{-256}{EI}$

21—93　$\dfrac{(2+\sqrt{2})Fl}{EA}$

21—94　对称的

21—95　$\dfrac{l^3}{2EI}+\dfrac{l}{EA}$

21—96　$\delta_{13}、\delta_{31},\Delta_{1P}、\Delta_{2P}$

21—97　$0.375Fa$,上

21—98　$0.5Fl$,内

21—99　$\dfrac{ql^2}{8}$,上

21—100　$0.5Fa$,下

21—101　2,4

21—102　$\dfrac{l^3}{EI}$

21—103　$\dfrac{l}{EA}+\dfrac{2l^3}{3EI}$

21—104　$-2\alpha tl$,0

21-105　a

21-106　$\delta_{11}X_1+\Delta_{1c}=0, \delta_{11}=l^3/3EI, \Delta_{1c}=c_1/2-c_2$

21-107　$2M_e/3l$

21-108　$-0.132F$

21-109　$\sqrt{2}F$

21-110　$\delta_{11}X_1+\Delta_{1t}=0$

21-111　$-l\theta$

21-112　0

21-113　12.73 kN·m,内

21-114　$Fl^2/(4EI)$

四、计算分析题

21-115　(a)2 次；(b)7 次；(c)3 次；(d)8 次；(e)3 次；(f)1 次；(g)4 次；(h)6 次

21-116　$\delta_{11}=\dfrac{38.62}{EA}, \Delta_{1P}=-\dfrac{19.31F}{EA}$

21-117　$M_A=-\dfrac{12Fl}{32}$(上侧受拉)；$M_{中}=\dfrac{5Fl}{32}$(下侧受拉)

21-118　$M_{AD}=97.5$ kN·m(左侧受拉), $M_{BE}=34.5$ kN·m(左侧受拉)

21-119　$M_C=9$ kN·m(外侧受拉)

21-120　$M_{DA}=8$ kN·m(左侧受拉), $M_{DE}=24$ kN·m(上侧受拉), $M_{DC}=32$ kN·m(上侧受拉)

21-121　$M_C=13.8$ kN·m(外侧受拉)

21-122　$M_{AE}=1.61$ kN·m(右侧受拉), $M_{EA}=6.13$ kN·m(左侧受拉)

21-123　$M_{GC}=M_e/2$(上侧受拉), $M_{CA}=M_e/28$(右侧受拉)

21-124　$M_{CD中}=\dfrac{5ql^2}{48}$(下侧受拉)

21-125　$M_{DB}=3.75$ kN·m(上侧受拉)

21-126　$M_{DB}=80\alpha EI/l$(内侧受拉), $M_{AC}=80\alpha EI/l$(外侧受拉)

21-127　$M_{AC}=\dfrac{3EI\Delta}{2a^2}$(内侧受拉)

21-128　(a)$M_{AB}=3EI/l^2$(上侧受拉)；(b)$M_{AB}=3EI/l$(下侧受拉)

21-129　$M_A=23.5$ kN·m(左侧受拉), $M_D=5.92$ kN·m(外侧受拉)

21-130　$M_B=-\dfrac{3Fl}{32}$(上侧受拉)

21-131　$M_A=-25.48$ kN·m(上侧受拉)

21-132　$M_C=-\dfrac{ql^2}{14}$(上侧受拉), $M_A=\dfrac{ql^2}{28}$(右侧受拉)

21-133　$M_C=M_D=62.5$ kN·m(外侧受拉)。当 n 增大时, M_C、M_D 减小；$n\to\infty, M_D=0$；$n\to 0, M_D=125$ kN·m

21-134　$M_D=0.85$ kN·m(外侧受拉), $M_{ED}=10.2$ kN·m(上侧受拉)

21-135　$M_{CB}=2.06$ kN·m(上侧受拉)

21-136　$M_{CF}=4.8$ kN·m(左侧受拉)

21—137　$F_{NCD} = -0.896F$(压)，$F_{NAC} = F_{NAB} = F_{NBD} = 0.104F$(拉)，$F_{NBC} = F_{NAF} = -0.147F$(压)

21—138　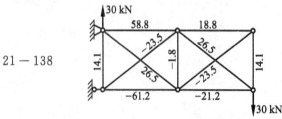

21—139　$M_{中} = 54.8$ kN·m(下侧受拉)

21—140　$M_A = 9.27$ kN·m(右侧受拉)

21—141　$M_C = 26.7$ kN·m(内侧受拉)，$M_A = -33.3$ kN·m(左侧受拉)

21—142　$M_A = \dfrac{Fa}{16}$

21—143　$M_B = -\dfrac{ql^2}{9}$

21—144　$M_A = \dfrac{qR^2}{4}$(外侧受拉)

21—145　$M_A = \dfrac{3Fl}{28}$(内侧受拉)

21—146　(1) $\dfrac{480\alpha EI}{l}$(上侧受拉)；(2) $\varphi_A = -60\alpha$

21—147　(1) 略；(2) $\Delta_{Dy} = 3.625$ cm($\downarrow$)，$\Delta_{Fx} = 4.12$ cm($\rightarrow$)

21—148　$M_{中} = \dfrac{30\alpha EI}{h}$(下侧受拉)，$\sigma_{max} = 31.5$ MPa；改变I不能改变σ值，σ与I无关，仅与αE有关。

21—149　$\Delta_B = 23.24$ mm

21—150　$M_A = \dfrac{5}{11}Fa$(上侧受拉)，$\Delta_{Cy} = \dfrac{3Fa^3}{11EI}$($\downarrow$)

第22章 位移法解超静定结构

内容提要

本章讨论用位移法计算超静定结构的问题。位移法是结构分析的通用方法,它既可用于计算超静定结构的内力,也可用于计算静定结构的内力(力法只能用于超静定结构的分析)。

一、位移法的计算原理

几何不变的结构在一定的外因作用下,其内力与位移之间恒具有一定的关系,确定的内力只与确定的位移相对应。位移法是以结点处的独立角位移和线位移为基本未知量。在相应的基本未知量处人为地附加约束而将原结构"化分"为若干个单跨等截面超静定梁,取这些单跨梁(或称为单元)作为计算的基本结构。用力法求出单个杆件的杆端内力用杆端位移表达的关系式(即杆端内力表达成杆端位移的函数),这些杆端位移应与其所在结点的其他杆端位移相协调。而后利用原结构在荷载和结点位移的共同作用下,使每个附加约束中的反力(或反力矩)都应等于零的平衡条件建立位移法的基本方程,解此方程得结点位移。求得结点位移后,原结构的计算就转化为单个杆件的计算问题。

因此,位移法的关键是:确定独立结点位移;确定基本体系;建立位移法的基本方程。

二、位移法的计算基础

位移法是以力法为计算基础的,即由力法算出单跨超静定梁在杆端发生角位移、线位移以及荷载(或支座移动,或温度改变)等因素作用下的内力。单跨超静定梁归纳为三种类型,它们是:两端固定梁、一端固定另一端链杆支座(或固定铰支座)以及一端固定另一端滑动支座。

1. 两端固定梁的转角位移方程(或刚度方程)

$$\left. \begin{array}{l} M_{AB} = 4i\theta_A + 2i\theta_B - \dfrac{6i}{l}\Delta + M_{AB}^F \\ M_{BA} = 2i\theta_A + 4i\theta_B - \dfrac{6i}{l}\Delta + M_{BA}^F \end{array} \right\}$$

式中,$i = EI/l$,称为线刚度(单位长度的刚度)。

M_{AB}^F、M_{BA}^F 是此两端固定的梁在荷载、温度变化等外因作用下的杆端弯矩,称为固端弯矩。

转角位移方程将杆端内力表达为杆端位移的函数,若已知杆端转角 θ_A、θ_B 及线位移 Δ 以及固端弯矩 M_{AB}^F、M_{BA}^F,由上式可得杆端弯矩 M_{AB}、M_{BA}。

关于正负号的规定:在位移法中,为计算方便,弯矩是以对杆端而言顺时针方向为正(对结点或支座而言则是以逆时针方向为正),θ_A、θ_B 均以顺时针方向为正;Δ 则以使整个杆件顺时针方向转动为正。

2. 一端固定另一端链杆支座等截面梁的转角位移方程

$$\left. \begin{array}{l} M_{AB} = 3i\theta_A - \dfrac{3i}{l}\Delta + M_{AB}^F \\ M_{BA} = 0 \end{array} \right\}$$

3. 一端固定另一端滑动支座梁的转角位移方程

$$\left. \begin{array}{l} M_{AB} = i\theta_A + M_{AB}^F \\ M_{BA} = -i\theta_A + M_{BA}^F \end{array} \right\}$$

三、位移法的基本未知量和基本结构

位移法是以刚结点处的角位移和结点的独立线位移作为基本未知量,在角位移处附加刚臂以阻止转动;在线位移处附加链杆以阻止移动,得位移法的基本结构。人为地附加约束是将原结构离散成为已由力法求出的"三类"单跨超静定梁的形式。其目的是:选取位移法的基本结构,即简化为单个杆件的计算(它相当于力法求解超静定结构时撤出多余联系,选取静定结构作为基本结构)。将结点位移和原结构荷载(或支座移动,或温度改变等)作用在基本结构上,得位移法的基本体系。不管外因如何,则基本结构是唯一的(力法的基本结构有多种选择)。

用位移法计算结构时,确定基本未知量是整个学习中至关重要的一步,应重点掌握。

1. 计算假定

(1) 弯曲直杆忽略轴力、剪力所产生的变形(在手算中作这个假设);

(2) 变形是最小的;

(3) 直杆弯曲后,两端之间的距离保持不变。

2. 基本未知量的确定

(1) 铰处弯矩为零,故铰处角位移不作为基本未知量(因为非独立量);

(2) 弯曲刚度无穷大(即 $EI = \infty$) 的结点处不产生转动;

(3) 静定部分可由平衡条件求出其内力,故该部分结点处的角位移和线位移不需作为基本未知量。

角位移:一个刚结点一个角位移未知数目;

线位移:由计算假定可知,可将原结构改变为铰结体系,用附加方法使该铰结体系成为几何不变体系时,所加链杆数目即为线位移未知数目。

四、位移法基本方程的建立

位移法的基本体系在荷载(或支座移动,或温度改变等)及结点位移作用下,每一个附加约束中的反力,或反力矩都应等于零,据此列出位移法的基本方程。应充分理解位移法基本方程所代表的平衡条件的意义,以及方程中各项系数及自由项的物理意义。

位移法基本方程是一组反映原结构的静力平衡条件。对于 n 个独立结点位移的刚

架,相应地在基本结构中加入 n 个附加约束,根据每个附加约束的附加反力矩或反力均应为零的平衡条件,可建立 n 个方程,即

$$\begin{cases} r_{11}Z_1 + r_{12}Z_2 + \cdots + r_{1i}Z_i + \cdots + r_{1n}Z_n + R_{1P} = 0 \\ r_{21}Z_1 + r_{22}Z_2 + \cdots + r_{2i}Z_i + \cdots + r_{2n}Z_n + R_{2P} = 0 \\ r_{j1}Z_1 + r_{j2}Z_2 + \cdots + r_{ji}Z_i + \cdots + r_{jn}Z_n + R_{jP} = 0 \\ r_{n1}Z_1 + r_{n2}Z_2 + \cdots + r_{ni}Z_i + \cdots + r_{nn}Z_n + R_{nP} = 0 \end{cases}$$

刚度系数 r_{ji} 与自由项 R_{jP} 的物理意义:

r_{ji} —— 在基本结构上,当 $Z_i = 1$,其余位移均为零时,引起第 j 个附加约束的反力或反力矩。这里 r_{ii} 称为主系数,因为 r_{ii} 的方向总是与所设位移 Z_i 的方向一致,故恒大于零;而副系数 r_{ji} 可能为正、负或零。

R_{jP} —— 在基本结构上,当荷载单独作用时,引起第 j 个附加约束的反力或反力矩。自由项可能为正、负或零。

五、对称性的利用和简化

充分利用结构的对称性质,选择对称的基本体系进行计算。在荷载对称或反对称作用时,可取半结构或 1/4 结构进行计算。

六、位移法与力法的比较

方法	位移法	力法
基本未知量	独立的结点角位移和线位移,基本未知量数目与超静定次数无关	多余约束中的反力和反力矩,基本未知量数目等于超静定次数
基本结构	人为地增加附加约束,以"单个杆件"为位移法计算的基本结构	去掉多余约束,以"静定结构"为力法计算的基本结构
基本方程的物理意义	基本结构在原结构荷载及结点位移共同作用下,每一个附加约束中的附加反力或反力矩都应等于零,实质上是静力平衡方程	基本结构中沿每一个多余未知力方向的位移与原结构中相应的位移相等,实质上是位移条件方程
系数的物理意义	刚度系数:产生单位位移时所需施加的力	柔度系数:单位力所产生的位移
自由项的物理意义	基本结构在原结构荷载作用下产生的附加约束中的力或力矩	基本结构在原结构荷载作用下产生的沿基本未知量方向的位移
使用范围	任何结构	超静定结构

习 题

一、是非题

22—1 （　）超静定结构中杆端弯矩只取决于杆端位移。

22—2 （　）位移法中角位移未知量的数目恒等于刚结点数。

22—3 （　）位移法是以某些结点位移作为基本未知数，先求位移，再据此推求内力的一种结构分析的方法。

22—4 （　）位移法方程的物理意义仅仅是结点力矩平衡条件。

22—5 （　）位移法典型方程的物理意义是变形协调条件。

22—6 （　）建立位移法基本结构时，总是可以通过只加刚臂，而不加支座链杆来实现。

22—7 （　）位移法只能拆成三种类型（两端固定，一端固定、另端铰支，一端固定、另端滑动）的杆系作基本结构。

22—8 （　）位移法的基本未知量的数目与结构的超静定次数相等。

22—9 （　）用位移法计算图示结构时，最少基本未知量个数为5个。

22—10 （　）用位移法计算图示结构时，最少基本未知量个数为3个。

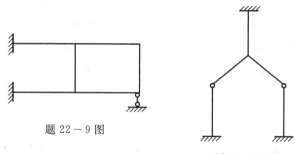

题22—9图　　　　题22—10图

22—11 （　）用位移法计算图示对称结构，受对称荷载作用。最少基本未知量个数为4个。

22—12 （　）用位移法计算图示对称结构，受反对称荷载作用，最少基本未知量个数为5个。

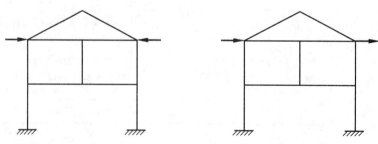

题22—11图　　　　题22—12图

22—13 （　）图(a)中Z_1、Z_2为位移法的基本未知量，$i=$常数，图(b)是$Z_2=1$，$Z_1=0$时的弯矩图，即$\overline{M_2}$图。

22-14 (　) 图(b)是图(a)所示结构用位移法计算时的 $\overline{M}_1$ 图(图中附加约束未标出)。

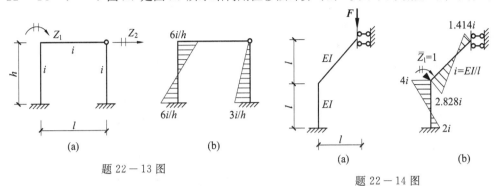

题 22-13 图　　　　　　　　　　题 22-14 图

22-15 (　) 图示结构在荷载作用下的弯矩图形状是正确的。

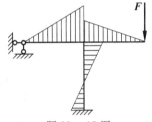

题 22-15 图

22-16 (　) 图(a)对称结构可简化为图(b)结构来计算。

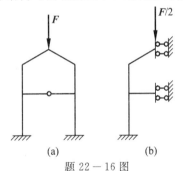

题 22-16 图

22-17 (　) 图(a)为对称结构,用位移法求解时可取半边结构如图(b)所示。

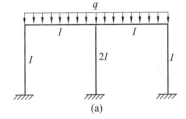

题 22-17 图

二、选择题

22-18 位移法的基本未知量是_____。

A. 结构上任一截面的角位移和线位移

B. 结构上所有截面的角位移和线位移
C. 结构上所有结点的角位移和线位移
D. 结构上所有结点的独立角位移和独立线位移

22—19　用位移法计算超静定刚架时，剪力的一般求法为＿＿＿＿。
A. 由结点平衡求剪力　　　　　　B. 利用轴力图求剪力
C. 利用弯矩图求剪力　　　　　　D. 由支座反力求剪力

22—20　在位移法典型方程中，系数 $r_{ij}(i \neq j)$ 的物理意义可叙述为＿＿＿＿。
A. 附加约束 i 发生 $Z_i=1$ 时在附加约束 i 上产生的反力或反力矩
B. 附加约束 i 发生 $Z_i=1$ 时在附加约束 j 上产生的反力或反力矩
C. 附加约束 j 发生 $Z_j=1$ 时在附加约束 i 上产生的反力或反力矩
D. 附加约束 j 发生 $Z_j=1$ 时在附加约束 j 上产生的反力或反力矩

22—21　在位移法典型方程的系数和自由项中，数值范围可为正、负实数的有＿＿＿＿。
A. 主系数　　　　　　　　　　　B. 主系数和副系数
C. 主系数和自由项　　　　　　　D. 副系数和自由项

22—22　位移法的适用范围是＿＿＿＿。
A. 不能解静定结构　　　　　　　B. 只能解超静定结构
C. 只能解平面刚架　　　　　　　D. 可解任意结构

22—23　用位移法计算静定、超静定结构时，每根杆都视为＿＿＿＿。
A. 单跨静定梁　　　　　　　　　B. 单跨超静定梁
C. 两端固定梁　　　　　　　　　D. 一端固定而另一端铰支的梁

22—24　用位移法计算刚架，常引入轴向刚度条件，即"受弯直杆在变形后两端距离保持不变"。此结论是由下列哪种假定导出的＿＿＿＿。
A. 忽略受弯直杆的轴向变形和剪切变形
B. 弯曲变形是微小的
C. 变形后杆件截面仍与变形曲线相垂直
D. 假定 A 与 B 同时成立

22—25　位移法的理论基础是＿＿＿＿。
A. 力法　　　　　　　　　　　　B. 胡克定律
C. 确定的位移与确定的内力之间的对应关系　　D. 位移互等定理

22—26　图示结构位移法计算时最少的未知数为＿＿＿＿。
A. 1　　　　B. 2　　　　C. 3　　　　D. 4

22—27　图示结构用位移法计算时的基本未知量数目为＿＿＿＿。
A. 8　　　　B. 9　　　　C. 10　　　D. 7

题 22—26 图

题 22—27 图

22－28 图示结构,各杆 $EI =$ 常数,截面 C、D 两处的弯矩值 M_C、M_D 分别为_____。（单位:kN·m）

A. 1.0,2.0　　　　B. 2.0,1.0　　　　C. －1.0,－2.0　　D. －2.0,－1.0

22－29 已知刚架的弯矩图如图所示,AB 杆的抗弯刚度为 EI,BC 杆的抗弯刚度为 $2EI$,则结点 B 的角位移等于_____。

A. $10/3EI$　　　B. $20/EI$　　　C. $20/3EI$　　D. 由于荷载未给出,无法求出

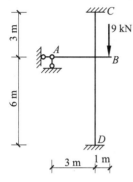

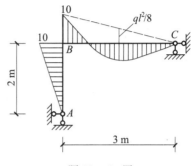

题 22－28 图　　　　　　　　　　　　　　题 22－29 图

22－30 图示结构 $E =$ 常数,正确的杆端弯矩（顺时针为正）是_____。

A. $M_{AB} = M_{AD} = M_e/4, M_{AC} = M_e/2$

B. $M_{AB} = M_{AC} = M_{AD} = M_e/3$

C. $M_{AB} = M_{AD} = 0.4M_e, M_{AC} = 0.2M_e$

D. $M_{AB} = M_{AD} = M_e/3, M_{AC} = 2M_e/3$

22－31 图示结构用位移法求解可得_____。

A. $\Delta = F/(12i_1/h^2)$　　　　　　B. $\Delta = F/(12i_1/h)$

C. $\Delta = Fh^2/(24i_1)$　　　　　　D. $\Delta = F/(24i_1/h)$

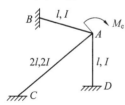

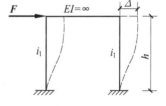

题 22－30 图　　　　　　　　　　　　　　题 22－31 图

22－32 图示结构,正确的杆端弯矩（顺时针为正）是_____。

A. $M_{AC} = Fh/4, M_{BD} = Fh/4$　　　　B. $M_{AC} = Fh/2, M_{BD} = Fh/4$

C. $M_{AC} = Fh/4, M_{BD} = Fh/2$　　　　D. $M_{AC} = Fh/2, M_{BD} = Fh/2$

22－33 图示结构 $E =$ 常数,正确的杆端弯矩（顺时针为正）是_____。

A. $M_{BC} = M_{CB} = -M_{CD} = -M_{DC} = Fl/4$　　B. $M_{BC} = -M_{CB} = M_{CD} = M_{DC} = Fl/4$

C. $M_{BC} = M_{CB} = -M_{CD} = M_{DC} = Fl/4$　　D. $M_{BC} = -M_{CB} = M_{CD} = -M_{DC} = Fl/4$

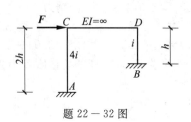

题 22—32 图

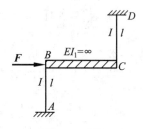

题 22—33 图

22—34 图示结构 $EI=$ 常数，已知结点 C 的水平线位移为 $\Delta_{Cx}=\dfrac{7ql^4}{184EI}$，则结点 C 的角位移 φ_C 应为_____。

A. $\dfrac{ql^3}{46EI}$（顺时针）   B. $-\dfrac{ql^3}{46EI}$（逆时针）

C. $\dfrac{3ql^3}{92EI}$（顺时针）   D. $-\dfrac{3ql^3}{92EI}$（逆时针）

22—35 图示结构 $EI=$ 常数，二力杆的 $EA=\infty$，正确的杆端弯矩（顺时针为正）是_____。

A. $M_{FE}=M_{FC}=M_{BE}=0$ B. $M_{FE}=-M_{FC}=\dfrac{M_e}{2}, M_{BE}=-\dfrac{M_e}{4}$

C. $M_{FE}=-M_{FC}=\dfrac{M_e}{2}, M_{BE}=M_e$ D. $M_{FE}=-M_{FC}=\dfrac{M_e}{2}, M_{BE}=0$

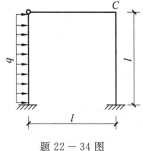

题 22—34 图

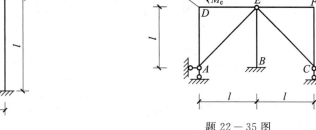

题 22—35 图

22—36 图示结构在 $\overline{Z}_1=1$ 作用下的单位弯矩图中正确的 M_{AB}、M_{BA} 为_____。

A. $M_{AB}=M_{BA}=-\dfrac{6i_2}{l}$

B. $M_{AB}=M_{BA}=-\dfrac{4\sqrt{3}\,i_2}{l}$

C. $M_{AB}=-\left(\dfrac{6i_2}{l}+\dfrac{4\sqrt{3}\,i_2}{3l}\right), M_{BA}=-\left(\dfrac{6i_2}{l}+\dfrac{2\sqrt{3}\,i_2}{3l}\right)$

D. $M_{AB}=-\left(\dfrac{6i_2}{l}+\dfrac{4\sqrt{3}\,i_2}{3l}\right)=M_{BA}$

22—37 连续梁及其 M 图如图所示，则 F_{SAB} 为_____（单位为 kN）。

A. 9.14   B. 7.86   C. 10.86   D. 12.14

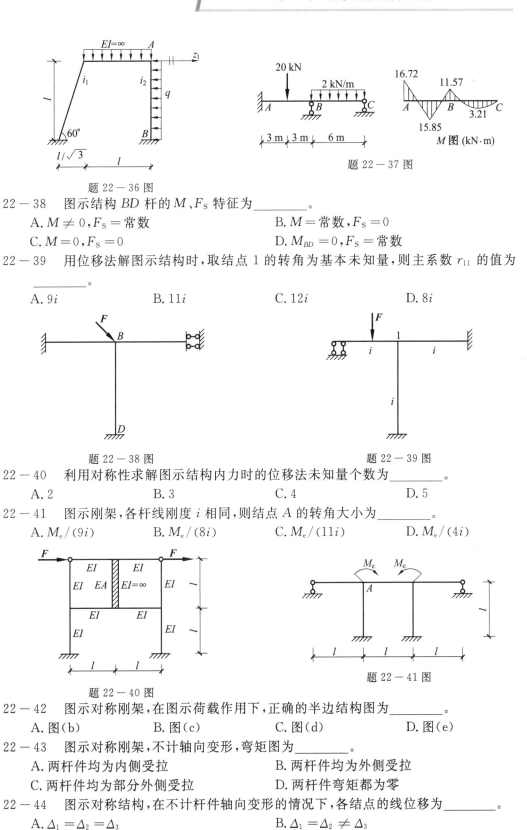

题 22－36 图

题 22－37 图

22－38　图示结构 BD 杆的 M、F_S 特征为_____。
　　A. $M \neq 0, F_S = $ 常数　　　　　　B. $M = $ 常数，$F_S = 0$
　　C. $M = 0, F_S = 0$　　　　　　　　D. $M_{BD} = 0, F_S = $ 常数

22－39　用位移法解图示结构时，取结点 1 的转角为基本未知量，则主系数 r_{11} 的值为_____。
　　A. $9i$　　　　B. $11i$　　　　C. $12i$　　　　D. $8i$

题 22－38 图　　　　　题 22－39 图

22－40　利用对称性求解图示结构内力时的位移法未知量个数为_____。
　　A. 2　　　　B. 3　　　　C. 4　　　　D. 5

22－41　图示刚架，各杆线刚度 i 相同，则结点 A 的转角大小为_____。
　　A. $M_e/(9i)$　　B. $M_e/(8i)$　　C. $M_e/(11i)$　　D. $M_e/(4i)$

题 22－40 图　　　　　题 22－41 图

22－42　图示对称刚架，在图示荷载作用下，正确的半边结构图为_____。
　　A. 图(b)　　B. 图(c)　　C. 图(d)　　D. 图(e)

22－43　图示对称刚架，不计轴向变形，弯矩图为_____。
　　A. 两杆件均为内侧受拉　　　　B. 两杆件均为外侧受拉
　　C. 两杆件均为部分外侧受拉　　D. 两杆件弯矩都为零

22－44　图示对称结构，在不计杆件轴向变形的情况下，各结点的线位移为_____。
　　A. $\Delta_1 = \Delta_2 = \Delta_3$　　　　　　B. $\Delta_1 = \Delta_2 \neq \Delta_3$

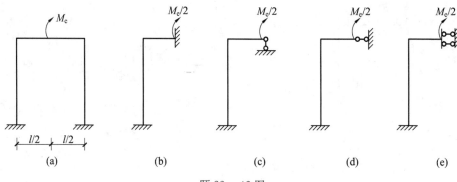

题 22－42 图

C. $\Delta_1 \neq \Delta_2 \neq \Delta_3$ D. $\Delta_1 = \Delta_3 \neq \Delta_2$

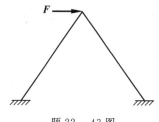

题 22－43 图

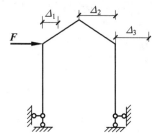

题 22－44 图

22－45 图示简支的等截面框架结构，问当 F_2/F_1 为 _____ 时，4 个角点 $A、B、C、D$ 处的转角都等于零。

A. $\dfrac{F_2}{F_1} = -\dfrac{h}{l}$ B. $\dfrac{F_2}{F_1} = \dfrac{h^2}{l^2}$ C. $\dfrac{F_2}{F_1} = \dfrac{l}{h}$ D. $\dfrac{F_2}{F_1} = \dfrac{l^2}{h^2}$

22－46 图示结构，各杆 $EI =$ 常数，M_{CD} 等于 _____ 。

A. $\dfrac{3EI}{200l}$（下侧受拉）   B. $\dfrac{3EI}{200l} + \dfrac{Fl}{2}$（下侧受拉）

C. $\dfrac{3EI}{400l}$（下侧受拉）   D. $\dfrac{3EI}{100l} - \dfrac{Fl}{2}$（下侧受拉）

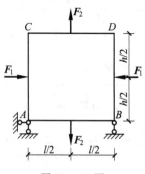

题 22－45 图

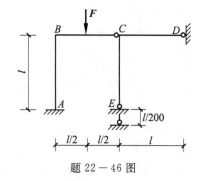

题 22－46 图

22－47 图示结构 E 为常数，M_A 为 _____ 。

A. $2Fl/9$（左侧受拉）   B. $4Fl/9$（右侧受拉）

C. $8Fl/9$（左侧受拉）   D. $2Fl/9$（右侧受拉）

22－48 图示结构当水平支杆产生单位位移时，$B-B$ 截面的弯矩值为 _____ 。

A. $\dfrac{EI}{l^2}$ B. $\dfrac{2EI}{l^2}$ C. $\dfrac{3EI}{l^2}$ D. 不定值

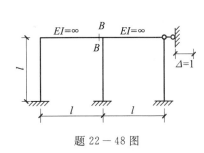

题 22－48 图

22－49 图(a)所示结构，各杆 $EI = 13\,440\text{ kN}\cdot\text{m}^2$，当支座 B 发生图示的支座移动时，其 M 图如图(b)所示，则结点 E 的水平位移 Δ_{Ex} 为 _____。

A. 4.357 cm(→)　　B. 4.357 cm(←)　　C. 2.643 cm(→)　　D. 2.643 cm(←)

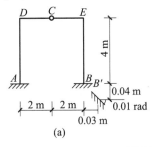 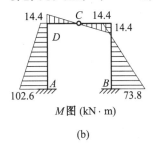

题 22－49 图

22－50 图示结构在支座 A 处发生转角 φ，用位移法校核下面给出的杆端弯矩值为 _____。

A. $M_{BC} = \dfrac{3EI\varphi}{l},\ M_{BA} = -\dfrac{6EI\varphi}{l}$　　B. $M_{BC} = \dfrac{3EI\varphi}{l^2},\ M_{BA} = -\dfrac{6EI\varphi}{l}$

C. $M_{BC} = \dfrac{3EI\varphi}{l},\ M_{BA} = \dfrac{6EI\varphi}{l}$　　D. $M_{BC} = \dfrac{3EI\varphi}{l^3},\ M_{BA} = \dfrac{6EI\varphi}{l^3}$

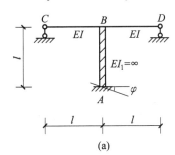 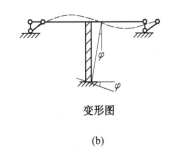

题 22－50 图

22－51 已知图示刚架 $EI = $ 常数，支座 E 下沉 Δ，则 M_{AD} 为 _____。

A. $\dfrac{3\Delta EI}{l^2}$　　B. $-\dfrac{3\Delta EI}{l^2}$　　C. $\dfrac{3\Delta EI}{l^3}$　　D. $-\dfrac{3\Delta EI}{l^3}$

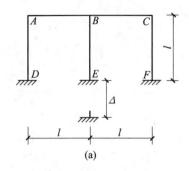
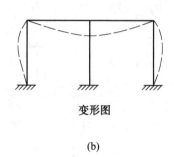

(a)　　　　　　　　　　　(b)

题 22－51 图

三、填空题

22－52　在确定位移法的基本未知量时，考虑了交于结点的诸杆端间的_____，而基本方程反映结点平衡条件。

22－53　固端力表中各项结果也可由挠曲线微分方程求得，故挠曲线微分方程是对等截面直杆综合考虑了_____、_____、_____三方面条件，所以位移法的解满足上述三方面条件。

22－54　位移法可解超静定结构，_____解静定结构，位移法的典型方程体现了_____条件。

22－55　用位移法计算超静定结构，其位移连续条件的满足是在_____中体现的。

22－56　杆件杆端转动刚度的大小取决于_____与_____。

22－57　图示刚架，各杆线刚度 i 相同，不计轴向变形，用位移法求得 $M_{AD}=$ _____，$M_{BA}=$ _____。

22－58　图示结构（不计轴向变形）$M_{AB}=$ _____。

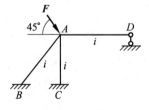
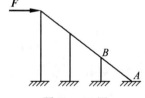

题 22－57 图　　　　　　　题 22－58 图

22－59　位移法基本方程的右端项_____。

22－60　位移法典型方程中各副系数是关于主对角线对称的，即有等式 $r_{ij}=r_{ji}(i\neq j)$，它的理论依据是_____。

22－61　校核位移法计算结果的依据是要满足_____条件。

22－62　单跨超静定梁由于其两端支座位移所引起的杆端弯矩及剪力，与杆件的_____有关。

22－63　确定位移法基本未知量时，静定部分的结点位移_____作为基本未知量。

22－64　确定下列图示结构用位移法求解时的基本未知量数目。除注明外，$EI=$常数。

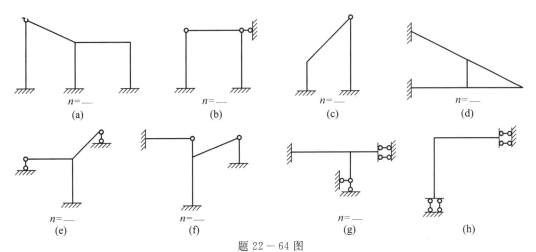

题 22-64 图

22-65 确定下列图示结构用位移法求解时的基本未知量数目。除注明外,$EI=$常数。

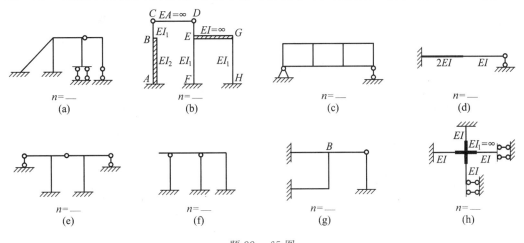

题 22-65 图

22-66 图示排架,$F_{SBA}=$ _____,$F_{SDC}=$ _____,$F_{SFE}=$ _____。

22-67 图示刚架,欲使 $\varphi_A=\pi/180$,则 M_e 需等于 _____。

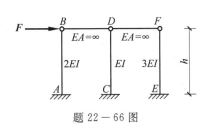

题 22-66 图

题 22-67 图

22-68 图示刚架,已求得 B 点转角 $\varphi_B=0.737/i$(顺时针),C 点水平位移 $\Delta_C=7.579/i$,$q=3$ kN/m,则 $M_{AB}=$ _____,$M_{DC}=$ _____。

22-69 图示结构用位移法求解时,典型方程的系数 $r_{22}=$ _____。

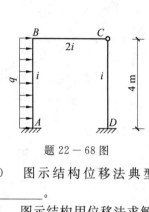

题 22-68 图

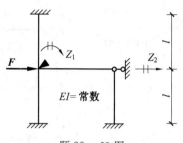

题 22-69 图

22-70 图示结构位移法典型方程的系数 r_{12} 和自由项 R_{1P}，分别是 _____ 和 _____。

22-71 图示结构用位移法求解时，$r_{11}=$ _____（单位位移方向向右）。

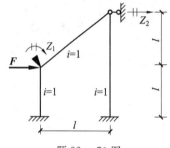

题 22-70 图

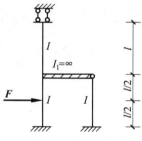

题 22-71 图

22-72 确定位移法基本未知量时，弯曲刚度无穷大（即 $EI=\infty$）的结点处不产生 _____。

22-73 图示结构用位移法求解时，$r_{11}=$ _____，$R_{1P}=$ _____（单位位移方向向右）。

22-74 图示连续梁各杆 $EI=$ 常数，用位移法计算时，典型方程式中自由项 $R_{1P}=$ _____。

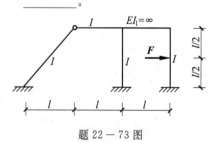

题 22-73 图

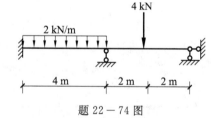

题 22-74 图

22-75 一个两端无相对位移的杆件其内力 _____ 零。

22-76 图示结构用位移法求解时，$r_{11}=$ _____，设 $A=\dfrac{I}{l^2}$（其他杆件不计轴向变形）。

22-77 图示刚架用位移法计算时，典型方程式中自由项 $R_{1P}=$ _____。

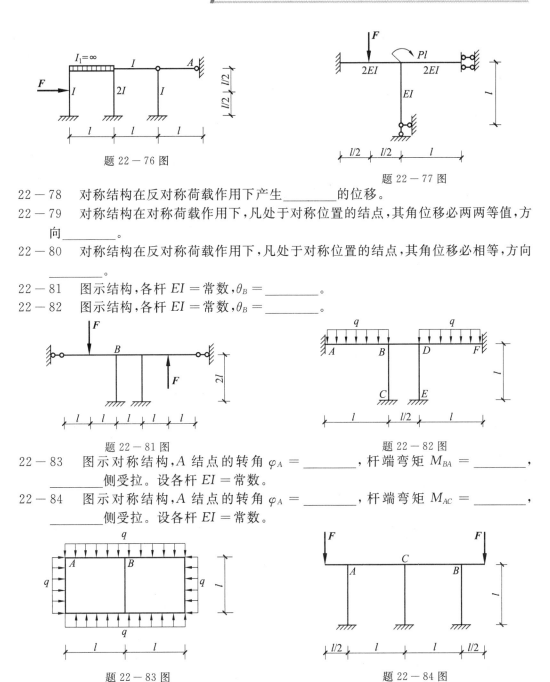

题 22—76 图

题 22—77 图

22—78 对称结构在反对称荷载作用下产生_____的位移。

22—79 对称结构在对称荷载作用下,凡处于对称位置的结点,其角位移必两两等值,方向_____。

22—80 对称结构在反对称荷载作用下,凡处于对称位置的结点,其角位移必相等,方向_____。

22—81 图示结构,各杆 $EI=$ 常数,$\theta_B=$ _____。

22—82 图示结构,各杆 $EI=$ 常数,$\theta_B=$ _____。

题 22—81 图

题 22—82 图

22—83 图示对称结构,A 结点的转角 $\varphi_A=$ _____,杆端弯矩 $M_{BA}=$ _____,_____侧受拉。设各杆 $EI=$ 常数。

22—84 图示对称结构,A 结点的转角 $\varphi_A=$ _____,杆端弯矩 $M_{AC}=$ _____,_____侧受拉。设各杆 $EI=$ 常数。

题 22—83 图

题 22—84 图

22—85 图示结构用位移法求解,得杆端弯矩 $M_{BA}=$ _____。

22—86 图示结构,C 支座下沉 Δ,杆长为 l,转角 $\theta_B=$ _____。

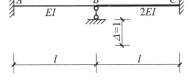

题 22—85 图

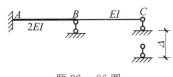

题 22—86 图

22—87 图示刚架支座 A 发生顺时针之角位移，用位移法计算时典型方程中之自由项等于_____。

22—88 图示连续梁各杆的 $EI=$ 常数，现支座 A、B 分别下降 $a=3$ cm 和 $b=6$ cm，用位移法计算时典型方程式中自由项 $R_{1C}=$ _____。

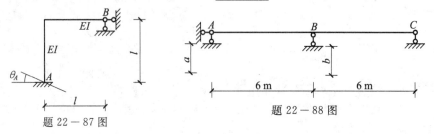

题 22—87 图   题 22—88 图

四、计算分析题

22—89 求图示结构位移法方程的系数和自由项。图中数字为线刚度相对值，杆长均为 l。

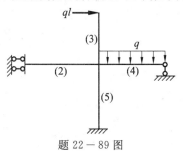

题 22—89 图

22—90 用位移法计算图示结构，并绘制弯矩图。

22—91 将 M 图直接画在图示结构上，其中横梁 $EI_1=\infty$，两柱 EI 相同。

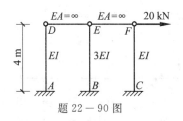

题 22—90 图

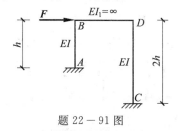

题 22—91 图

22—92 用位移法计算图示结构，并绘制弯矩图。

22—93 用位移法计算图示结构，并绘制弯矩图。

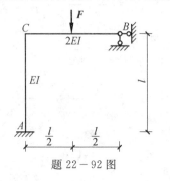

题 22—92 图

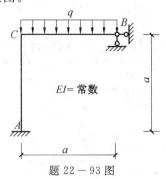

题 22—93 图

22-94 用位移法计算图示结构,并绘制弯矩图。
22-95 用位移法计算图示结构,并绘制弯矩图。

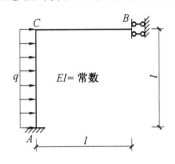

题 22-94 图

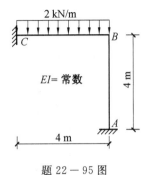

题 22-95 图

22-96 用位移法计算图示结构,并绘制弯矩图。
22-97 用位移法计算图示结构,并绘制弯矩图。

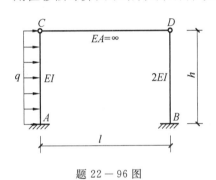

题 22-96 图

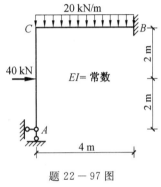

题 22-97 图

22-98 用位移法计算图示结构,并绘制弯矩图。
22-99 用位移法计算图示结构,并绘制弯矩图。

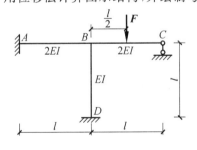

题 22-98 图

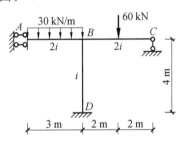

题 22-99 图

22-100 用位移法计算图示结构,并绘制弯矩图,$E=$ 常数。
22-101 用位移法计算图示刚架,绘制弯矩图,$E=$ 常数。

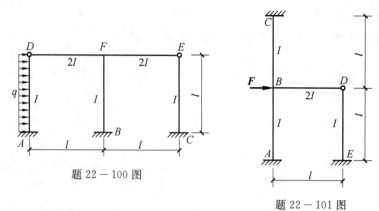

题 22—100 图

题 22—101 图

22—102 用位移法计算图示刚架,并绘制弯矩图,$E=$ 常数。

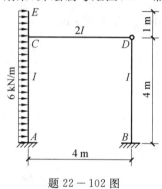

题 22—102 图

22—103 用位移法计算图示连续梁,并绘制弯矩图,$E=$ 常数。

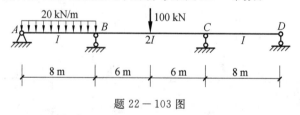

题 22—103 图

22—104 用位移法计算图示刚架,绘制弯矩图,$E=$ 常数。

22—105 用位移法计算图示结构,并绘制弯矩图。

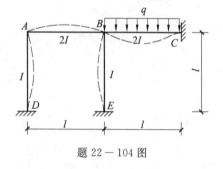

题 22—104 图

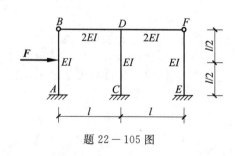

题 22—105 图

习题参考答案

一、是非题

22-1 × 22-2 × 22-3 √ 22-4 × 22-5 × 22-6 ×
22-7 × 22-8 × 22-9 √ 22-10 × 22-11 × 22-12 ×
22-13 √ 22-14 √ 22-15 × 22-16 × 22-17 ×

二、选择题

22-18 D 22-19 C 22-20 C 22-21 D 22-22 D
22-23 B 22-24 D 22-25 C 22-26 B 22-27 B
22-28 B 22-29 C 22-30 B 22-31 C 22-32 B
22-33 C 22-34 C 22-35 A 22-36 A 22-37 C
22-38 C 22-39 C 22-40 C 22-41 A 22-42 B
22-43 D 22-44 C 22-45 A 22-46 C 22-47 C
22-48 D 22-49 A 22-50 A 22-51 A

三、填空题

22-52　变形条件

22-53　平衡条件,几何条件,物理条件

22-54　也可,平衡

22-55　确定基本未知量

22-56　线刚度 i,远端支承情况

22-57　0,0

22-58　0

22-59　一般为零

22-60　功的互等定理(或反力互等定理)

22-61　静力平衡

22-62　抗弯刚度及长度(或杆件的几何尺寸和材料性质)

22-63　不需

22-64　(a)2+1;(b)0+0;(c)1+1;(d)3+1;
(e)1+1;(f)1+1;(g)1+1;(h)1+0

22-65　(a)2+0;(b)1+3;(c)8+3;(d)1+1;
(e)2+2;(f)2+1;(g)2+1;(h)1+0

22-66　$F/3, F/6, F/2$

22-67　$\pi i/18$

22-68　$-13.9 \text{ kN·m}, -5.68 \text{ kN·m}$

22-69　$27EI/l^3$

22-70　$-6/l, 0$

22-71　$15EI/l^3$

22—72 转动

22—73 $29.12EI/l^3$,$-F/2$

22—74 $-1/3$ kN·m

22—75 不一定为

22—76 $40EI/l^3$

22—77 $-7Fl/8$

22—78 反对称

22—79 反向

22—80 相同

22—81 $-\dfrac{Fl^2}{8EI}$（逆时针）

22—82 $-\dfrac{ql^3}{144EI}$（逆时针）

22—83 $0, ql^2/12,$ 上

22—84 $-Fl^2/16EI, -Fl/4,$ 上

22—85 $-8EI/l^2$

22—86 $3\Delta/11l$

22—87 $2EI\theta_A/l$

22—88 $0.25EI/10^4$

四、计算分析题

22—89 $r_{11}=34, R_{1c}=-9ql^2/8$

22—90 $M_{AD}=-16$ kN·m, $M_{BE}=-48$ kN·m, $M_{CF}=-16$ kN·m

22—91 $M_{AB}=-4Fh/9=M_{BA}, M_{CD}=-Fh/9=M_{DC}$

22—92 $M_{AC}=\dfrac{3Fl}{80}$（内侧受拉）, $M_{CA}=\dfrac{3Fl}{40}$（外侧受拉）

22—93 $M_{AC}=\dfrac{1}{28}ql^2$（内侧受拉）, $M_{CA}=\dfrac{1}{14}ql^2$（外侧受拉）

22—94 $M_{AC}=\dfrac{7}{60}ql^2$（外侧受拉）, $M_{CA}=\dfrac{1}{60}ql^2$（外侧受拉）

22—95 $M_{AB}=\dfrac{1}{48}ql^2$（内侧受拉）, $M_{BA}=\dfrac{1}{24}ql^2$（外侧受拉）, $M_{CB}=\dfrac{5}{48}ql^2$（上侧受拉）

22—96 $M_{AC}=\dfrac{1}{4}qh^2$（外侧受拉）, $M_{BD}=\dfrac{1}{4}qh^2$（内侧受拉）

22—97 $M_{CA}=\dfrac{200}{7}$ kN·m（外侧受拉）, $M_{BC}=\dfrac{180}{7}$ kN·m（外侧受拉）

22—98 $M_{AB}=\dfrac{1}{24}Fl$（下侧受拉）, $M_{BC}=\dfrac{1}{8}Fl$（上侧受拉）

22—99 $M_{AB}=52.5$ kN·m（下侧受拉）, $M_{BA}=82.5$ kN·m（上侧受拉）, $M_{BC}=67.5$ kN·m（上侧受拉）, $M_{BD}=15$ kN·m（右侧受拉）, $M_{DB}=7.5$ kN·m（左侧受拉）

22—100 $M_A=\dfrac{11}{56}ql^2$（左侧受拉）, $M_B=\dfrac{7}{56}ql^2$（左侧受拉）, $M_C=\dfrac{4}{56}ql^2$（左侧受拉）, $M_{FB}=$

$\frac{3}{28}ql^2$（右侧受拉），$M_{FD} = \frac{3}{56}ql^2$（上侧受拉），$M_{FE} = \frac{3}{56}ql^2$（下侧受拉）

22—101　$M_A = \frac{2}{9}Fl$（左侧受拉），$M_E = \frac{1}{9}Fl$（左侧受拉）

22—102　$M_A = 38.05$ kN·m（左侧受拉），$M_B = 18.16$ kN·m（左侧受拉），$M_{CA} = -15.79$ kN·m（右侧受拉），$M_{CD} = 18.79$ kN·m（上侧受拉）

22—103　$M_B = 175.2$ kN·m（上侧受拉），$M_C = -58.9$ kN·m（上侧受拉）

22—104　$M_{AB} = 2ql^2/336$，$M_{BC} = -16ql^2/336$，$M_{CB} = 34ql^2/336$

22—105　$M_{AB} = -0.25Fl$，$M_{DB} = 0.045Fl$，$M_{EF} = -0.06Fl$

第23章 多高层结构内力分析的手算实用法

内容提要

渐近法与近似法的最主要特点就是避免直接求解大量的线性方程组。渐近法一般不作力学上的简化,而仅是从数学求解上采用逐步逼近精确解的方法。近似法一般都对力学模型或结构变形特点作一定的简化处理,从而可以很快得到所需的内力,或经过求解较少的方程组而得到有用的结果,并且将这些结果制成表格以便设计人员直接使用。多高层结构特别是框架体系,在竖向荷载(包括荷载与活载)作用下,由于水平侧移一般均较小,往往略去不计,这时采用力矩分配法作弯矩图是比较有效的。当活荷载较大时,可采用分层法计算。对于在风荷载与地震力(水平)作用下的内力计算,目前多采用 D 值法,更粗略的计算是反弯点法。框-剪结构的最基本手算方法是铰结体系链杆连续化的常微分方程解法。

一、力矩分配法

1. 与刚臂相连各杆近端弯矩 M_{1k} 等于该杆端的固端弯矩 M_{1k}^F 与分配弯矩 M_{1k}^μ 之和。
$$M_{1k} = M_{1k}^F + \mu_{1k}(-M_1^F) = M_{1k}^F + M_{1k}^\mu$$

分配弯矩 M_{1k}^μ 是分配系数 μ_{1k} 与不平衡弯矩 M_1^F 乘积,并加以负号(称为反号分配)。

分配系数 μ_{1k} 是由 $\mu_{1k} = \dfrac{s_{1k}}{\sum s_{1j}}$ 决定的,式中 s_{1k} 称为杆端的转动刚度。

$$s_{1k} = \begin{cases} 4i_{1k} & (远端固定) \\ 3i_{1k} & (远端铰结) \\ i_{1k} & (远端定向) \end{cases}$$

所谓不平衡弯矩 M_1^F,它实质就是 1 结点的固端弯矩总和,即
$$M_1^F = \sum M_{1j}^F$$

2. 远端弯矩 M_{k1} 等于该端固端弯矩与传递弯矩 M_{k1}^C 之和
$$M_{k1} = M_{k1}^F + CM_{1k}^\mu = M_{k1}^F + M_{k1}^C$$

传递弯矩即传递系数 C 与分配弯矩 M_{1k}^μ 的乘积,体现了近端得到分配弯矩之后传到

远端的一部分弯矩,传递系数 C 与远端支承情况有关。

$$C = \begin{cases} \dfrac{1}{2} & \text{(远端固定)} \\ -1 & \text{(远端定向)} \\ 0 & \text{(远端铰结)} \end{cases}$$

一旦杆的近端弯矩与杆的远端弯矩得到以后,利用弯矩图的区段叠加原理,即可得到该杆件的弯矩图,每根杆件都如此处理,便可得到结构的弯矩图。

从物理概念上讲,上述分析相当于两个过程,一闭与一松,闭相当于加上刚臂,此时各杆端出现固端弯矩,然后一松,相当于将刚臂转 Z_1 角,此时近端各得一分配弯矩,远端得一传递弯矩,固端弯矩与分配弯矩或传递弯矩之和即为杆端弯矩。

从计算程序上讲,可以抛弃位移法的整个过程,既不需要绘图也不需要求解方程,而是首先计算分配系数 μ 和固端弯矩 M^F,然后求不平衡弯矩并反号分配到各杆近端,将分配弯矩传递到各对应的远端,再将杆端前后所得到的弯矩取代数和即为该杆端总弯矩,最后通过区段叠加得弯矩图。

二、分层法

分层法将原来多层刚架(图 23.1(a))的每一层视为一个独立体系(图 23.1(b)),顶层横梁只联系顶层柱,而其余横梁则只联系上下两层柱,柱端均取为固定支座形式。由于各柱端(除底层外)实际为弹性支承,因此采用固定端后等于加大了柱的刚度,为此分层法规定,凡弹性支承视为固定端的所有柱,均将其线刚度 i 乘以 0.9,变为 $0.9i$,与之相应的传递系数不能再取 $C=1/2$,而应取 $C=1/3$。

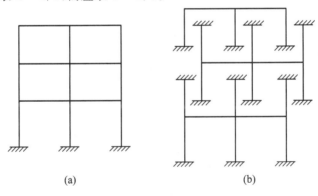

图 23.1

分层法中各独立结构一般可按力矩分配法去求解,解完后,各独立结构横梁的弯矩即为原结构该层梁的弯矩,但由于一层以上各柱均使用了两次,故柱的弯矩应为两者之和。这样做的结果一般都会使梁柱相交结点力矩不再平衡,如差值很大可再进行一次分配。

三、反弯点法

作多层多跨刚架在水平结点荷载(风载或地震力)作用下的弯矩图,最粗略的方法是反弯点法。这种方法虽然不够精确但作图十分简单,在进行结构的初步设计时是一种很有效的方法。该方法的最基本假设是认为所有横梁的刚度同柱相比可视作无限大。这一假设当梁的线刚度大于 3 倍柱的线刚度时比较准确。按照这一假设,刚架在发生侧移时,各个刚结点均不发生转动,故每一柱的反弯点(弯矩为零的点)均位于柱的中点(图 23.2(a))。将第 i 层第 j 根柱取出,并自反弯点处将柱截断(见图 23.2(b)),由于弯矩为零,因此只有剪力 F_{Sij} 存在(轴力与弯矩无关),此时柱的弯矩就成为图 23.2(b) 所示的斜直线,有

$$M_{上} = F_{Sij} \times \frac{h_i}{2}, \quad M_{下} = F_{Sij} \times \frac{h_i}{2}$$

式中,h_i 为第 i 层的层高。当所有柱的弯矩均为已知时,梁的弯矩可以通过结点平衡求出,如图 23.2(c) 所示,当柱端弯矩求出后,根据结点力矩平衡,有

$$M_{左} + M_{右} = M_{上} + M_{下}$$

$M_{左}$ 与 $M_{右}$ 的值应按梁的线刚度分配,有

$$\left. \begin{array}{l} M_{左} = \dfrac{i_{左}}{i_{左} + i_{右}}(M_{上} + M_{下}) \\ M_{右} = \dfrac{i_{右}}{i_{左} + i_{右}}(M_{上} + M_{下}) \end{array} \right\}$$

当水平结点荷载 F_i 给出后,各楼层的剪力 F_{Si} 自上向下便可得出,有

$$F_{Si} = \sum_{i}^{n} F_i$$

楼层剪力应分配到每一根柱上,分配应按柱的线刚度值进行,分配给 i 层 j 根柱上的剪力应为

$$F_{Sij} = \frac{i_{ij}}{\sum i_{ij}} F_{Si}$$

式中,i_{ij} 为 i 层 j 根柱的线刚度;$\sum i_{ij}$ 为 i 层柱线刚度总和。

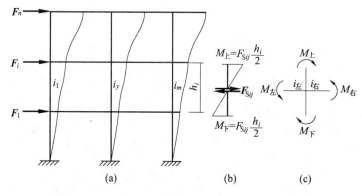

图 23.2

最后尚需说明的是,首层的反弯点位置,由于支座为固定端,而一层横梁的刚度相对支座而言又只能视为有限值,如果横梁刚度非常小时,则柱的反弯点要趋向一层顶部,而横梁刚度非常大时,反弯点位置又趋向一层的中部,所以一层柱的反弯点位置应在 h_1 与 $0.5h_1$ 之间,通常取 $\dfrac{2}{3} h_1$ 作为近似值。

四、D 值法

反弯点法比较适合于梁的线刚度远大于柱的线刚度的情况,若梁柱线刚度相互接近,

或柱的线刚度大于梁的线刚度时再应用反弯点法误差就会很大。D 值法也是用来计算多层多跨刚架在水平结点荷载作用下的内力的,但它抛弃了横梁刚度无限大的假设,认为每一刚结点都会发生转动和侧移。它所取的基本假设是,规则框架的所有刚结点均发生同一个转角 φ 和同一个相对水平侧移 Δ。所谓规则框架是指跨度相同,层高相等,所有梁的线刚度 i_b 全相等,所有柱的线刚度 i_z 全相等的刚架。以这种刚架为基础,D 值法给出了求每根柱剪力的方法和确定每根柱反弯点(弯矩为零)位置的计算表格,从而使弯矩图的得出与反弯点法基本相同,但准确度却比反弯点法好得多。

D 值法的关键在于 D 值的概念,所谓某根柱的 D 值是指该柱上下端发生单位相对位移时的杆端剪力值,此值又称为柱的侧移刚度或抗推刚度。

$$F_{Sij} = \frac{D_{ij}}{\sum D_{ij}} F_{Si}$$

式中,D_{ij} 为 i 层 j 根柱的侧移刚度,可以通过转角位移方程得到。

此式表明各柱剪力是按其 D 值的大小进行分配的,因此只要有了各柱的 D 值,各柱的剪力就可确定。

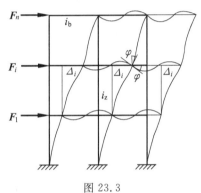

图 23.3

应用 D 值能够计算出每根柱的剪力值,但要得到弯矩图还必须给出柱的反弯点位置,D 值法从它的基本假设出发,通过对称性的利用可以把规则框架简化,然后采用力法可以得到准确的弯矩图。

五、剪力分配法

等高多跨的单层工业厂房排架虽然属于多次超静定结构,但应用位移法,则只要解一个未知量便可得到内力,而且可以将其结果转化成剪力分配的形式,这是单层工业厂房计算中经常采用的方法。图 23.4 为用位移法解等高排架的基本结构,当顶部有水平集中力 F 作用时,第 i 根柱在 F 力作用下最后的剪力应为

$$F_{Si} = r_i Z_1 = \eta_i F$$

式中,$\eta_i = \dfrac{r_i}{\sum\limits_{i=1}^{n} r_i}$,称为剪力分配系数;$r_i$ 称为柱的侧移刚度。

因此在等高排架计算中,各柱剪力是按侧移刚度分配的。侧移刚度 r_i 可以通过力法中的柔度 δ_i 求出。当剪力得到后,柱的弯矩图便可很快作出。

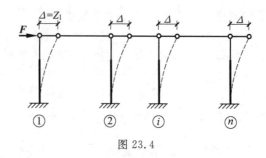

图 23.4

六、静定结构与超静定结构特性的比较

从几何组成角度考虑,静定结构是无多余联系的几何不变体系,而超静定结构是有多余联系的几何不变体系。就这点而言,静定结构一旦有一根杆件失去承载能力(或破坏,或失稳)将使整个体系成为几何可变体系,这意味着整体结构随之破坏。超静定结构由于多余联系的存在,特别是多次超静定结构,即使发生几处局部破坏,只要整体还属于几何不变体系,则就不会发生全面的破坏。

静定结构内力只需考虑静力平衡条件而无需考虑结构的变形与位移。因此,静定结构的内力分布与结构的材料性质与截面的几何性质是无关的。超静定结构,由于多余约束的存在,使未知量的数目大于静力学所能提供的平衡方程个数,因此仅就满足平衡方程而言,解答是无穷多的,这时附加的变形协调方程成为使解答唯一的不可缺少的条件。由于变形条件的引入,就使得超静定结构的内力分布与材料性质和截面几何性质发生了关系。但是必须指出,在荷载作用下,超静定结构的内力一般只与相对刚度有关,而与绝对刚度无关。超静定结构中一般说来哪根构件相对刚度大,它吸收的分配内力也往往较大,这点还可用来人为地调整刚度比值而使内力分布均匀。

结构在非荷因素影响下的效应,静定与超静定的差别就更加明显。温度改变、支座沉陷、制作误差等对静定结构而言是不产生内力的,其原因就在于静定结构无多余约束来限制这些位移与变形,使得这些变化完全是自由的。但超静定结构则恰好相反,多余约束的存在阻止了这些变形,因此使结构中产生了荷载以外引起的附加内力,支座的不均匀沉陷一般说来会使超静定结构产生相当大的内力与变形,有时严重了还会引起整个房屋倒塌。温度变化有时候也会使房屋的墙体产生很大的裂缝,冻胀的结果有时会使地面甚至柱子抬起。所以在设计超静定结构时,这些因素都应充分考虑,给予妥善处理。

习　　题

一、是非题

23—1 （　　）力矩分配法可以用来计算任何超静定刚架。

23—2 （　　）在力矩分配法中,同一刚结点处各杆端的分配系数之和等于1。

23—3 （　　）具有一个刚结点角位移的结构,用力矩分配法计算,计算结果与位移法得到的精确解是一致的。

23—4 （　　）在力矩分配法中,分配于同一结点的杆端弯矩之和与结点的不平衡力矩大小相等、方向相同。

23—5（　）力矩分配法是以位移法为基础的渐近法，这种计算方法不但可以获得近似解，也可获得精确解。

23—6（　）图示结构，各杆 $i=$ 常数，欲使 A 结点产生单位顺时针转角 $\theta_A=1$，需在 A 结点施加的外力偶为 $8i$。

23—7（　）在任何情况下，力矩分配法的计算结果都是近似的。

23—8（　）图(a)与图(b) A 端的刚度系数(转动刚度)是相同的。

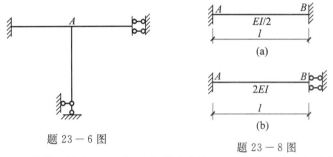

题 23—6 图　　题 23—8 图

23—9（　）图示结构，结点 A 上作用有外力偶矩 M_e，由结点 A 的平衡条件，则 $M_{AB}=0\times M_e=0$。

23—10（　）用力矩分配法计算图示结构时，杆 AC 的分配系数 $\mu_{AC}=18/29$。

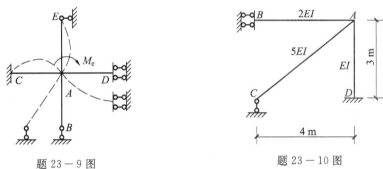

题 23—9 图　　题 23—10 图

23—11（　）有多个刚结点角位移的结构，用力矩分配法计算时，各结点轮换放松，每放松一次，结点角位移有一新的增量，经过无限次轮换放松后所得到的结点角位移收敛于其真实角位移。

23—12（　）用力矩分配法计算结构时，结点力偶荷载和约束力矩均规定顺时针方向为正。

23—13（　）多结点力矩分配的计算中，每次只有一个结点被放松，其余刚结点仍被锁住，对于结点较多的结构，也可采用隔点放松的方法，这样可提高计算效率。

二、选择题

23—14　力矩分配法中的传递系数的意义指　　　　。
A. 传递力矩与分配力矩之比　　　B. 结点的分配力矩之比
C. 杆端转动刚度之比　　　　　　D. 杆端分配力矩之比

23—15　图示结构用力矩分配法计算时分配系数 μ_{AB}、μ_{AD} 为　　　　。
A. $\mu_{AB}=\dfrac{1}{2}$，$\mu_{AD}=\dfrac{1}{6}$　　　　B. $\mu_{AB}=\dfrac{4}{11}$，$\mu_{AD}=\dfrac{1}{8}$

C. $\mu_{AB}=\dfrac{1}{2}, \mu_{AD}=\dfrac{1}{8}$ D. $\mu_{AB}=\dfrac{4}{11}, \mu_{AD}=\dfrac{1}{6}$

23－16　在力矩分配法中,转动刚度(刚度系数)表示杆端对下列作用的抵抗能力_____。
　　A. 变形　　　　B. 移动　　　　C. 转动　　　　D. 荷载

23－17　在力矩分配法中反复进行力矩分配及传递,结点不平衡力矩(约束力矩)越来越小,主要是因为_____。
　　A. 分配系数及传递系数 <1　　　　B. 分配系数 <1
　　C. 传递系数 $=1/2$　　　　　　　　D. 传递系数 <1

23－18　力矩分配法是以_____为基础的渐近法。
　　A. 力法　　　B. 位移法　　　C. 迭代法　　　D. 力法与位移法联合

23－19　图示连续梁,$EI=$常数。用力矩分配法求得结点 B 的不平衡力矩为_____。
　　A. -20 kN·m　　B. 15 kN·m　　C. -5 kN·m　　D. 5 kN·m

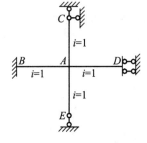

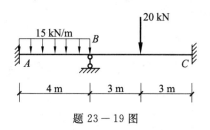

题 23－19 图

题 23－15 图

23－20　图示刚架,结点 A 承受力偶作用,$EI=$常数。用力矩分配法求得 AB 杆 B 端的弯矩是_____。
　　A. 2 kN·m　　B. -2 kN·m　　C. 8 kN·m　　D. -8 kN·m

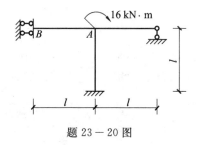

题 23－20 图

23－21　图示各结构中,仅用力矩分配法不能求解的是_____。

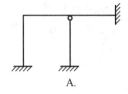
A.
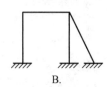
B.
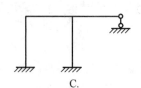
C.
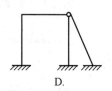
D.

题 23－21 图

23－22　图示结构结点 A 的各杆端力矩分配系数之比为 $\mu_{AB}:\mu_{AC}:\mu_{AD}=3:3:1$,则各杆的抗弯刚度之比 $EI_{AB}:EI_{AC}:EI_{AD}$ 等于_____。

A. 1∶1∶3　　　B. 1∶1∶1　　　C. 3∶3∶1　　　D. 1∶1∶9

23—23　用力矩分配法计算图示结构时,杆端 BD 的分配系数 μ_{BD} 是_____。

A. 1/11　　　B. 4/13　　　C. 4/11　　　D. 3/16

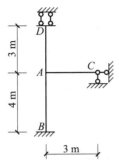

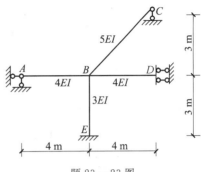

题 23—22 图　　　　　　　　　　　题 23—23 图

23—24　在图示连续梁中,力矩分配系数 μ_{BC} 与 μ_{CB} 分别等于_____。

A. 0.429,0.571　　B. 0.5,0.5　　C. 0.571,0.5　　D. 0.6,0.4

23—25　图示结构中,结点 B 的不平衡力矩等于_____。

A. $(-ql^2/8)-(Fl/8)$　　　　B. $(ql^2/8)-(Fl/8)$

C. $(-ql^2/8)+(Fl/8)$　　　　D. $(ql^2/8)+(Fl/8)$

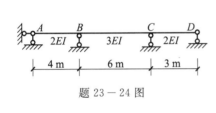

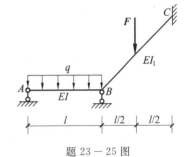

题 23—24 图

题 23—25 图

23—26　在图示结构中,当结点 B 作用外力偶 M 时,用力矩分配法计算的 M_{BA} 等于_____。

A. $M_e/3$　　　B. $M_e/2$　　　C. $M_e/7$　　　D. $2M_e/5$

23—27　图示结构(EI=常数)用力矩分配法计算时,力矩分配系数 μ_{BC} 及传递系数 C_{BC} 等于_____。

A. $\mu_{BC}=1/8, C_{BC}=-1$　　　B. $\mu_{BC}=9/2, C_{BC}=1$

C. $\mu_{BC}=1/8, C_{BC}=1$　　　D. $\mu_{BC}=2/9, C_{BC}=-1$

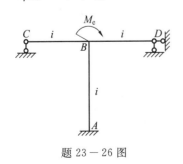

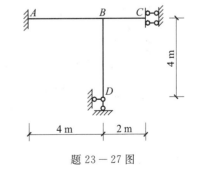

题 23—26 图

题 23—27 图

23—28 图示结构 $EI=$ 常数,力矩分配系数为 $\mu_{BA}=\mu_{BC}=0.5$,经计算最终杆端弯矩为_____。

A. $M_{AB}=-14\ \text{kN}\cdot\text{m}$ B. $M_{BA}=-1\ \text{kN}\cdot\text{m}$
C. $M_{BC}=-19\ \text{kN}\cdot\text{m}$ D. $M_{CB}=0$

23—29 图示结构用力矩分配法计算时,结点 A 的不平衡力矩(约束力矩)M_A 为_____。

A. $200\ \text{kN}\cdot\text{m}$ B. $125\ \text{kN}\cdot\text{m}$ C. $-62.5\ \text{kN}\cdot\text{m}$ D. $-75\ \text{kN}\cdot\text{m}$

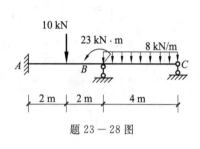

题 23—28 图

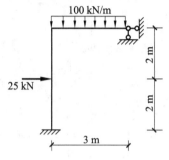

题 23—29 图

23—30 图示结构用力矩分配法计算时,结点 A 的不平衡力矩(约束力矩)为_____。

A. $Fl/6$ B. $2Fl/3$ C. $17Fl/24$ D. $-4Fl/3$

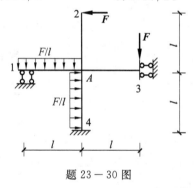

题 23—30 图

三、填空题

23—31 在力矩分配法计算过程中,总是重复_____的基本运算。

23—32 力矩分配法的要点是:先_____结点,求得荷载作用下的各杆的_____,然后_____结点,将结点上的_____弯矩分配于各杆近端,同时求出远端传递弯矩。叠加各杆端的_____、_____,即得到实际的杆端弯矩。

23—33 力矩分配法中,杆端的抗弯刚度系数不仅与该杆的_____有关,而且与杆的另一端_____有关。

23—34 力矩分配法中,各杆的分配系数,不仅与该杆的_____有关,而且与同结点其他杆件的_____有关。

23—35 力矩分配法中,某结点各杆近端的分配弯矩等于_____的不平衡力矩乘以_____。

23—36 力矩分配法适用于求解连续梁和_____刚架的内力。

23—37 力矩分配法的理论基础是_____法。

23—38 在力矩分配法中,传递系数 C 等于_____,对于远端固定杆,C 等于_____,远端定向杆,C 等于_____。

23—39 在力矩分配法的计算中,放松结点的物理意义是使该结点产生_____,体现在计算步骤中则是在该点施加一个大小与_____相等,方向相_____的力矩。

23—40 若结点上作用着一个力偶荷载,求固定状态下的杆端弯矩时,该力偶荷载_____;进行力矩分配时,它保持_____符号分配。

23—41 图示结构用力矩分配法计算时的分配系数 $\mu_{AB}=$_____,$\mu_{AC}=$_____,$\mu_{AE}=$_____。

23—42 图示刚架用力矩分配法求解时,结点 C 的力矩分配系数之和等于_____,杆 CB 的分配系数 $\mu_{CB}=$_____。

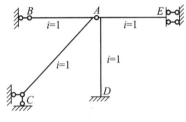

题 23—41 图

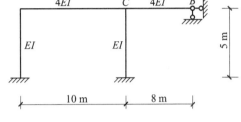

题 23—42 图

23—43 图示刚架,用力矩分配法计算时,BC 杆 B 端第一轮分配的弯矩为_____。

23—44 图示刚架中,AB 杆 A 端的力矩分配系数为_____,AC 杆 A 端的力矩分配系数为_____。

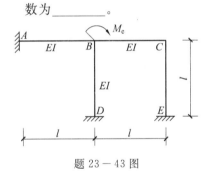

题 23—43 图

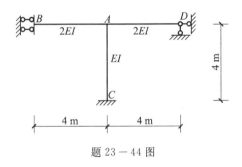

题 23—44 图

四、计算分析题

23—45 用力矩分配法作图示结构的 M 图。已知:$\mu_{BA}=\dfrac{3}{7}$,$\mu_{BC}=\dfrac{4}{7}$。

23—46 用力矩分配法作图示结构的 M 图。已知:$\mu_{AB}=0.4$,$\mu_{AC}=0.35$,$\mu_{AD}=0.25$。

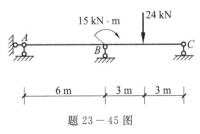

题 23—45 图

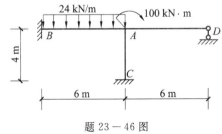

题 23—46 图

23—47 用力矩分配法求图示连续梁的杆端弯矩,并作 M 图,$EI=$ 常数。

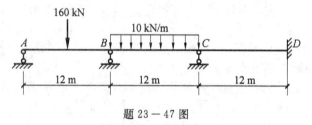

题 23—47 图

23—48 用力矩分配法作图示梁的 M 图,$EI=$ 常数。

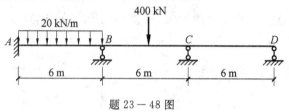

题 23—48 图

23—49 用力矩分配法作图示连续梁的弯矩图,$EI=$ 常数。

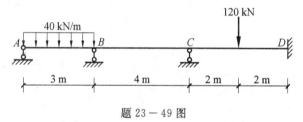

题 23—49 图

23—50 用力矩分配法作图示刚架的弯矩图。$E=$ 常数(计算两轮)。

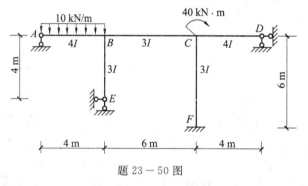

题 23—50 图

23—51 用力矩分配法计算图示刚架并绘制弯矩图,$E=$ 常数。
23—52 用力矩分配法作图示连续梁的弯矩图。
23—53 试用力矩分配法计算图示刚架,并绘制 M 图,$E=$ 常数。
23—54 试用力矩分配法计算图示刚架,并绘制 M 图。

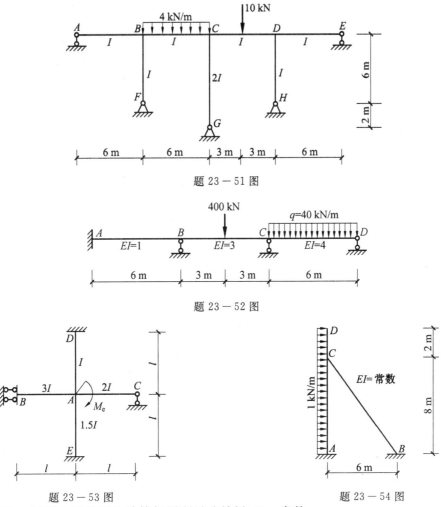

题 23-51 图

题 23-52 图

题 23-53 图

题 23-54 图

23-55 试用力矩分配法计算如图所示连续梁，$E=$ 常数。

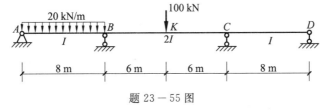

题 23-55 图

23-56 用力矩分配法计算图示连续梁，并作 M 图，$EI=$ 常数。

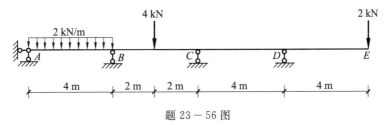

题 23-56 图

23—57 用力矩分配法计算图示连续梁,并作 M 图,EI = 常数(循环两次)。

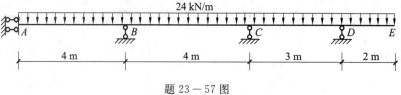

题 23—57 图

23—58 用力矩分配法计算图示刚架,并作 M 图。

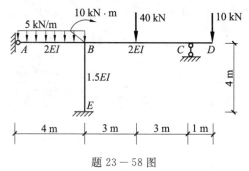

题 23—58 图

23—59 图示连续梁 EI = 常数,试用力矩分配法计算其杆端弯矩,并绘制 M 图。

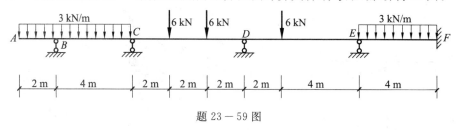

题 23—59 图

23—60 试用力矩分配法计算图示刚架。并绘制 M 图,E = 常数。

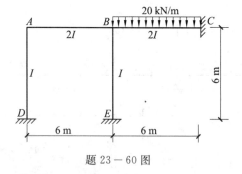

题 23—60 图

23—61 图示为某商场框架计算简图,用力矩二次分配法计算并画出弯矩图(利用对称性简化后再算)。已知横梁为矩形截面 $b \times h = 250 \text{ mm} \times 550 \text{ mm}$,柱截面为 $500 \text{ mm} \times 50 \text{ mm}$,混凝土 C20 弹性模量 $E = 25.5 \times 10^6 \text{ kN/m}^2$。

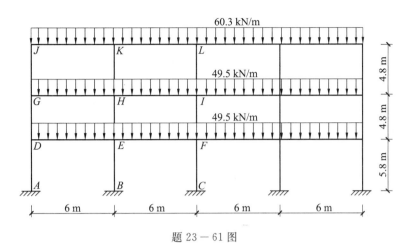

题 23－61 图

23－62 用分层法计算图示两跨三层刚架,作出 M 图。圆圈内的数字表示梁柱相对线刚度 i 值。

23－63 用反弯点法计算图示刚架,并画出弯矩图。图中圆圈内数字为每杆的相对线刚度。

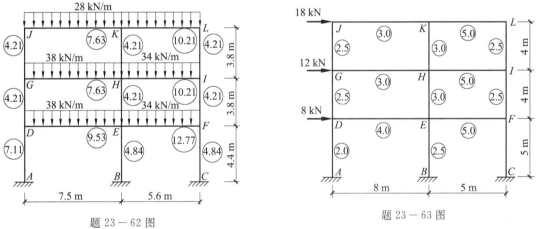

题 23－62 图

题 23－63 图

23－64 用 D 值法计算题 23－63 图示刚架,画出弯矩图。

23－65 用剪力分配法计算图示排架各柱的剪力。画出柱的弯矩图。

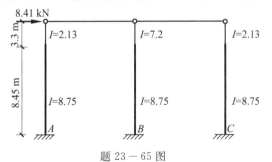

题 23－65 图

习题参考答案

一、是非题

23-1 ×　23-2 √　23-3 √　23-4 ×　23-5 √　23-6 √
23-7 ×　23-8 √　23-9 √　23-10 √　23-11 √　23-12 √
23-13 √

二、选择题

23-14 A　23-15 C　23-16 C　23-17 A　23-18 B　23-19 D
23-20 B　23-21 C　23-22 B　23-23 A　23-24 C　23-25 B
23-26 D　23-27 D　23-28 D　23-29 C　23-30 B

三、填空题

23-31　结点的力矩分配和传递
23-32　固定,固端弯矩,放松,不平衡,固端弯矩,分配弯矩,传递弯矩
23-33　线刚度,支承情况
23-34　转动刚度,转动刚度
23-35　该结点反号后,各杆的分配系数
23-36　无侧移(或无结点线位移)
23-37　位移
23-38　当近端转动时远端弯矩与近端弯矩的比值,0.5,-1
23-39　转角位移(或转动),不平衡力矩,反
23-40　不起作用,原
23-41　0,1,0.2
23-42　1,0.385
23-43　$M_e/3$
23-44　1/12,2/3

四、计算分析题

23-45　$M_{BA}=18$ kN·m, $M_{BC}=-3$ kN·m
23-46　$M_{AB}=83.2$ kN·m, $M_{AD}=7$ kN·m
23-47　$M_{BC}=-263.04$ kN·m, $M_{CD}=-27.68$ kN·m, $M_{DC}=-13.84$ kN·m
23-48　$M_{AB}=27.67$ kN·m, $M_{BC}=-235.33$ kN·m, $M_{CD}=-165.96$ kN·m
23-49　$M_{BA}=13.13$ kN·m, $M_{CB}=22.5$ kN·m, $M_{DC}=78.75$ kN·m
23-50　$M_{BA}=9.15$ kN·m, $M_{BE}=-8.14$ kN·m, $M_{CF}=12.46$ kN·m
23-51　$M_{BC}=-7.68$ kN·m, $M_{CB}=12.81$ kN·m, $M_{DC}=4.02$ kN·m
23-52　$M_{AB}=45.5$ kN·m, $M_{BC}=-90.89$ kN·m, $M_{CD}=-308.18$ kN·m
23-53　$M_{AB}=\dfrac{3}{19}M_e, M_{AC}=\dfrac{6}{19}M_e, M_{AD}=\dfrac{4}{19}M_e, M_{AE}=\dfrac{6}{19}M_e$

23—54　$M_{CB}=-1.48$ kN·m，$M_{CA}=3.48$ kN·m（左侧受拉），$M_A=-6.26$ kN·m（左侧受拉）

23—55　$M_B=-175.2$ kN·m，$M_C=-58.9$ kN·m

23—56　$M_{BA}=3.87$ kN·m，$M_{CD}=1.47$ kN·m，$M_{DC}=8.0$ kN·m

23—57　$M_{AB}=83.72$ kN·m，$M_{BA}=108.28$ kN·m，$M_{CD}=2.22$ kN·m，$M_{DC}=48$ kN·m

23—58　$M_{BA}=25$ kN·m，$M_{BC}=-30$ kN·m，$M_{CD}=10$ kN·m，$M_{BE}=15$ kN·m

23—59　$M_{BA}=-6$ kN·m，$M_{CB}=-6.26$ kN·m，$M_{DC}=-7.14$ kN·m，$M_{ED}=-2.51$ kN·m，$M_{FE}=-4.75$ kN·m

23—60　$M_C=72.86$ kN·m，$M_{BE}=12.86$ kN·m，$M_{BA}=21.43$ kN·m

23—61　$M_{JK}=128.3$ kN·m（上侧受拉），$M_{LK}=176.8$ kN·m（上侧受拉），$M_{AD}=20.8$ kN·m（右侧受拉），$M_{HG}=161.4$ kN·m（上侧受拉）

23—62　$M_{KJ}=148.6$ kN·m（上侧受拉），$M_{HG}=190.3$ kN·m（上侧受拉），$M_{AD}=33.4$ kN·m（右侧受拉），$M_{EB}=16.4$ kN·m（右侧受拉）

23—63　$M_{AD}=39$ kN·m（左侧受拉），$M_{GJ}=11.25$ kN·m（左侧受拉），$M_{KJ}=5.06$ kN·m（上侧受拉），$M_{EF}=29.25$ kN·m（下侧受拉）

23—64　$M_{AD}=31.88$ kN·m（左侧受拉），$M_{GJ}=7.08$ kN·m（左侧受拉），$M_{KJ}=6.53$ kN·m（上侧受拉），$M_{EF}=29.25$ kN·m（下侧受拉）

23—65　$F_{SA}=F_{SC}=2.75$ kN，$F_{SB}=2.92$ kN

第24章 结构塑性极限荷载简介

内容提要

一、基本概念

工程中,对于钢材等弹塑性材料,按照前面所述的弹性分析方法,计算出杆件所能承受的最大内力为弹性极限内力,相应结构的极限荷载为弹性极限荷载。结构在弹性极限荷载作用下,材料具有弹塑性性质,此时结构并非立即产生破坏,而是即将进入弹塑性受力状态,继续加载后,结构的受力状态将变得很复杂。从工程需要出发,在对材料的弹塑性性质作出科学的理想化假设后,方能确定结构的最终极限荷载,与此对应的结构体系将由几何不变体系转化为几何可变体系。

1. 弹性极限轴力与塑性极限轴力

对于受轴向拉压变形的杆件,由于杆件各截面上的应力均匀分布,随着荷载的增加,各点上的应力将会同时达到屈服极限值σ_s,此时杆件将会发生无限的伸长或缩短,成为几何可变体。因此轴向拉压杆件的弹性极限轴力与塑性极限轴力相同。

2. 弹性极限扭矩与塑性极限扭矩

对于受扭转变形的杆件,首先是在最大扭矩所在截面周边处的切应力达到屈服,进入塑性状态,此时截面的扭矩称为弹性极限扭矩。随着荷载的增加,屈服切应力向截面中心发展,直到整个截面各点的切应力完全达到屈服状态,此时截面的扭矩称为塑性极限扭矩。

3. 弹性极限弯矩与塑性极限弯矩

对于受弯曲变形的杆件,首先是在最大弯矩所在截面边缘处的正应力达到屈服,进入塑性状态,此时截面的弯矩称为弹性极限弯矩。随着荷载的增加,屈服正应力向截面中央发展,直到整个截面各点的正应力完全达到屈服状态,此时截面的弯矩称为塑性极限弯矩。

4. 结构的极限荷载

杆件截面完全进入塑性状态时的内力称为塑性极限内力。在结构中,当某一局部的应力达到极限值时,结构的很多部分并没有破坏,特别是超静定结构,此时若再增加荷载,结构还可在局部完全进入塑性状态而大部分仍在弹性状态下继续工作,直至荷载继续增大到出现一个或多个完全塑性区域,以至于结构成为几何可变体系而退出工作。结构成为几何可变体系时对应的荷载称为塑性极限荷载,也就是结构的极限荷载。

二、轴向拉压杆结构的塑性极限荷载

轴向拉压杆件的弹性极限轴力与塑性极限轴力相同,所以,对于静定拉压杆结构只要一个杆件达到极限轴力,结构就成为几何可变体,因此静定拉压杆结构也就只有一种极限荷载。

但是,对于如图 24.1 所示的超静定拉压杆结构,若 3 个杆件的材料、截面相同,经解超静定计算后,可知 2 杆的轴力大于 1、3 杆的轴力,先进入屈服状态,其内力达到塑性极限轴力 $F_{N2u}=\sigma_s A_s$。而此时,1、3 杆仍在弹性状态下,结构可在 2 杆承受不变的塑性极限轴力 F_{N2u} 的情况下继续增加荷载。当荷载继续增大,经静定分析后,显见 1 杆也进入塑性状态,如图 24.2 所示,结构成为几何可变体系,此时的 F_u 称为结构的塑性极限荷载。

总结图 24.1 所示的超静定拉压杆结构的塑性极限荷载计算过程:首先是判断出结构为 1 次超静定,再判断出结构中 3 个杆件中 2 杆的内力最大,最先达到塑性极限轴力。然后通过静力平衡关系计算出剩余静定结构中的 1 杆与 3 杆的最大内力是发生在 1 杆上,当 1 杆也达到塑性极限轴力时,结构即成为几何可变体系。此时的外力即为该结构的塑性极限荷载。

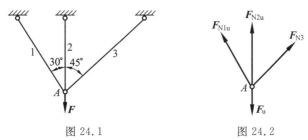

图 24.1　　　　　　图 24.2

对于截面、材料不同的杆件组成的结构,或是结构形式复杂,不能明显判断最大内力发生在哪个杆件时,为了避免求解超静定,可以采用对杆件轮流试算的方法,即轮流设定任两杆屈服,然后利用平衡条件求得对应 F_u 值,比较相应的 F_u 值,最小者即为塑性极限荷载。

三、圆杆的极限扭矩

1. 截面上屈服应力 τ_s 的变化规律

弹性极限扭矩

$$M_e = \tau_s W_p = \tau_s \frac{\pi d^3}{16}（如图 24.3）$$

整个截面各点的应力均达到 τ_s 时,截面的扭矩即为塑性极限扭矩 M_u(如图 24.4)。

2. 塑性极限扭矩的计算

$$M_u = \int_A \rho \cdot \tau_s dA = \tau_s \int_A \rho dA = \tau_s \frac{\pi d^3}{12}$$

显见,塑性极限扭矩 M_u 大于弹性极限扭矩 M_e,两者进行比较

$$\frac{M_u}{M_e} = \frac{\pi d^3}{12} \frac{16}{\pi d^3} = \frac{4}{3}$$

M_u 比 M_e 提高了 33%,亦即承载能力提高了同样大小。

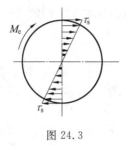
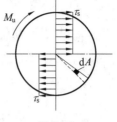

图 24.3　　　　　　　图 24.4

四、极限弯矩和塑性铰

1. 截面上屈服应力 σ_s 的变化规律

对于弯曲的杆件,其弹性极限弯矩 $M_e = \sigma_s W_z$(如图 24.5),截面上各点的应力均达到 σ_s 时,截面的弯矩就是塑性极限弯矩(如图 24.6)。

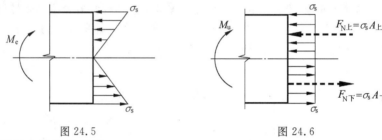

图 24.5　　　　　　　图 24.6

2. 塑性铰与中性轴的位置

(1) 塑性铰:当截面上的应力全部达到 σ_s 时,截面进入可承受塑性极限弯矩且发生屈服转动的状态,其转动方向与塑性极限弯矩方向相同,即该截面如同一个可转动的铰一样。该处的转动可承受塑性极限弯矩,因此称为塑性铰(转动方向同弯矩方向,是单向铰)。

(2) 中性轴:对于对称截面,塑性极限状态下的中性轴和弹性状态下的中性轴是在同一个位置处。当截面不是对称时,如图 24.7(a)所示截面,z 轴为弹性状态下的中性轴,其位置是由面积矩(静矩)$A_上 y_上 = A_下 y_下$ 的关系式来确定,由图中显见,$A_上 \neq A_下$。截面进入塑性极限状态后,中性轴的位置按面积 $A_上 = A_下$ 的关系式确定,其位置如图 24.7(b)所示。在截面的弯矩由弹性极限弯矩提高到塑性极限弯矩时,截面的弹性中性轴也在向塑性中性轴的位置移动。

3. 塑性极限弯矩的计算

截面塑性极限弯矩

$$M_u = \int_{A_上} y\sigma_s dA + \int_{A_下} y\sigma_s dA = \sigma_s(S_上 + S_下) = \sigma_s W_u$$

式中,S 为中性轴一侧面积对中性轴的面积矩(静矩),W_u 为塑性抗弯截面模量。

对于图 24.8 所示矩形截面,其塑性抗弯截面模量为

$$W_u = 2\left(b\frac{h}{2}\frac{h}{4}\right) = \frac{bh^2}{4}$$

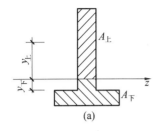
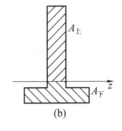
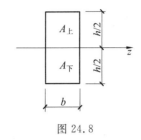

图 24.7

图 24.8

而矩形截面的弹性抗弯截面模量为

$$W_e = \frac{bh^2}{6}$$

$$\frac{W_u}{W_e} = \frac{bh^2}{4} \frac{6}{bh^2} = 1.5$$

W_u 比 W_e 提高了 50%,亦即承载力提高了同样大小。

若令

$$\frac{W_u}{W_e} = f$$

式中,f 称为截面的塑性弯曲形状系数,表 24.1 列出了几种常见截面的 f 值。

表 24.1 常见截面的塑性弯曲形状系数

截面	工字形	薄壁圆形	矩形	圆形
f	1.15~1.17	1.27	1.5	1.7

五、梁和刚架的极限荷载

对于以弯曲变形为主的静定结构,如图 24.9(a) 所示,在最大弯矩处出现一个塑性铰,结构即进入几何可变状态(图 24.9(b))所而退出工作。所以,只要根据外荷载确定出静定梁上的最大弯矩与外荷载的关系,再根据截面的形状及梁的材料(σ_s)确定出塑性极限弯矩值,令最大弯矩等于塑性极限弯矩,就可求出静定梁的塑性极限荷载。

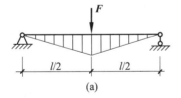
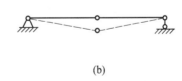

图 24.9

对于图 24.10(a) 所示包含有静定部分的超静定结构,若最大弯矩发生在 BC 的静定部分,如图 24.10(b) 所示,当其出现塑性铰时,BC 部分即成为几何可变体。因此,其极限荷载仍是按静定结构方式计算。

对于最大弯矩发生在超静定部分的超静定结构(图 24.11),一般来说,需要出现 $n+1$(比超静定次数多一个)个塑性铰,结构才会成为几何可变体,而对于各跨内等截面并且荷载同向的连续梁,各跨只要有 3 个铰就形成几何可变或几何瞬变的破坏机构。因此,超静定梁和刚架结构的塑性极限荷载的分析要先判断结构的超静定次数和塑性铰的位置。

当梁和刚架结构的第一个塑性铰出现时,对应的外荷载称为第一塑性极限荷载 F_{1u},第二个塑性铰出现时,对应的外荷载称为第二塑性极限荷载 F_{2u},直至第 $n+1$ 个塑性铰出现时,对应的外荷载称为最终塑性极限荷载 F_u。

F 由 F_e 向 F_{1u} 增加过程中,最大弯矩所在截面的屈服应力由边缘向截面中间发展,虽然没有完全屈服,但也产生了很大的变形,在此期间,也可能会有其他弯矩较大截面随着荷载的增加、截面弯矩的

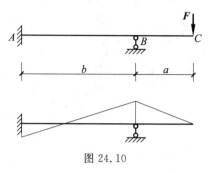

图 24.10

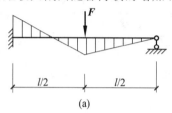

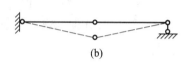

(a)   (b)

图 24.11

增加而进入此状态。此时的弯矩图形不能按照弹性计算求得,因此一般情况下是在极限状态下按静力平衡方法求得极限荷载。

类似于超静定拉压杆结构极限荷载的分析,超静定梁和刚架结构的极限荷载分析也是按最大弹性极限弯矩确定第一塑性铰发生的位置,然后以该塑性铰处的塑性极限弯矩为固定不变的外荷载来考虑平衡,进而确定下一个塑性铰出现的位置。在成为几何可变体的极限平衡状态下确定相应极限荷载值。

总结以上分析可知,极限状态应满足以下3个条件:(1)由于塑性铰的单向性,所以结构在成为几何可变体时亦是按荷载方向作单向运动的,即单向机构条件;(2)极限状态下,结构各截面的弯矩均小于塑性极限弯矩 M_u,即屈服条件(或称内力局限条件);(3)极限荷载的分析是在结构由静定结构向几何可变体系过渡的极限状态下进行的,所以可用静力平衡条件计算,即平衡条件。因此,对于能明确判断出的极限状态,由于不必考虑变形关系,仅需按照静力平衡条件进行计算,所以其计算较超静定结构的计算要简单。另外,由于极限状态前的结构为静定结构,所以超静定结构的极限荷载值不受支座移动和温度变化的影响。

对于复杂的荷载及结构形式,由于较难判断塑性铰出现的位置及顺序,需要依据以下3个定理:(1)结构具有唯一极限荷载,即单向定理或唯一性定理;(2)极限荷载是结构破坏荷载的极小者,即上限定理或极限定理;(3)极限荷载是结构安全荷载(可接受荷载)的极大者,亦即下限定理或极大定理,对多个可能出现的几何可变体系的极限平衡状态进行试算或其他方法来确定极限荷载。

习   题

一、是非题

24—1 ( ) 结构塑性分析适用于所有材料和全部工程结构。

24—2 （　）随着轴向压力的增大，截面塑性弯矩也增大。

24—3 （　）平面假设在塑性分析中不能使用。

24—4 （　）求极限荷载时出现塑性铰的数目与超静定次数一定相同。

24—5 （　）在结构的强度计算中，当应力限制在弹性范围内时，其屈服荷载总是小于应力在塑性范围的极限荷载。

24—6 （　）静定结构只要产生一个塑性铰即发生塑性破坏，n 次超静定结构一定要产生 $n+1$ 个塑性铰才产生塑性破坏。

24—7 （　）结构某截面完全进入塑性状态后，该截面就像铰一样不能承受内力，处于这种情况下的截面称为塑性铰。

24—8 （　）理想弹塑性材料的杆件，截面应力全部达到屈服应力 σ_s 时，称此时截面为弹塑性铰。

24—9 （　）有一个对称轴的截面的极限弯矩为 $M_u = \sigma_s A a/2$，其中 A 为截面面积，a 为受拉区和受压区面积形心之间的距离，σ_s 为材料的屈服极限。

24—10 （　）图示 T 形截面，其材料的屈服极限 $\sigma_s = 235$ MPa，可算得其极限弯矩 $M_u = 17.86$ kN·m。

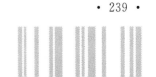

题 24—10 图

二、选择题

24—11 塑性铰具有如下的性质：_____。
A. 可以沿弯矩方向发生有限相对转角
B. 沿弯矩增加方向有弹性刚度
C. 沿弯矩减少方向的弹性刚度为零
D. 塑性铰和一般铰具有同样的性质

24—12 当结构中最大弯矩所在截面的边缘应力达到屈服应力时，如果继续加载，则结构_____。
A. 处于弹性阶段　　　　　　　B. 进入塑性阶段
C. 进入弹塑性阶段　　　　　　D. 处于弹性阶段终点

24—13 弹性截面系数 W_e 和塑性截面系数 W_u 的关系为_____。
A. $W_e = W_u$　　B. $W_e \geqslant W_u$　　C. $W_e \leqslant W_u$　　D. W_e 可能大于，也可能小于 W_u

24—14 下列结论中正确的是_____。
A. 塑性截面系数与截面积成正比
B. 塑性铰不能承受反向荷载
C. 任意截面在形成塑性铰过程中的中性轴位置保持不变
D. 在极限状态下，截面的中性轴将截面积等分

24—15 结构的极限荷载是_____。
A. 结构形成破坏机构时的荷载
B. 结构形成最容易产生的破坏机构时的荷载
C. 结构形成最难产生的破坏机构时的荷载
D. 必须是结构中全部杆件形成破坏机构时的荷载

24—16 截面中性轴的位置从弹性阶段到塑性阶段保持不变的情况只存在_____。
A. Ⅱ 形截面

B. T形截面

C. 有一根对称轴并在对称平面作用横向荷载的截面

D. 中性轴是对称轴的截面

24—17 超静定的梁和刚架,当变成破坏机构时,塑性铰的数目 m 与结构超静定次数之间的关系为_____。

A. $m=n$ B. $m>n$ C. $m<n$ D. 取决于体系构造和承受荷载的情况

24—18 图示两端固定梁在合力相同的不同荷载作用下,其极限荷载最小时的荷载情况是_____。

A. 均布荷载

B. 中点受一个集中力

C. 二等分段中点各受一个集中力(二力相等)

D. 三等分段中点各受一个集中力(三力相等)

24—19 图示4种同材料、同截面形式的单跨梁,其极限荷载值最大的为_____。

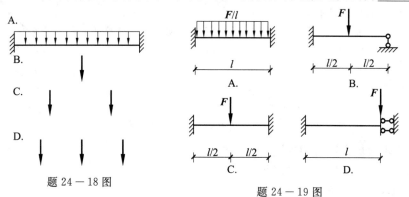

题 24—18 图

题 24—19 图

24—20 图示梁的极限荷载为_____。

A. $3.2M_u/a$ B. $12.8M_u/a$ C. $13.6M_u/a$ D. $14.4M_u/a$

24—21 图示等截面梁的截面极限弯矩 $M_u=120$ kN·m,则其极限荷载为_____。

A. 120 kN   B. 100 kN   C. 80 kN   D. 40 kN

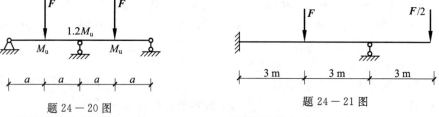

题 24—20 图

题 24—21 图

24—22 图示单跨变截面梁,已知 $M_{u2}>3M_{u1}$,其极限状态为_____。

24—23 已知材料的屈服极限 $\sigma_s=240$ MPa,则下列图形的极限弯矩 M_{u1}(矩形)、M_{u2}(工字形)、M_{u3}(环形)满足的关系为_____。

A. $M_{u1}>M_{u2}>M_{u3}$ B. $M_{u1}<M_{u2}<M_{u3}$

C. $M_{u1}>M_{u3}>M_{u2}$ D. $M_{u2}>M_{u1}>M_{u3}$

24—24 图示四种相同材料截面形式,其截面总面积是相同的,在纯弯状态且 $h \geqslant b$ 时极限弯矩最小的是_____。

24—25 图示截面,其材料的屈服极限 $\sigma_s=240$ MPa,可算得极限弯矩 M_u 是_____。

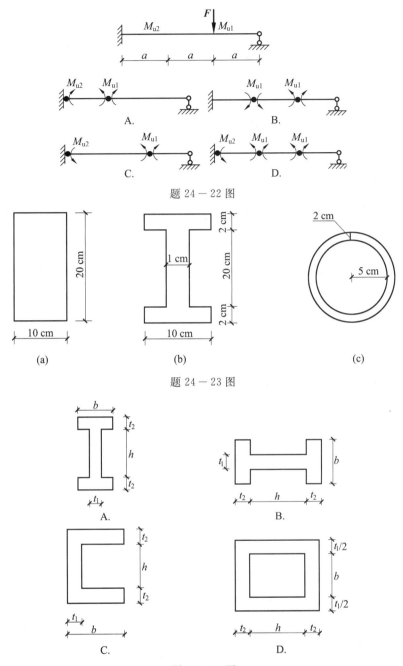

题 24—22 图

题 24—23 图

题 24—24 图

A. 562.5 kN·m   B. 645.25 kN·m   C. 762.50 kN·m   D. 867.25 kN·m

24—26 图示连续梁截面的极限弯矩为 M_u，极限荷载 F_u 为_____。

A. $2M_u/l$ B. $2.5M_u/l$ C. $4M_u/l$ D. $6M_u/l$

24—27 图示结构截面的极限弯矩如图所示，其极限荷载 F_u 为_____。

A. $1/3M_u/l$ B. $2/3M_u/l$ C. $5/3M_u/l$ D. $8/3M_u/l$

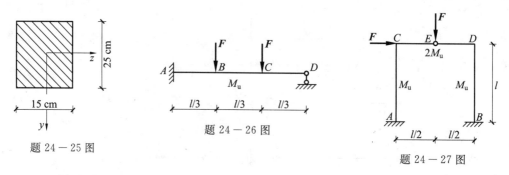

题 24-25 图　　　题 24-26 图　　　题 24-27 图

三、填空题

24-28　塑性铰与普通铰不同，它是一种_____铰，只能沿_____方向发生相对转动。

24-29　根据比例加载定理_____是唯一的，_____却不是唯一的。

24-30　静定结构的极限状态有_____个塑性铰，一次超静定结构极限状态需有_____个塑性铰，据此_____（填"能"或"不能"）推断出 n 次超静定结构极限状态一定出现 $n+1$ 个塑性铰。

24-31　由理想弹塑性材料制成的超静定结构，从承受荷载到破坏，一般说其工作阶段分为三个，即(1)_____;(2)_____;(3)_____。

24-32　在极限状态中，结构任一截面的弯矩绝对值将_____极限弯矩。

24-33　结构的极限荷载计算，就是要确定结构在_____时所能承担的荷载值。

24-34　在计算结构极限荷载时，对于静定的梁和刚架，出现一个_____，其结构就变成为破坏机构。

四、计算分析题

24-35　计算图示梁的极限荷载。

24-36　计算图示梁的极限荷载。

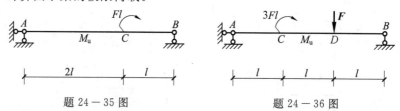

题 24-35 图　　　题 24-36 图

24-37　计算图示梁的极限荷载。

24-38　计算图示梁的极限荷载。

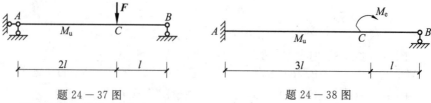

题 24-37 图　　　题 24-38 图

24-39　计算图示梁的极限荷载。

24-40　计算图示梁的极限荷载，并画出结构达到极限状态时的弯矩图。

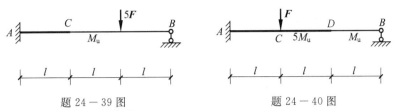

题 24－39 图　　　　　　　　题 24－40 图

24－41　计算图示梁的极限荷载。

24－42　计算图示梁的极限荷载，并画出结构达到极限状态时的弯矩图。

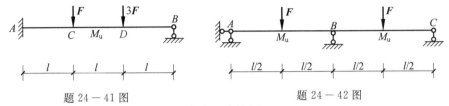

题 24－41 图　　　　　　　　题 24－42 图

24－43　用试算法计算图示梁的极限荷载（建议设 A、D 处出现塑性铰）。

24－44　图示矩形等截面梁 ABC，其截面高度 $h=10$ cm，材料的屈服极限 $\sigma_s=240$ MPa。求在极限状态时所需截面宽度 b。

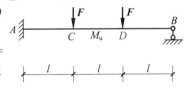

题 24－43 图

24－45　图示等截面梁，其截面承受的极限弯矩 $M_u=6\,540$ kN·cm，有一位置可变的荷载 F 作用于梁上，移动范围在 AD 内，试确定极限荷载 F_u 值及其作用位置。

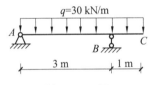 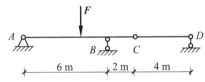

题 24－44 图　　　　　　　　题 24－45 图

24－46　图示梁截面极限弯矩 AB 跨为 $M_u=120$ kN·m，BC 跨为 $1.2M_u$，作用的荷载如图所示。求梁的安全系数（提示：分别求出 AB 和 BC 跨的极限荷载，并用 $q=75$ kN/m 和 $F=100$ kN 去除相应的极限荷载，取二者的最小值）。

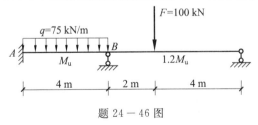

题 24－46 图

24－47　已知材料的屈服极限 $\sigma_s=240$ MPa，试求下列截面的极限弯矩值：(1) 矩形截面 $b=50$ mm，$h=100$ mm；(2) 图(a)所示 T 形；(3) 图(b)、(c)所示圆形及环形。设材料的屈服极限为 σ_s。

24－48　试求图示等截面静定梁的极限荷载。已知 $l=2$ m，$M_u=300$ kN·m。

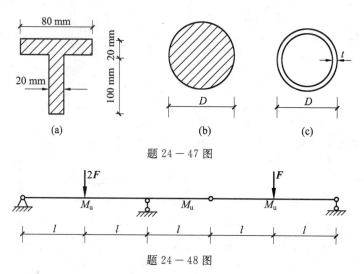

题 24—47 图

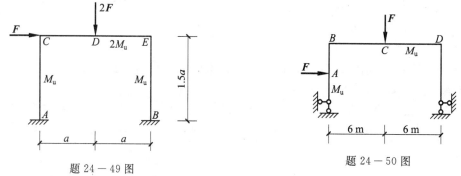

题 24—48 图

24—49 求图示刚架的极限荷载。

24—50 求图示刚架的极限荷载，$M_u = 90 \text{ kN} \cdot \text{m}$。

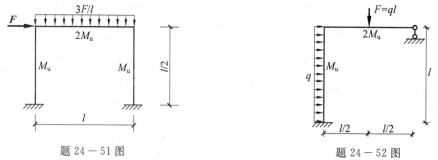

题 24—49 图　　　　　　　　题 24—50 图

24—51 求图示刚架的极限荷载。

24—52 求图示刚架的极限荷载，并画 M 图。M_u 为极限弯矩。

题 24—51 图　　　　　　　　题 24—52 图

24—53 求图示刚架的极限荷载并画相应的 M 图。M_u 为极限弯矩。

24—54 试求图示刚架的极限荷载 F_u。

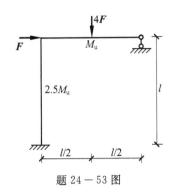

题 24-53 图

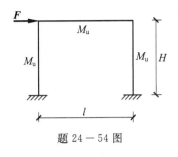

题 24-54 图

习题参考答案

一、是非题

24-1 × 24-2 × 24-3 × 24-4 × 24-5 √
24-6 × 24-7 × 24-8 × 24-9 √ 24-10 ×

二、选择题

24-11 A 24-12 C 24-13 C 24-14 D 24-15 B 24-16 D
24-17 D 24-18 B 24-19 A 24-20 A 24-21 C 24-22 B
24-23 A 24-24 B 24-25 A 24-26 C 24-27 D

三、填空题

24-28 单向,弯矩增大

24-29 极限荷载,极限状态

24-30 1,2,不能

24-31 弹性阶段,弹塑性阶段,塑性流动阶段

24-32 不超过

24-33 丧失承载能力

24-34 塑性铰

四、计算分析题

24-35 $F_u = 3M_u/2l$

24-36 $F_u = 3M_u/7l$

24-37 $F_u = 2M_u/l$

24-38 $F_u = 5M_u/3l$

24-39 $F_u = 3M_u/5l$

24-40 $F_u = 8M_u/l$

24-41 $F_u = 4M_u/7l$

24-42 $F_u = 6M_u/l$

24-43 $F_u = 4M_u/3l$

24—44　$b = 4.45$ cm

24—45　$F_u = 32.7$ kN,此时 F 作用在 C 点

24—46　总安全系数 $K = 1.60$

24—47　$(1) M_u = 30$ kN·m；$(2) M_u = 27.36$ kN·m；$(3) M_u = \sigma_s \dfrac{D^3}{6}$, $M_u = \sigma_s \dfrac{D^3}{6}\left[1 - \left(1 - \dfrac{2t}{D}\right)^3\right]$

24—48　$F_u = 200$ kN

24—49　$F_u = 2.29 \dfrac{M_u}{a}$

24—50　$F_u = 4M_u/9 = 40$ kN

24—51　$F_u = 6.342 \dfrac{M_u}{l}$

24—52　$q_u = 4M_u/l^2$

24—53　$F_u = \dfrac{3M_u}{2l}$

24—54　$F_u = \dfrac{4M_u}{H}$

第25章 动荷、冲击与疲劳

内容提要

一、达朗贝尔原理

任何物体都有保持静止或匀速直线运动的属性,称为惯性。当物体受到外力作用而产生运动状态的变化时,运动物体即对施力物体产生反作用力,因这种反作用力是由于运动物体的惯性所引起的,故称为运动物体的惯性力,以 F_I 表示,此力作用对象是施力物体。

$$F_I = -ma$$

其方向与加速度方向相反。

设质点 M 在某轨道上做加速运动,其上受到主动力 F 与约束反力 F_N 的作用,质点沿合外力方向要产生加速度 a,根据牛顿第二定律,有

$$ma = F + F_N$$

将上式移项写为

$$F + F_N - ma = 0$$

引入记号

$$F_I = -ma$$

则

$$F + F_N + F_I = 0$$

即作用在质点上的主动力、约束力和虚拟的惯性力在形式上构成平衡力系,称为质点的达朗贝尔原理。这种将动力学问题通过加入惯性力而变成静力学问题的方法称为动静法。

应当指出:

(1) 达朗贝尔原理并没有改变动力学问题的性质。因为质点实际上并不是受到力的作用而真正处于平衡状态,而是假想地加在质点上的惯性力与作用在质点上的主动力、约束力在形式上构成平衡力系。

(2) 惯性力是一种虚拟力,但它是使质点改变运动状态的施力物体的反作用力。

二、考虑加速度的动荷问题

用钢丝绳以加速度 a 起吊重为 G 的重物,则钢丝绳所受的力为

$$F_{\text{Nd}} = K_{\text{d}} G$$

钢丝绳内的动应力为
$$\sigma_{\text{d}} = K_{\text{d}} \sigma_{\text{st}}$$

式中,$\sigma_{\text{st}} = \dfrac{G}{A}$,称为静应力;$K_{\text{d}} = 1 + \dfrac{a}{g}$,称为动荷因数,则 $K_{\text{d}} = \dfrac{\sigma_{\text{d}}}{\sigma_{\text{st}}}$。

即有加速度时,轴力和应力是无加速度时的 K_{d} 倍,$K_{\text{d}} > 1$。

三、冲击与冲击应力

当运动中的物体碰到一静止的构件时,前者的运动将受阻而在瞬间停止运动,这时构件就受到了冲击作用。加载的速度在非常短的时间内发生改变,构件受到很大的作用力,这种现象称为冲击。

冲击应力估算中的基本假定:

① 不计冲击物的变形;
② 冲击物与构件接触后无回弹;
③ 构件的质量与冲击物相比很小,可忽略不计;
④ 材料服从胡克定律;
⑤ 冲击过程中,声、热等能量损耗很小,可略去不计。

由机械能守恒定理可知:冲击过程中,冲击物所减少的动能 E_k 和势能 E_p 等于被冲击物所增加的应变能,即
$$E_k + E_p = U$$

由此得到
$$\Delta_{\text{d}} = K_{\text{d}} \Delta_{\text{st}}$$

其中
$$K_{\text{d}} = (1 + \sqrt{1 + 2h/\Delta_{\text{st}}})$$

式中,K_{d} 为动位移和静位移的比值,称为动荷因数。

冲击力:
$$F_{\text{d}} = K_{\text{d}} G$$

动应力:
$$\sigma_{\text{d}} = K_{\text{d}} \sigma_{\text{st}}$$

即在冲击荷载作用下,位移、冲击力和应力是静载时的 K_{d} 倍,$K_{\text{d}} > 1$。

四、疲劳破坏与交变应力

1. 交变应力:随时间交替变化的应力称为交变应力。
2. 疲劳破坏:构件在交变应力作用下发生的失效,称为疲劳失效或疲劳破坏,简称疲劳。
3. 疲劳破坏具有以下特点:
(1) 破坏时,应力低于材料的强度极限,甚至低于材料的屈服应力;
(2) 疲劳破坏需经历多次应力循环后才能出现,即破坏是个积累损伤的过程;
(3) 即使塑性材料破坏时,一般也无明显的塑性变形,即表现为脆性断裂;
(4) 在破坏的断口上,通常呈现两个区域:一个是光滑区域,另一个是粗糙区域。
4. 循环特征　平均应力　应力幅

对称循环:最大应力与最小应力绝对值相等。

脉动循环:$\sigma_{\min} = 0$,应力在 $0 \sim \sigma_{\max}$ 间变化。

循环特性:
$$r = \dfrac{\sigma_{\min}}{\sigma_{\max}}$$

平均应力： $$\sigma_\mathrm{m} = \frac{1}{2}(\sigma_\mathrm{max} + \sigma_\mathrm{min})$$

应力幅： $$\sigma_\mathrm{a} = \frac{1}{2}(\sigma_\mathrm{max} - \sigma_\mathrm{min})$$

应力范围： $\Delta\sigma = 2\sigma_\mathrm{a} = \sigma_\mathrm{max} - \sigma_\mathrm{min}$（钢结构中称此为应力幅）

5. 持久极限与应力－疲劳寿命曲线

所谓持久极限是指经过无穷多次应力循环而不发生破坏时的最大应力值，它又称为疲劳极限。

一般来说，随着应力水平的降低，疲劳寿命迅速增加。钢试件的疲劳试验表明，当应力降到某一极限值时，$S-N$ 曲线趋近于水平线（图 25.1）。这表明：只要应力不超过这一极限值，N 可无限增长，即试件可以经历无限次应力循环而不发生疲劳，这一极限值即为材料在对称循环下的持久极限 σ_{-1}。

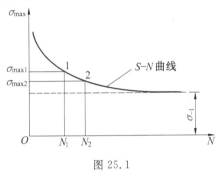

图 25.1

6. 影响构件持久极限的因素

（1）构件外形的影响

构件外形的突然变化，例如构件上有槽、孔、缺口、轴肩等，将会引起应力的集中。在应力集中的局部区域更易形成疲劳裂纹，从而使构件的持久极限显著降低。

（2）构件尺寸的影响

构件的尺寸越大，它所包含的内部缺陷也就越多，亦即生成微观裂纹的裂纹源增多，因而更利于裂纹的形成与扩展。同时，构件的尺寸越大，其应力分布的变化梯度越小，即处于高应力区的晶粒越多，故更易于形成疲劳裂纹。可见构件尺寸越大，其持久极限越低。

（3）表面质量的影响

表面质量包括两个方面：一是表面粗糙度；二是表层强化。一般说，构件的表面越是粗糙，其应力集中越严重，故其持久极限亦越低。另一方面，如果构件经过淬火、渗碳、氮化等热处理与化学处理，或经过滚压、喷丸等机械处理，都会使表层得到强化，因而其持久极限也会得到相应的提高。

除上述三种因素外，构件的工作环境，如温度、介质等对持久极限也会有影响。这些影响也可仿照上面的方法，用相应的修正系数来表示。

7. 提高构件疲劳强度的措施

（1）减缓应力集中

应力集中是产生疲劳破坏的主要因素，构件的局部应力集中区则是疲劳裂纹萌生的发源地。同时，影响疲劳的各种因素，也都和应力集中有关。因此，为了提高构件的持久极限，主要措施是尽一切可能消除或改善应力集中。设计构件外形时，避免方形或带有尖角的孔和槽;在截面突变处采用足够大的过渡圆角,设置减荷槽或退刀槽等。

(2) 降低表面粗糙度

构件表面加工质量对疲劳强度影响很大,疲劳强度要求较高的构件,应有较低的表面粗糙度。高强度钢对表面粗糙度更为敏感,只有经过精加工,才有利于发挥它的高强度性能。否则将会使持久极限大幅度下降,失去采用高强度钢的意义。在使用中也应尽量避免使构件表面受到机械损伤(如划伤、打印等)或化学损伤(如腐蚀、生锈等)。

(3) 增加表层强度

为了强化构件的表层,可采用热处理和化学处理,如表面高频淬火、渗碳、氮化等,皆可使构件疲劳强度有显著提高。但采用这些方法时,要严格控制工艺过程,否则将造成表面微细裂纹,反而降低持久极限。也可以用机械的方法强化表层,如滚压、喷丸等,以提高疲劳强度。

习 题

一、是非题

25—1 (　) 在动载下,只要动荷因数确定后,则任一点处的动变形就可表示为该点处相应的静变形与动荷因数之积。

25—2 (　) 动荷作用下,构件内的动应力与构件材料的弹性模量有关。

25—3 (　) 冲击应力和变形实用计算的能量法中,因为不计被冲击物的质量,所以计算结果与实际情况相比,冲击应力和冲击变形均偏大。

25—4 (　) 自由落体垂直冲击,被冲击构件的冲击应力与材料无关。

25—5 (　) 惯性力是作用在运动物体上的力。

25—6 (　) 作用在质点上的主动力、约束反力、虚拟惯性力在形式上处于平衡,称为质点的达朗贝尔原理。

25—7 (　) 材料的疲劳极限与构件的疲劳极限相同。

25—8 (　) 材料的疲劳极限与强度极限相同。

25—9 (　) 材料的持久极限与条件疲劳极限统称为材料的疲劳极限。

25—10 (　) 在交变应力作用下的疲劳破坏与静应力下的失效本质是相同的。

二、选择题

25—11 图示交变应力的循环特征 $r=$ _____。
A. 1/3　　　　B. 2/3　　　　C. 2　　　　D. 3

25—12 图示交变应力循环特征 r,应力幅 σ_a 和平均应力 σ_m 分别为_____。(应力单位为 MPa)
A. $r=0, \sigma_a=50$ MPa, $\sigma_m=50$ MPa
B. $r=0, \sigma_a=100$ MPa, $\sigma_m=50$ MPa
C. $r=1, \sigma_a=50$ MPa, $\sigma_m=100$ MPa
D. $r=1, \sigma_a=50$ MPa, $\sigma_m=50$ MPa

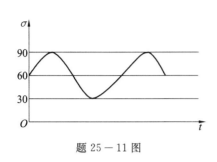

题 25－11 图

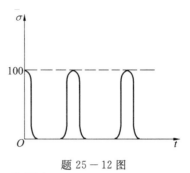

题 25－12 图

25－13 图示交变应力的应力幅 σ_a，平均应力 σ_m 分别为_____。
　　A. $\sigma_a=20$ MPa，$\sigma_m=-10$ MPa　　　B. $\sigma_a=-40$ MPa，$\sigma_m=10$ MPa
　　C. $\sigma_a=30$ MPa，$\sigma_m=10$ MPa　　　D. $\sigma_a=30$ MPa，$\sigma_m=30$ MPa

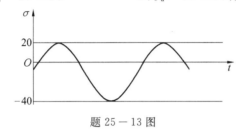

题 25－13 图

25－14　以下结论中_____是正确的。
　　A. 构件的持久极限等于材料的强度极限除以疲劳规定安全系数
　　B. 为使构件在交变应力下正常工作，其疲劳规定安全系数 n 必须大于或等于疲劳工作安全系数 n_σ（或 n_1）
　　C. 为使构件在交变应力下正常工作，应使 $n_\sigma \geqslant n$（或 $n_1 \geqslant n$）
　　D. 在不同循环特性下，同一种材料的持久极限只有一个值

25－15　为使构件在对称循环交变应力下正常工作，构件内的最大应力应小于或等于_____。
　　A. 材料的许用应力 $[\sigma]$ 或 $[\tau]$　　　B. 材料的持久极限
　　C. 构件的持久极限　　　　　　　　D. 构件的持久极限与疲劳规定安全系数之比

25－16　以下结论中正确的是_____。
　　A. 应力集中对构件的静强度和疲劳强度都有很大影响
　　B. 应力集中对构件的静强度几乎没有影响
　　C. 应力集中对铸铁的静强度影响较大
　　D. 应力集中对塑性材料和铸铁的静强度几乎没有影响，但能降低构件的疲劳强度

25－17　材料的持久极限 σ_r 与构件的持久极限 σ_r^0 有何关系？_____。
　　A. $\sigma_r > \sigma_r^0$　　　B. $\sigma_r = \sigma_r^0$　　　C. $\sigma_r < \sigma_r^0$　　　D. $\sigma_r \leqslant \sigma_r^0$

25－18　对于交变应力，符号"σ_0"表示_____。
　　A. 应力作脉动循环时，材料的持久极限
　　B. 应力作对称循环时，材料的持久极限
　　C. 荷载作脉动循环时，构件的持久极限
　　D. 荷载作对称循环时，构件的持久极限

25－19　影响构件持久极限的主要因素是_____。

A. 材料的强度极限,应力集中,表面加工质量
B. 材料的塑性指标,应力集中,构件尺寸
C. 交变应力的循环特征,构件尺寸,构件外形
D. 应力集中,构件尺寸,表面加工质量

25-20 同一构件分别在以下几种情况下工作,哪一种情况下持久极限最低?_____。
A. 在干燥空气中 B. 在有水蒸气的环境中
C. 在淡水中 D. 在海水中

25-21 当交变应力的_____不超过材料疲劳极限时,试件可经历无限次应力循环,而不发生疲劳破坏。
A. 应力幅度 B. 最小应力 C. 平均应力 D. 最大应力

25-22 构件在交变应力作用下发生疲劳破坏,以下结论中_____是错误的。
A. 断裂时的最大应力小于材料的静强度极限
B. 用塑性材料制成的构件,断裂有明显的塑性变形
C. 用脆性材料制成的构件,破坏时呈脆性断裂
D. 断口表面一般可明显地分为光滑区及粗粒状区

25-23 标准试件经无限多次应力循环而不发生疲劳破坏的_____称为材料的疲劳极限。
A. 应力幅值 B. 平均应力值 C. 最大应力值 D. 最小应力值

25-24 在交变应力作用下,经过很多次应力循环后,构件表面将形成宏观裂纹,裂纹附近区域的材料处于_____应力状态。
A. 单向拉伸 B. 二向拉伸 C. 三向拉伸 D. 三向压缩

25-25 若已知材料在对称循环下的持久极限 σ_{-1},有效应力集中系数 K_σ,尺寸系数 ε_σ,表面加工系数 β,则构件在对称循环下的持久极限 $\sigma_{-1}^0 =$ _____。
A. $\dfrac{\beta}{\varepsilon_\sigma K_\sigma}\sigma_{-1}$ B. $\dfrac{K_\sigma}{\varepsilon_\sigma \beta}\sigma_{-1}$ C. $\dfrac{\varepsilon_\sigma \beta}{K_\sigma}\sigma_{-1}$ D. $\dfrac{\varepsilon_\sigma K_\sigma}{\beta}\sigma_{-1}$

25-26 若 $\sigma_{\max}$ 表示构件工作时的最大应力,$[\sigma_{-1}]$ 表示对称循环下构件的许用应力,n_σ 和 n 分别表示疲劳工作安全系数和疲劳规定安全系数,则下列结论中_____是正确的。
A. $\sigma_{\max}$ 一定不等于 $[\sigma_{-1}]$ B. $\sigma_{\max}$ 不一定等于 $[\sigma_{-1}]$
C. $\dfrac{[\sigma_{-1}]}{\sigma_{\max}} = n_\sigma$ D. $\dfrac{[\sigma_{-1}]}{\sigma_{\max}} = n$

25-27 对于如图所示交变应力,下列平均应力 σ_m 及应力幅 σ_a 的值中_____是正确的。

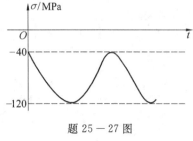

	A	B	C	D
σ_m/MPa	-80	80	-80	-40
σ_a/MPa	40	40	-120	-120

题 25-27 图

25-28 对于如图所示交变应力,下列平均应力 σ_m 及应力幅 σ_a 的值中_____是正确的。

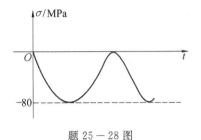

	A	B	C	D
σ_m/MPa	0	40	-40	-40
σ_a/MPa	40	40	-40	-80

题 25-28 图

25-29 对于如图所示交变应力,下列平均应力 σ_m 及应力幅 σ_a 的值中_____是正确的。

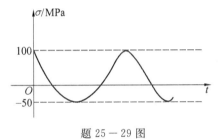

	A	B	C	D
σ_m/MPa	100	25	50	25
σ_a/MPa	-50	100	75	75

题 25-29 图

25-30 如图所示交变应力的循环特征 $r=$_____。
A. -0.25　　B. 0.25　　C. -4　　D. 4

25-31 如图所示交变应力的循环特征 $r=$_____。
A. -0.6　　B. 0.6　　C. -1.7　　D. 1.7

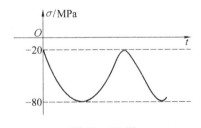

题 25-30 图

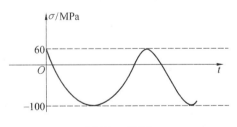

题 25-31 图

25-32 如图所示交变应力的循环特征 $r=$_____。
A. -1　　B. -0.5　　C. 0　　D. 0.5

25-33 如图所示交变应力的循环特征 $r=$_____。
A. -0.5　　B. 0.5　　C. -2　　D. 2

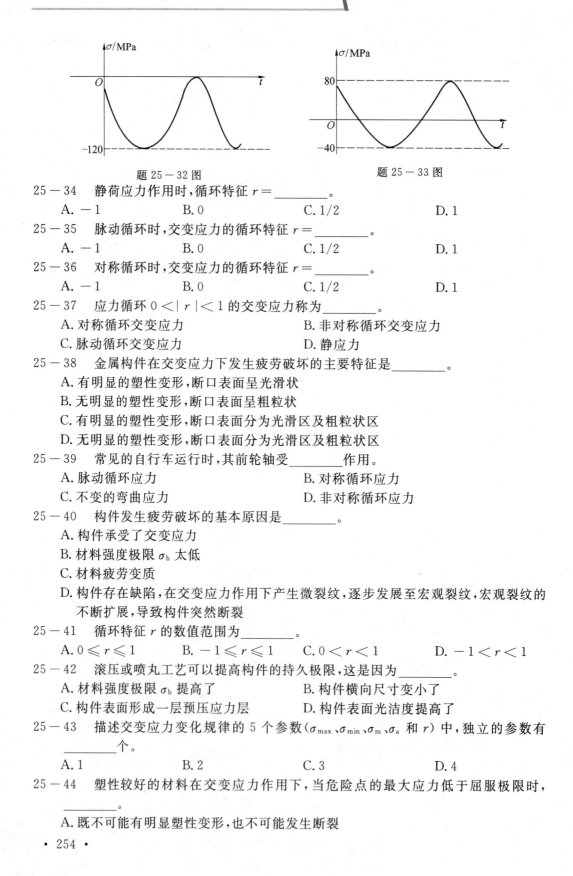

题 25—32 图　　　　　　　　题 25—33 图

25—34 静荷应力作用时,循环特征 $r=$ _____。
　　A. -1　　　　B. 0　　　　C. $1/2$　　　　D. 1

25—35 脉动循环时,交变应力的循环特征 $r=$ _____。
　　A. -1　　　　B. 0　　　　C. $1/2$　　　　D. 1

25—36 对称循环时,交变应力的循环特征 $r=$ _____。
　　A. -1　　　　B. 0　　　　C. $1/2$　　　　D. 1

25—37 应力循环 $0<|r|<1$ 的交变应力称为 _____。
　　A. 对称循环交变应力　　　　　B. 非对称循环交变应力
　　C. 脉动循环交变应力　　　　　D. 静应力

25—38 金属构件在交变应力下发生疲劳破坏的主要特征是 _____。
　　A. 有明显的塑性变形,断口表面呈光滑状
　　B. 无明显的塑性变形,断口表面呈粗粒状
　　C. 有明显的塑性变形,断口表面分为光滑区及粗粒状区
　　D. 无明显的塑性变形,断口表面分为光滑区及粗粒状区

25—39 常见的自行车运行时,其前轮轴受 _____ 作用。
　　A. 脉动循环应力　　　　　　　B. 对称循环应力
　　C. 不变的弯曲应力　　　　　　D. 非对称循环应力

25—40 构件发生疲劳破坏的基本原因是 _____。
　　A. 构件承受了交变应力
　　B. 材料强度极限 σ_b 太低
　　C. 材料疲劳变质
　　D. 构件存在缺陷,在交变应力作用下产生微裂纹,逐步发展至宏观裂纹,宏观裂纹的不断扩展,导致构件突然断裂

25—41 循环特征 r 的数值范围为 _____。
　　A. $0 \leqslant r \leqslant 1$　　B. $-1 \leqslant r \leqslant 1$　　C. $0<r<1$　　D. $-1<r<1$

25—42 滚压或喷丸工艺可以提高构件的持久极限,这是因为 _____。
　　A. 材料强度极限 σ_b 提高了　　　　B. 构件横向尺寸变小了
　　C. 构件表面形成一层预压应力层　　　D. 构件表面光洁度提高了

25—43 描述交变应力变化规律的 5 个参数(σ_{max}、σ_{min}、σ_m、σ_a 和 r)中,独立的参数有 _____ 个。
　　A. 1　　　　B. 2　　　　C. 3　　　　D. 4

25—44 塑性较好的材料在交变应力作用下,当危险点的最大应力低于屈服极限时, _____。
　　A. 既不可能有明显塑性变形,也不可能发生断裂

B. 虽可能有明显塑性变形,但不可能发生断裂
C. 不仅可能有明显的塑性变形,而且可能发生断裂
D. 虽不可能有明显的塑性变形,但可能发生断裂

25-45 构件在临近疲劳断裂时,其内部_____。
A. 无应力集中现象　　　　　　　　B. 无明显的塑性变形
C. 不存在裂纹　　　　　　　　　　D. 不存在应力

25-46 图示杆的下端有一固定圆盘,盘上放置弹簧,当重物 G 从距弹簧上端为 H 处自由落下时,系统的动荷因数 $K_d = (1+\sqrt{1+2h/\Delta_{st}})$ 中的 Δ_{st} 为_____。
A. 杆横截面 A 的静位移　　　　　B. 弹簧上端 A 的静位移
C. 杆下端 B 的静位移　　　　　　D. 弹簧上端 A 与下端 B 的相对位移

25-47 重量为 G 的物体,沿水平方向冲击立柱,如图所示。设杆件的直径有两种,杆(1)的直径为 d,杆(2)的直径为 $2d$,两者的动荷因数分别用 K_{d1} 和 K_{d2} 表示,最大动荷应力分别用 σ_{d1max} 和 σ_{d2max} 表示,则下列结论中_____是正确的。
A. $K_{d1} > K_{d2}$, $\sigma_{d1max} > \sigma_{d2max}$　　　　B. $K_{d1} > K_{d2}$, $\sigma_{d1max} < \sigma_{d2max}$
C. $K_{d1} < K_{d2}$, $\sigma_{d1max} > \sigma_{d2max}$　　　　D. $K_{d1} < K_{d2}$, $\sigma_{d1max} > \sigma_{d2max}$

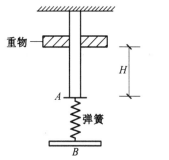
题 25-46 图

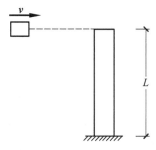
题 25-47 图

25-48 如图,重量为 G 的物体自由下落,杆件的横截面积为 A,材料的弹性模量为 E,许用应力为 $[\sigma]$。设第一种情况,杆件托盘上装有弹簧,弹簧刚度为 k;第二种情况,杆件托盘上不加弹簧,则两种情况的许可高度之比 $H_1 : H_2 =$ _____ (注:动荷因数可采用近似公式 $K_d = \sqrt{1 + 2h/\Delta_{st}}$)。
A. $\dfrac{EA}{kL}$　　　　B. $\dfrac{kL}{EA}$　　　　C. $\dfrac{EA}{kL}+1$　　　　D. $\dfrac{kL}{EA}+1$

25-49 重量为 G 的物体以匀速 v 下降,当吊索长度为 L 时,制动器刹车,起重卷筒在 t s 后停止转动,如图。设吊索的横截面积为 A,弹性模量为 E,则该问题的动荷因数 K_d 约为_____。
A. $v\sqrt{\dfrac{EA}{gGL}}$　　　　B. $\dfrac{v}{t}\sqrt{\dfrac{EA}{gGL}}$　　　　C. $\dfrac{v}{gt}$　　　　D. $\dfrac{v}{gt}+1$

25-50 重量为 G 的物体自由下落,冲击在杆件下端的托盘上,如图所示。设杆件的直径为 d,材料的弹性模量为 E,$H=l/2$,则冲击时杆内最大动应力 $\sigma_{dmax} =$ _____。
A. $\dfrac{4G}{\pi d^2}(1+\sqrt{1+\dfrac{\pi d^2 E}{4G}})$　　　　B. $\dfrac{4G}{\pi d^2}(1+\sqrt{1+\dfrac{4G}{\pi d^2 E}})$
C. $\dfrac{4G}{\pi d^2}(1+\sqrt{1+\dfrac{\pi d^2 E}{8G}})$　　　　D. $\dfrac{4G}{\pi d^2}(1+\sqrt{1+\dfrac{8G}{\pi d^2 E}})$

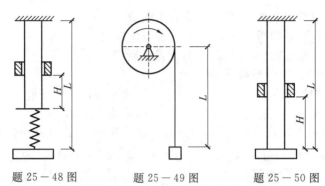

题 25—48 图   题 25—49 图   题 25—50 图

25—51 处理冲击问题必须引入若干简化假设。以下列举的假设中,哪些是正确的? _____。

(1) 假设冲击物为刚体(即其变形可忽略不计),被冲击物为弹性体;
(2) 假设冲击物和被冲击物均为弹性体,两者的变形能在计算中均应考虑;
(3) 假设冲击物的质量远小于被冲击物的质量;
(4) 假设冲击时只有动能、势能和变形能之间的转换,不考虑其他能量(如热能、声能等)的损失

A. (1),(4)   B. (2),(3)   C. (1),(3),(4)   D. (2),(3),(4)

25—52 如图,设重物静止作用于梁上截面 C 处时,截面 C 和 B 处的静位移分别为 Δ_{Cst} 和 Δ_{Bst},现考虑重物由高度 H 处自由下落,则下列结论中哪些是正确的? _____。

(1) 求梁 AB 的动荷应力和求弹簧中的动荷应力,所取动荷因数 K_d 的值相同;
(2) 求梁 AB 中的动荷应力和求弹簧中的动荷应力,所取动荷因数 K_d 的值不同;
(3) 求梁上截面 C 处的动荷应力,公式 $K_d = 1 + \sqrt{1 + 2h/\Delta_{st}}$ 中的静位移 Δ_{st} 应取截面 C 的值 Δ_{Cst};
(4) 求梁上截面 C 处的动荷应力,公式 $K_d = 1 + \sqrt{1 + 2h/\Delta_{st}}$ 中的静位移 Δ_{st} 应取 $\Delta_{Cst} + \frac{1}{2}\Delta_{Bst}$

A. (1),(3)   B. (2),(3)   C. (1),(4)   D. (2),(4)

25—53 设重物静止作用于梁上截面 C 处时,截面 C 和 D 处的静位移分别为 Δ_{Cst} 和 Δ_{Dst},如图。现考虑重物由高度 H 处自由下落,则下列结论中哪些是正确的? _____。

(1) 求梁上截面 C 和 D 处的动荷应力,所取动荷因数 K_d 的值相同;
(2) 求梁上截面 C 和 D 处的动荷应力,所取动荷因数的 K_d 值不同;
(3) 求梁上截面 C 的动荷应力,公式 $K_d = 1 + \sqrt{1 + 2h/\Delta_{st}}$ 中的静位移 Δ_{st} 应取截面 C 的值 Δ_{Cst};
(4) 求梁上截面 D 的动荷应力,公式 $K_d = 1 + \sqrt{1 + 2h/\Delta_{st}}$ 中的静位移 Δ_{st} 应取截面 D 的值 Δ_{Dst}

A. (1),(3)   B. (2),(3)   C. (2),(4)   D. (2),(3),(4)

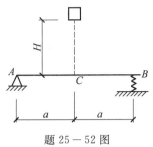
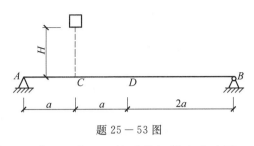

题 25－52 图 　　　　　　　　　题 25－53 图

25－54　圆截面杆受冲击荷载作用，如图。作用于杆(1)的重物初始高度为零($H=0$)，杆(3)的顶端有一橡皮垫，其厚度为 δH，杆(4)为变截面。这四根杆中，杆_____内的动荷应力最小。

A.(1)　　　　B.(2)　　　　C.(3)　　　　D.(4)

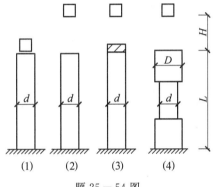

题 25－54 图

25－55　重量为 G 的物体以匀速 v 下降，当吊索长度为 L 时，起重卷筒被突然刹停，如图。设吊索的横截面积为 A，弹性模量为 E，则下列结论中哪些是正确的？_____。

(1) 动荷因数 $K_d \approx v\sqrt{\dfrac{EA}{gGL}}$；

(2) 吊索内的动荷应力 $\sigma_{d\max} \approx v\sqrt{\dfrac{GE}{gAL}}$；

(3) 由于卷筒被刹停而引起的吊索伸长 $\delta_d \approx v\sqrt{\dfrac{GL}{gEA}}$。

A.(1)　　　　B.(1),(2)　　　　C. 全对　　　　D. 全错

25－56　矩形截面的悬臂梁受冲击荷载作用，如图所示。若材料的弹性模量为 E，许用应力为 $[\sigma]$，则重量为 G 的重物下落高度 H 的最大许可值为_____(注：动荷因数可采用近似公式 $K_d = \sqrt{1+2h/\Delta_{st}}$)。

A. $\dfrac{Lbh}{2GE}[\sigma]^2$　　　B. $\dfrac{Lbh}{3GE}[\sigma]^2$　　　C. $\dfrac{Lbh}{9GE}[\sigma]^2$　　　D. $\dfrac{Lbh}{18GE}[\sigma]^2$

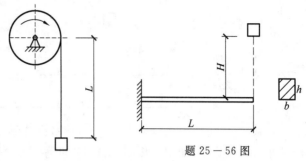

题 25—55 图

题 25—56 图

25—57 矩形截面的悬臂梁受冲击荷载作用,如题 25—56 图。若材料的弹性模量为 E,则梁内的最大动荷应力 $\sigma_{\text{dmax}} = $ _____(注:动荷因数可采用近似公式 $K_\text{d} = \sqrt{1+2h/\Delta_{\text{st}}}$)。

A. $\sqrt{\dfrac{18GEH}{Lbh}}$ B. $\sqrt[6]{\dfrac{GEH}{Lbh}}$ C. $\sqrt[3]{\dfrac{GEH}{Lbh}}$ D. $\sqrt{\dfrac{2GEH}{Lbh}}$

25—58 如图,重量为 G 的物体自高度 H 处自由下落,简支梁的跨度中央受到冲击。第一种情况,梁的两端均为铰支座;第二种情况,梁的两端均支承在螺旋弹簧上,弹簧刚度为 k,则两种梁内,最大动荷应力之比 $\dfrac{\sigma_{\text{d1max}}}{\sigma_{\text{d2max}}} = $ _____(注:梁的抗弯刚度为 EI,动荷因数可采用近似公式 $K_\text{d} = \sqrt{1+2h/\Delta_{\text{st}}}$)。

A. $\sqrt{1+\dfrac{48EI}{kL^3}}$ B. $\sqrt{1+\dfrac{24EI}{kL^3}}$ C. $\sqrt{\dfrac{48EI}{kL^3}}$ D. $\sqrt{\dfrac{24EI}{kL^3}}$

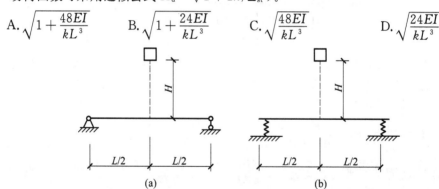

题 25—58 图

25—59 如图所示,重量为 G 的电动机置于木制简支梁上作振幅为 A 的振动。梁截面为 $b \times h$ 矩形,材料的弹性模量为 E,则此梁内的最大弯曲应力为 _____。

A. $\dfrac{3GL}{2bh^2}+\dfrac{6EhA}{L^2}$ B. $\dfrac{3GL}{2bh^2}+\dfrac{6GEhA}{L^2}$ C. $\dfrac{GL}{bh^2}+\dfrac{6EhA}{L^2}$ D. $\dfrac{GL}{2bh^2}+\dfrac{4EhA}{L^2}$

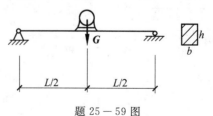

题 25—59 图

25—60 如图,重量为 G 的物体通过弹簧悬挂于简支梁下作振幅为 A 的振动。梁的抗弯

刚度为 EI，抗弯截面系数为 W，弹簧的刚度为 k，则下列结论中哪些是正确的？_____。

(1) 梁上荷载作用点的静荷总位移 $\Delta_{st}=\dfrac{GL^3}{48EI}+\dfrac{G}{k}$；

(2) 梁的动荷因数 $K_d=1+\dfrac{A}{\Delta_{st}}$；

(3) 梁内最大动荷弯曲应力 $\sigma_{d\max}=\left(1+\dfrac{A}{\Delta_{st}}\right)\dfrac{GL}{4W}$

    A. (1),(2)   B. (1),(3)   C. (2),(3)   D. 全对

25—61 以等角加速度旋转的构件，各点惯性力的方向必_____。
    A. 垂直于旋转半径   B. 不通过旋转中心
    C. 指向旋转中心   D. 背离旋转中心（即指向该点线位移的外法线方向）

25—62 一起重机悬吊一根工字钢，抗弯截面模量为 E，单位长度的重量为 q，如提升速度由 v_1，在时间间隔 t 内均匀地增加到 $v_2(v_2>v_1)$，如图。则工字钢横截面内的最大弯曲应力为_____。

    A. $\dfrac{4qa^2}{W_z}\left(1-\dfrac{v_2-v_1}{gt}\right)$ B. $\dfrac{8qa^2}{W_z}\left(1-\dfrac{v_2-v_1}{gt}\right)$

    C. $\dfrac{4qa^2}{W_z}\left(1+\dfrac{v_2-v_1}{gt}\right)$ D. $\dfrac{8qa^2}{W_z}\left(1+\dfrac{v_2-v_1}{gt}\right)$

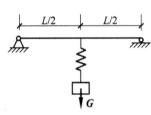

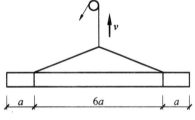

题 25—61 图   题 25—62 图

25—63 某起重机悬吊一根工字钢，作提升和下降运动，如图。以下结论中_____是正确的。
    A. 若以速度 v_1 下降，在 t s 内速度减少到 $v_2(v_2<v_1)$，则惯性力指向上方
    B. 若以速度 v_1 下降，在 t s 内速度增加到 $v_2(v_2>v_1)$，则惯性力指向上方
    C. 若以速度 v_1 上升，在 t s 内速度增加到 $v_2(v_2>v_1)$，则惯性力指向上方
    D. 若以速度 v_1 上升，在 t s 内速度减少到 $v_2(v_2<v_1)$，则惯性力指向下方

25—64 起重机起吊重量为 G 的重物由静止状态开始，以等加速度上升，经过时间 t，重物上升的高度为 H，如图。则起吊过程中，吊索内的拉力为_____。

    A. $G\left(1+\dfrac{H}{gt^2}\right)$ B. $G\left(1+\dfrac{2H}{gt^2}\right)$ C. $G\left(1+\dfrac{H}{2gt^2}\right)$ D. $G\left(1+\dfrac{\sqrt{2}H}{gt^2}\right)$

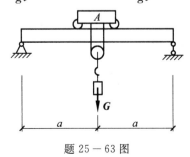

题 25—63 图

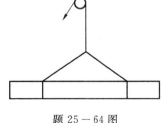

题 25—64 图

25-65 如图所示,重量为 G 的物体自高度为 h 处下落至梁上 D 截面处。梁上 C 截面的动应力为 $\sigma_d = K_d \sigma_{st}$,其中 $K_d = 1 + \sqrt{1 + 2h/\Delta_{st}}$,式中 Δ_{st} 应取静荷载作用下梁上_____。
  A. C 点的挠度 B. E 点的挠度 C. D 点的挠度 D. 最大挠度

25-66 受水平冲击的刚架如图所示,欲求 C 点的铅垂位移,则动荷因数表达式中的静位移 Δ_{st} 应是_____。
  A. C 点的铅垂位移 B. C 点的水平位移 C. B 点的水平位移 D. 截面 B 的转角

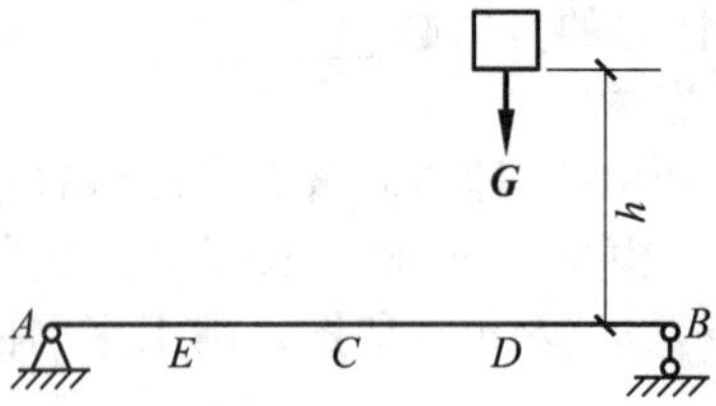

题 25-65 图 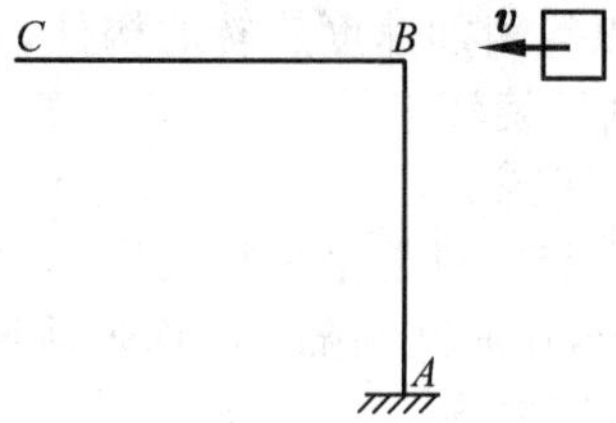   题 25-66 图

三、填空题

25-67 对称循环交变应力的循环特征 $r = $ _____,其材料的持久极限用_____表示。

25-68 脉动循环交变应力的循环特征 $r = $ _____,其材料的持久极限用_____表示。静应力的循环特征 $r = $ _____。

25-69 影响构件持久极限的主要因素为_____,_____,_____。

25-70 提高构件疲劳强度的主要措施是_____,_____,_____。

25-71 构件的应力集中越大,其持久极限_____。构件表面越粗糙,其持久极限_____。

25-72 构件的持久极限和该构件所用材料的持久极限_____同,原因是_____。

25-73 在交变应力作用下产生疲劳破坏的主要特征是_____,_____,_____。

25-74 在机械工程中约有 80% 的零件损坏是属于疲劳破坏,典型的疲劳破坏的断口形状如图所示。疲劳断口呈现比较光滑和粗糙的两个区域的原因是_____。

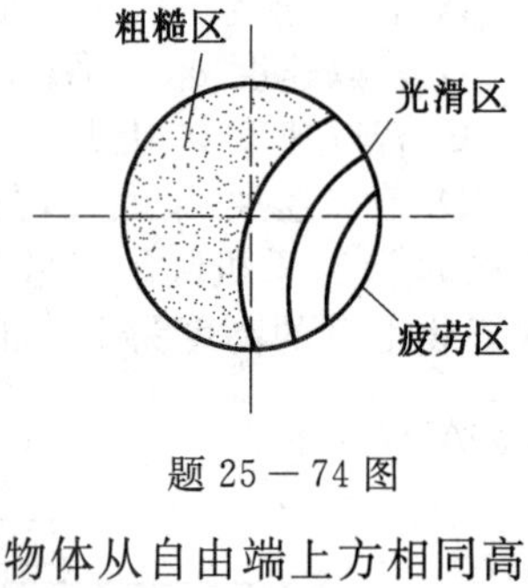

题 25-74 图

25-75 图示各梁材料、截面都相同,c、d 梁的支承弹簧常数 k(即产生单位变形所需的力)也相同。有重量均为 G 的物体从自由端上方相同高度 H 自由下落到梁的自由端,引起的各梁最大正应力分别为 σ_a、σ_b、σ_c、σ_d,试将它们按从大到小的顺序排列_____。

25-76 梁如图所示,图(b)梁右端多了一个弹簧支承,其他条件与图(a)完全相同,问当重物 G 自由落下冲击时,_____梁的动荷因数 K_d 大。_____梁中的冲击应力大。

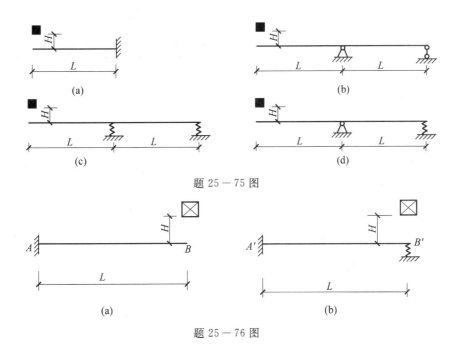

题 25－75 图

题 25－76 图

四、计算分析题

25-77　图示为等截面刚架，重物自高度 h 处自由下落冲击到刚架的 A 点处。已知重物重量 $G=300\text{ N}$，$h=50\text{ mm}$，$E=200\text{ GPa}$。试求截面 A 的最大竖直位移和刚架内的最大冲击正应力。

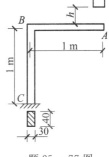

题 25－77 图

25-78　重量 $G=2\text{ kN}$ 的冰块，以 $v=1\text{ m/s}$ 的速度沿水平方向冲击在木桩的上端，如图所示。木桩长 $L=3\text{ m}$，直径 $d=200\text{ mm}$，弹性模量 $E=11\text{ GPa}$。试求木桩的最大冲击正应力。

25-79　如图所示为一悬吊在绳索上的工字钢，以 1.8 m/s 等速下降，如下降速度在 0.2 s 内均匀地减小到 0.6 m/s，试求

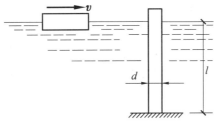

题 25－78 图

工字钢内的最大弯曲正应力。

25-80　如图所示起重机构 A 的重量为 20 kN，装在由两根 36a 号槽钢组成的梁上；今用绳索吊起重物 60 kN，并在第一秒内以等加速上升 2.5 m。求绳内所受拉力及梁内最大正应力（要考虑梁的自重）。

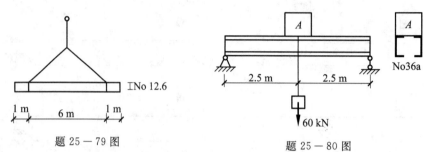

题 25—79 图   题 25—80 图

25—81 用钢索起吊 $G=60$ kN 的重物,并在第一秒内以等加速上升 2.5 m。试求钢索横截面上的轴力 F_{Nd}(不计钢索的质量)。

25—82 一起重机重 $G_1=5$ kN,装在两根跨度 $L=4$ m 的 20a 号工字钢梁上,用钢索起吊 $G_2=50$ kN 的重物。该重物在前 3 s 内等加速上升 10 m。已知 $[\sigma]=170$ MPa,试校核梁的强度(不计梁和钢索的自重)。

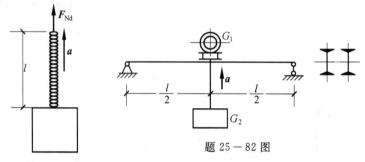

题 25—81 图   题 25—82 图

25—83 用绳索起吊钢筋混凝土管如图所示。如管子的重量 $G=10$ kN,绳索的直径 $d=40$ mm,许用应力 $[\sigma]=10$ MPa,试校核突然起吊瞬时绳索的强度。

25—84 一杆以角速度 ω 绕铅垂轴在水平面内转动。已知杆长为 l,杆的横截面面积为 A,弹性模量为 E,重量为 G_1,另有一重为 G 的重物连接在杆的端点,如图所示。试求杆的伸长。

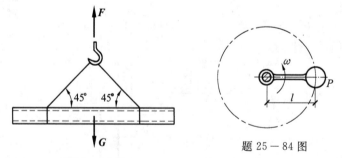

题 25—83 图   题 25—84 图

25—85 图示机车车轮以等转速 $n=300$ r/min 旋转,两轮之间的连杆 AB 的横截面为矩形,$h=56$ mm,$b=28$ mm;又 $l=2$ m,$r=250$ mm。连杆材料的密度 $\rho=7.75\times10^3$ kg/m,试求连杆 AB 横截面上的最大弯曲正应力。

25—86 在直径 $d=100$ mm 的轴上,装有转动惯量 $I_0=0.5$ kN·m·s^2 的飞轮,轴以 300 r/min 的转速旋转,如图所示。现用制动器使飞轮在 4 s 内停止转动,试求轴内的最大切应力。

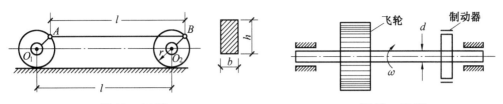

题 25－85 图   题 25－86 图

25－87　重量为 $G=5$ kN 的重物,自高度 $h=15$ mm 处自由下落,冲击到外伸梁的 C 点处,如图所示。已知梁为 20b 号工字钢,其弹性模量 $E=210$ GPa。试求梁内最大冲击正应力。

25－88　重量为 $G=40$ N 的重物,自高度 $h=60$ mm 处自由下落,冲击到钢梁中点 E 处,如图所示。该梁一端吊在弹簧 AC 上,另一端支承在弹簧 BD 上,冲击前梁 AB 处于水平位置。已知两弹簧的刚度系数均为 $k=25.32$ N/mm,钢的弹性模量 $E=210$ GPa,梁的截面为宽 40 mm、高 8 mm 的矩形,其自重不计。试求梁内最大冲击正应力。

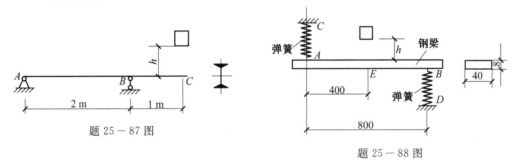

题 25－87 图   题 25－88 图

习题参考答案

一、是非题

| 25－1 | √ | 25－2 | × | 25－3 | √ | 25－4 | × | 25－5 | × | 25－6 | √ |
| 25－7 | × | 25－8 | × | 25－9 | √ | 25－10 | × |

二、选择题

25－11　A　25－12　A　25－13　C　25－14　C　25－15　D　25－16　D
25－17　A　25－18　C　25－19　D　25－20　D　25－21　D　25－22　B
25－23　C　25－24　C　25－25　C　25－26　B　25－27　B　25－28　B
25－29　D　25－30　B　25－31　A　25－32　C　25－33　A　25－34　D
25－35　B　25－36　A　25－37　B　25－38　D　25－39　C　25－40　D
25－41　B　25－42　C　25－43　B　25－44　D　25－45　B　25－46　D
25－47　C　25－48　C　25－49　D　25－50　A　25－51　A　25－52　A
25－53　A　25－54　A　25－55　C　25－56　D　25－57　A　25－58　B
25－59　A　25－60　D　25－61　AC　25－62　C　25－63　B　25－64　B
25－65　C　25－66　C

三、填空题

25—67 $-1, \sigma_{-1}^0$

25—68 $0, \sigma_0^0, 1$

25—69 构件的外形,构件的几何尺寸,构件的表面质量

25—70 减缓应力集中,降低表面粗糙度,增强表层强度

25—71 越低,越低

25—72 不;材料的持久极限一般由光滑小试样测得,实际构件的持久极限还受构件的外形、尺寸及表面质量等因素的影响,两者有一定差别

25—73 破坏时的最大应力低于材料的屈服极限,没有明显的塑性变形,断口呈明显的光滑区和粗糙区

25—74 构件在交变应力作用下,由于构件外形尺寸的突变,或材料本身包含微小气孔、杂质等缺陷,于是在构件高应力区的缺陷处形成微观的疲劳裂缝,随着交变应力的继续,裂纹逐渐向四周扩展。由于反复的变形,裂开的两个面时而张开,时而挤压,这样就形成了光滑的区域。随着裂纹的扩展,截面被大为削弱,以至截面残留部分抗力不足,且裂纹根部为三向受拉的应力状态,于是在某一次荷载作用下,构件突然断裂,在断裂面上材料呈粗粒状,于是形成断面粗糙的区域

25—75 $\sigma_a > \sigma_b > \sigma_d > \sigma_c$

25—76 (b),(a)

四、计算分析题

25—77 $\Delta_{Ay} = 74.3 \text{ mm}, \sigma_{\max} = 167.3 \text{ MPa}$

25—78 $\sigma_{\max} = 16.9 \text{ MPa}$

25—79 $\sigma_{d\max} = 11.6 \text{ MPa}$

25—80 $F_{Nd} = 90.6 \text{ kN}, \sigma_{\max} = 107 \text{ MPa}$

25—81 $F_{Nd} = 90.6 \text{ kN}$

25—82 $\sigma_{\max} = 140 \text{ MPa}$

25—83 $\sigma = 11.2 \text{ MPa}$

25—84 $\Delta l = \dfrac{\omega^2 l^2}{3EAg}(3G + G_1)$

25—85 $\sigma_{\max} = 107 \text{ MPa}$

25—86 $\tau_{\max} = 20 \text{ MPa}$

25—87 $\sigma_{\max} = 134 \text{ MPa}$

25—88 $\sigma_{\max} = 166 \text{ MPa}$

参考文献

[1] 邹昭文,程光均,等.理论力学(建筑力学第一分册)[M].3版.北京:高等教育出版社,2004.
[2] 干光瑜,秦惠民.材料力学(建筑力学第二分册)[M].3版.北京:高等教育出版社,2004.
[3] 李家宝.结构力学(建筑力学第三分册)[M].3版.北京:高等教育出版社,2004.
[4] 卢存恕,周周,范国庆.建筑力学(上册)[M].长春:吉林大学出版社,1996.
[5] 卢存恕,吴富英,常伏德.建筑力学(下册)[M].长春:吉林大学出版社,1996.
[6] 哈尔滨工业大学理论力学教研室.理论力学[M].6版.北京:高等教育出版社,2003.
[7] 孙训方,方孝淑,等.材料力学[M].4版.北京:高等教育出版社,2005.
[8] 李廉锟.结构力学[M].4版.北京:高等教育出版社,2005.
[9] 彭俊生,罗永坤,等.结构力学指导型习题册[M].成都:西南交通大学出版社,2001.